정말로
누구나
평등할까?

정말로 누구나 평등할까?

오즐렘 센소이 · 로빈 디앤젤로 지음 | 홍한별 옮김

민주시민을 위한 사회정의 교육 입문서

착한책가게

우리가 어깨를 걸고 기대는 사람들 모두에게…….

우리도 다음 세대에게 그만큼 튼튼한 어깨를 대줄 수 있기를.

　사회정치적으로는 다양한 갈등이 교차하던 숨 막히는 정황에서
비약적 성장을 위한 돌출구가 출현한 정국에, 또 교육적으로는 공교
육의 혁신과 변혁을 위한 새로운 동기와 단서들이 돌출하는 국면에,
그리고 계절상으로는 여름철 폭우를 마주한 시점에, 아주 좋은 그리
고 아주 특별한 책을 읽게 되었습니다. 센소이와 디앤젤로가 쓰고 홍
한별 님이 옮긴 이 책 《정말로 누구나 평등할까?》는 사회정치적 관
점에서 보면 '평등하게 어울려 사는 삶'이라는 문제에 대해 진지하게
깊숙이 한번 생각해보도록 초대하는 한편, 사회정의 교육(좀 더 큰 틀
에서 말하자면 민주시민 교육)의 요체(要諦)를 또 다른 차원에서 뼈저리
게 인식하도록 이끄는 책으로 다가왔습니다.

　평등과 정의로운 삶이라는 주제는 서구 정신사에서는 '계몽'의 정
신이라는 차원에서 다루어진 것이지만, 이후 현대에 들어서는 '비판

이론'이라는 새로운 틀에서 다시금 의미 있게 다루어지기 시작했습니다. 저자들은 바로 이 틀을 사용하여 현 상황의 '은폐된' 조건과 요인들을 비판적으로 적시하고 분석함으로써, 우리의 의식을 일깨우는 동시에 현 세대를 살아가는 청소년과 시민들에게 무엇이 중요하며 또 이것을 어떻게 가르치고 배우도록 해야 할지에 대해 촉구하고 있습니다.

이 책의 장점이라면, 이해하기 위해서는 많은 노력이 필요한 비판이론을 알아듣기 쉽게 소개한 뒤, 이 이론의 스펙트럼에 잡히는 문제 영역들을 실제 상황을 근거로 또한 알아듣기 쉽게 두루 섭렵하고 있다는 것입니다. 그 효과는 다음과 같습니다. 즉 사회정의 교육에 대한 학습은 비판이론에 대한 부드러운 학습의 기회를 의미하며, 동시에 이 이론적 학습은 실제 상황과 사례에서의 부드러운 연습을 의미하기도 한다는 것입니다.

저자들은 모든 장을 시작하면서 간략한 초대 글로 독자들을 문제 상황에 끌어들인 뒤, 본론에 들어가서는 이론을 실제 사례와 흥미를 끄는 생생한 이야기들로 엮어냅니다. 그런가 하면, 전문 개념들은 틈틈이 혹은 따로 떼어내어 집중적으로 설명해주었고, 마지막에는 토론 문제를 통해 생각해보도록 한 뒤, 이어서 행동을 위한 방안들을 제안하고 있습니다. 분석은 행동을 위한 것이라는 강조점이 도드라져 보여 이 책이 단순한 이론서가 아님이 드러납니다. 전체적으로 보아 교수학적으로 혹은 학습 방법론적으로 숙고의 과정을 거친, 매우 정교하게 다듬어진 책이라 하겠습니다.

우리 사회와 교육 현장에서는 최근 들어 새로운 정치 교육의 필요성이 빠르게 커지고 있습니다. 그것은 우리가 이제 더는 권위주의나 규범주의적 틀이 통용될 수 없는 시대로 들어섰기 때문이라 하겠습니다. 문제라면, 그럼에도 이 상황을 인지하지 못한 어르신들이 국가 사회 도처에, 정부 각처에, 학교 제도 여기저기에 군림하고 계시다는 사실일 것입니다. 그렇다면 우리의 어린이와 청소년, 청년과 대학생들은 또 어떠한가? 그들은 비록 새로운 시대에 살고는 있지만 이 과제를 잘 이해하고 살아내는 경험으로부터는 배제되어 있지 않은가? 사회정의와 민주시민 교육을 위한 요구에 비해 그에 부합하는 정독(正讀)과 정행(正行)은 절실히 부족한 게 사실이 아닌가 생각해봅니다. 이는 반드시 돌파하고 넘어서야 할 결함과 한계라 할 수 있으며, 그 한계를 넘어서는 데 이 책이 줄 수 있는 도움이 결코 적지 않을 것입니다.

원서는 보통 저만치 훌쩍 앞서 일군 사회로 간주되는 북미 사회를 기본 자료로 삼고 있습니다. 잘 들여다보니 이 사회가 가진 문제들이 이렇게 박진감 있게 드러나는군요. 비록 다른 문화권이긴 하지만, 우리 사회와 교육에 은폐되어 있는 또 다른 층위의 문제들도 이 책에서 활용된 예리한 눈매를 얼마나 비껴갈 수 있을지 모르겠습니다.

보기 드문 구조를 갖추고 있는 이 책을 찾아서 우리말로 옮기고 펴낸 홍한별 님과 착한책가게 편집진의 (참 좋은) 시각과 정성에 감사드리며 삼가 추천의 말씀을 드립니다.

2016년 6월 24일

송순재 감리교신학대학교 교육철학 교수, 전 서울시교육연수원장

차
례

우리는 사회정의를 어떻게 가르치고 배우면 좋을지에 대해 20년 동안 연구하고, 직접 가르쳐보고, 논문을 쓰고, 워크숍을 열고, 토론을 벌여왔다. 초등학생부터 고등학생, 대학생, 대학원생, 전·현직 교사, 공무원, 비영리 및 영리 단체 구성원에 이르기까지 다양한 사람들과 함께했고, 이렇게 얻은 연구결과를 국내외 교육·사회사업·문화연구·여성학·민족학·중동학 연구 학회 등에서 발표했다.

이렇듯 다양한 청중을 폭넓게 겪으며 사회정의가 무엇인지, 사회정의를 이루려면 어떻게 해야 하는지에 대한 생각에 되풀이해서 나타나는 공백을 보았다. 우리는 이 공백을 사회 전반에 걸쳐 나타나는 사회정의 문맹이라고 부르는데, 단지 지식이 부족해서 이런 문맹이 생겨나는 것은 아니라고 본다. 나쁜 의도의 개입 없이 우연히 나타나는 중립적 현상이 아니라, 특정 이익을 추구하는 여러 세력이 적극적으로 만들어낸 것이라는 말이다.

사회정의 문맹은 더 평등한 사회로 나아가는 데 걸림돌이 된다. 그래서 사회정의에 대한 이해도를 높이기 위한 토대를 마련하는 일을 이 책의 최우선 목표로 삼았다. 이 책에서는 쉬운 말로, 구체적 상황을 예로 들고, 가장 흔히 볼 수 있는 오해들을 살펴서, 많은 이들에게 이런 토대를 제공하려고 한다.

'비판적 사회정의'란 무엇인가?

누구나 저마다 사회정의가 무엇인가에 대한 개념이 머릿속에 자리 잡고 있을 것이다. 사회정의라고 하면 흔히 '공정함'과 '평등'을 누리고 기본 인권을 존중받는다는 원칙을 떠올린다. 사람들 대부분이 이런 원칙을 중요하게 여긴다고 말한다. 하지만 다음과 같은 물음들이 논의되는 일은 드물고, 답이 모아지는 일은 더더욱 드물다. 기본 인권이란 무엇인가? 인권은 이미 성취되지 않았나? 아니라면 어째서인가? 기본 인권이 무엇인지에 대해 합의가 이루어진다고 할 때 어떻게 하면 그것을 이룰 수 있을까? 왜 아직까지는 이루어지지 않은 것일까? '공정'하고 '평등'하다는 것은 누구의 관점에서 그렇다는 것인가? 누군가에게 공정한 것이 다른 사람에게는 불공정한 결과를 불러올 수도 있는가? '존중'이라는 것은 실생활에서 어떤 의미인가? 어떤 사람은 존중이란 나 자신이 받고 싶은 대우를 다른 사람들도 받게 하는 것이라고 하고, 어떤 사람은 다른 사람들 자신이 받고 싶어 하는 대우를 받게 하는 것이라고 말한다. 그러니 우선 정의를 내리는 일을 첫 번째 과제로 삼으려 한다.

다음으로, 사회정의를 실천한다는 것이 어떤 의미인지 생각할 때 두 번째 과제와 마주하게 된다. 사람들은 보통 자신이 사회정의를 존중한다고 생각하기 때문에 당연히 실생활에서도 실천하고 있다고 믿는다. 어떻게 실천하느냐고 물으면, 어떤 사람이든 차이를 두지 않고 똑같이 대한다는 대답이 많이 나온다. 그렇게 행동하면서 가치와 행동을 일치시킨다고 생각한다.

이런 생각이 사회정의에 대한 보편적인 통념이지만, 우리가 보기에 이는 참담할 정도로 부족한 생각이다. 사실 사회정의 연구의 많은 부분이 사회정의에 대한 이상과 실천 사이의 괴리에 맞춰진다.

'사회정의'의 개념에서 시작해 정의를 좀 더 분명히 해보자. 사회정의라는 말의 진정한 의미를 되찾기 위해 이 말을 계속 쓰자는 학자와 활동가들도 있지만, 이 책에서는 '비판적 사회정의'라는 말을 쓴다. 사회정의에 대한 우리의 입장을 주류의 입장과 구분하기 위해서다. 사회정의에 대한 비판적 접근이란, 사회에서 인종·계급·젠더(사회적 성)·섹슈얼리티(성적 지향)·능력에 따라 구분되는 사회집단들이 서로 중대하고도 광범위한 위계관계에 있음(구분되어 있고 불평등함)을 인지하는 특정 이론적 관점을 가리킨다. 비판적 사회정의는 불평등이 사회 조직에 구조적으로 깊이 뿌리박고 있음을 인지하고 적극적으로 변화를 꾀한다.

우리가 제안하는 정의는 '비판이론'에서 비롯된 접근을 바탕으로 한다. 비판이론은 넓은 분야를 아우르는 학문적 관점이지만 공통된 주요 원칙이 있다.

- 모든 사람은 개인이지만 사회집단의 구성원이기도 하다.
- 사회집단들이 사회 안에서 갖는 가치는 불평등하다.
- 가치가 더 높게 평가되는 사회집단이 사회의 자원을 더 쉽게 획득할 수 있다.
- 사회적 불평등은 현실이고 오늘날 실재하며, 따라서 사회집단마다 자원에 접근할 수 있는 정도가 다르다.
- 사회정의를 이루려면 자신이 속한 집단 안에서의 사회화('위치성positionality')를 성찰해야 하고, 이러한 인식을 바탕으로 불평등에 도전하기 위해 전략적으로 행동해야 한다.
- 이러한 행동화를 위해서는 평생 끊임없이 헌신을 해야 한다.

이런 원칙들을 바탕으로, 비판적 사회정의를 이루려는 사람은 아래와 같은 것을 할 수 있어야 한다.

- 불평등한 사회 권력관계가 미시적(개인) 차원과 거시적(구조) 차원에서 지속적으로 행사되고 있음을 인식한다.
- 불평등한 권력관계 안에서 우리 자신의 위치를 안다.
- 지식을 비판적으로 바라본다.
- 위와 같은 인식을 바탕으로 더 평등한 사회를 위해 실천한다.

여러분이 비판적 사회정의가 복잡성을 띠고 있다는 사실을 뼈저리게 인식해서 비판적 사회정의 실천에 적극적으로 참여하도록 독려하는 것이 이 책의 목표다. 이러한 이해와 실천의 결합을 '비판적 사회정의 인식'이라고 부른다.

각 장의 내용

이 책에 비판적 사회정의에 대한 인식을 높이는 데 꼭 필요한 핵심 개념들을 모아놓았다. 북미 독자를 염두에 두었기 때문에 주로 북미 사례를 들었지만 그래도 익숙한 사례를 많이 들고 다른 글 인용은 최소로 하려고 애썼다. 각 장 첫머리에서 사람들이 흔히 보이는 오해를 제시한 다음, 그것에 어떤 오류가 있는지 다룬다. 각 장은 블록을 쌓는 것처럼 구성되어 있다. 이전 장 위에 다음 장을 쌓아 올리는 식으로 구성했으므로 순서대로 읽는 편이 가장 좋다. 쟁점들이 워낙 복잡하고 정치적인 데다 때로 감정적 문제도 개입하기 때문에 만약 어떤 핵심 개념을 잘 이해하지 못했다면 그 다음으로 이어나가기가 힘들 수도 있다. 그래서 아래와 같은 요소들을 두었다.

- **정의(✍)**에서 핵심 용어를 정의한다.
- **잠깐(✋)**은 어려운 개념을 파악하기 쉽도록 앞 장의 핵심 개념을 다시 상기시킨다.
- **관점 확인(👁)**은 본문에 나오는 사례를 다른 입장에서 생각해보게 한다.
- **토론해볼 문제와 확장 활동**은 교실, 워크숍, 연구 모임 등에서 유용하게 쓸 수 있다.
- **부록**에는 수업의 일부로 이 책을 읽는 학생들에게 유용한 도움

말이 있다.

• **용어해설**에는 책에 사용된 용어 설명과 안내가 있다.

각 장은 구체적으로 이런 내용이다.

1장 사회정의를 비판적으로 생각한다는 것 사회정의를 비판적으로 생각한다는 것이 어떤 의미인지 설명한다. '비판이론'이라고 알려진 이론적 관점을 설명하여 우리 접근방식과 관련 있는 핵심 개념을 간단히 살핀다. 그리고 '지식 구성knowledge construction'이라는 개념을 소개한다. 이 장에서는 주어진 주제에 대해 독자가 지니고 있는 의견과, 우리가 제시하고 권하는 지적 지식의 차이를 명확히 밝힐 것이다. 어렵게 느껴지거나 정치적 함의가 짙은 문제를 맞닥뜨렸을 때에는 개인의 의견을 내려놓고 겸손한 입장을 취하는 게 중요함도 설명할 생각이다.

2장 사회화 사회화가 무엇이며 어떻게 작동하는지 설명한다. 개인으로서의 존재와, (인종, 젠더, 계급 등) 다양한 사회집단의 일원으로서의 존재 사이의 관계를 살핀다. 우리의 생각, 견해, 의견은 '객관적'이거나 독립적이지 않고 무수한 사회적 메시지와 외적 영향의 산물임을 아는 것이 얼마나 중요한지 설명한다. 부모나 가족을 통해 사회화가 이루어진다는 일반적 생각을 넘어, 여러 제도들이 어떻게 우리의 세계관을 형성하는지를 설명한다. 사회화의 힘이 어느 정도인지를 보여주는 사례와, 사회화가 우리의 지각을 형성하는 무의식적인 틀로 작용함을 보여주는 사례들을 든다.

3장 편견과 차별 편견과 차별이라는 중요하고 서로 연관된 두 개념에 대한 흔한 오해를 파헤친다. 편견은 내적인 생각, 감정, 태도, 가정 등과 같은 것이고, 이 편견이 외적인 행동으로 나타나면 차별이다. 편견과 차별은 인간의 힘으로 피할 수 없음을 이야기할 것이다. 사람은 누구나 편견이 있고 누구나 편견에 따라 차별한다. 차별을 최소화하는 첫 단계는 자신의 편견을 (부인하지 않고) 인정하는 것이다.

4장 억압과 권력 편견과 차별이 문제의 전부가 아님을 이야기한다. 개인 차원을 넘어 집단 차원에서 이루어지는 편견과 차별을 살펴본다. 집단의 편견을 억압으로 바꾸는 '권력'이라는 개념을 도입하고, 지배집단과 소수화집단과 같은 용어도 정의한다. 이 장에서는 또 누구나 지닐 수 있는 '인종적 편견'이라는 개념과, 집단 차원에서만 나타나고 사회적·이데올로기적·경제적·제도적 권력을 가진 집단만이 영속화할 수 있는 '인종주의'라는 개념의 차이를 설명한다. 또 인종주의, 성차별주의, 계급차별주의 등 '주의'가 들어가는 단어들을 설명하고 이 단어들이 어떻게 구조적 권력을 파악하는 데 도움이 될지를 살핀다.

5장 특권 지배집단의 일원이기 때문에 자기 뜻과 상관없이 자동으로 부여받는 권리, 이익, 우위 등을 설명한다. 비판적 사회정의의 관점에서 보면, 특권은 구조적으로 부여받는 우위이자 지배집단의 신념과 가치가 '정상'이고 보편적인 것으로 만들어지는 제도적 과정이다. 특권 집단이 수적으로 다수인 경우도 있긴 하지만, 수가 많고 적음이 아니라 사회적·제도적 권력이 어디에 있느냐가 핵심 기준이 된다. 이 장에서는 교차성, 내면화된 억압, 내면화된 지배 등의 관련 개념을 살피고 이러한 역학관계가 어떻게 기존 권력관계를 유지하는 작용을 하는지 살펴본다.

6장 보이지 않는 억압 현대 사회에서 성차별주의라는 특정 형태의 억압을 추적해서 우리의 생각, 견해, 의견이 대중문화에서 연동하며 지속되는 사회적 메시지에 어떤 영향을 받는지 살핀다. 이러한 메시지를 전하는 체계가 그 억압을 인식하지 못하도록 은폐하고, 억압을 표준으로 만드는 데에 핵심적인 역할을 한다는 것도 설명한다.

7장 인종주의 인종주의라는 특정 형태의 억압을 깊이 있게 추적한다. 북미에서 인종주의는 의도했든 아니든 제도적 권력과 권위에 의해 지탱되는 백인의 인종적·문화적 편견과 차별이라고 할 수 있다. 경제·정치·사회·문화의 구조·행위·신념을 훑어 인종주의의 사례를 든다. 인종주의에 대한 깊이 있는 이해를 초석으로 삼아 다른 형태의 억압도 심도 있게 이해할 수 있다.

8장 백인 우월성 인종주의에 도전하는 시도들을 인종주의가 오히려 받아들이고 전유하여 이용하는 방식을 밝힌다. 다문화 교육과 반인종주의 교육의 차이를 검토하고, 백인성과 백인 우월성 등의 개념을 소개하며, 인종주의에 대한 흔한 오해를 밝히면서 마무리한다. 이런 오해들은 저항을 흡수하여 전유하는 방식이기도 하다.

9장 "그래, 그렇긴 한데…"라는 흔한 반박들 우리가 다양한 곳에서 사회정의에 대해 교육해온 경험을 바탕으로 생각해보면 여러분이 의문을 제기하고 반대하고 비판을 하리라는 것이 충분히 예상된다. 이 장에서는 가장 흔히 제기되는 이견들을 다룬다. 앞 장에서 이야기한 것들을 바탕으로 다시 한 번 간략하면서도 명료하게 논점들을 이야기한다.

10장 모두 다 합하여 사회정의란, 불평등한 사회 권력관계의 교섭이 미시적(개인), 거시적(구조) 차원에서 끊임없이 일어남을 인식하고, 이 불평등한 권력관계 속에서 자신의 위치를 이해하며, 지식에 대해 비판적으로 사고하고, 무엇보다도 이런 이해를 바탕으로 더 평등한 사회를 위해 행동해야 한다는 의미다. 마지막 장에서는 비판적 사회정의의 핵심 원칙을 되새기며, 행동으로 이어가기 위한 구체적인 방법을 제안한다.

우리는 여러분과 함께 눈앞의 현실을 헤치고 그 안 깊은 곳에 뿌리박은 불평등을 보는 능력을 기르는 여정을 시작하고 싶다. 많은 사람들이 불평등을 정상이고 당연한 것으로 받아들인다. 불평등을 똑바로 바라보는 것은 고통스러운 일일 수 있다. 특히 우리 모두가 이 체제 안에서 한 역할을 담당하고 있으니 말이다. 그렇지만 여러분의 죄책감을 자극하거나 여러분을 나무라려고 이 여정을 시작하자는 것은 아니다. 지금 시점에서 죄책감이나 비난은 쓸모도 없고 건설적이지도 않다. 이 책을 읽는 독자들 가운데 어느 누구도 불평등을 유지하는 이 체제를 만들어내는 데 기여했다고 할 수는 없다. 그렇지만 이 체제를 뒤흔들기 위해 애쓸 것인가, 아니면 고개를 돌림으로써 유지에 기여할 것인가는 개개인의 선택이다. 중립 지대는 없다. 불평등에 저항하지 않는 선택을 한다는 것은 불평등을 용인한다는 의미다. 이 책이, 여러분이 불평등에 반대하여 행동에 나서도록 북돋는 역할을 하기를 바란다.

옛날 옛날에, 어떤 외국의 학자와 제자들 무리가 아나톨리아의 한 마을을 거쳐 가게 되었다. 학자는 이 마을에서 가장 현명한 사람과 이야기를 나누고 싶다고 했다. 마을 사람들은 지체 없이 현자 나스레딘을 모셔왔다.

외국 학자는 터키어, 페르시아어, 아라비아어 어떤 것도 몰랐고 나스레딘은 유럽 언어를 하나도 몰랐다. 그래서 두 현자는 손짓으로 대화를 나누었고 마을 사람들과 제자들 모두 경탄하며 그 모습을 지켜보았다.

먼저 외국인이 막대기로 모래 위에 큰 원을 그렸다. 그러자 나스레딘도 막대기를 하나 집더니 그 원을 반으로 나누었다. 외국인은 나스레딘이 그린 선과 수직이 되게 선을 그어 원을 넷으로 나누었다. 그러고는 막대기로 사등분한 원의 세 조각을 먼저 가리키고, 그 다음에 나머지 한 조각을 가리켰다. 나스레딘은 막대기로 네 조각 모두를 아우르는 소용돌이 같은 모양을 그려 응수했다. 그러자 외국인이 손바닥이 위로 가게 두 손을 나란히 붙여 그릇 모양을 만든 다음 손가락을 움찔거렸다. 나스레딘은 손바닥이 아래로 가게 하여 뒤집어진 그릇 모양을 만든 다음 손가락을 움찔거려 대꾸했다.

대화가 끝나자, 외국 학자의 제자들이 무슨 이야기를 나누었는지 스승에게 물었다. "나스레딘 현자는 아주 학식이 높은 사람일세." 외국 학자가 말했다. "내가 지구가 둥글다고 했더니 나스레딘이 지구를 반으로 나누는 적도가 있다고 했지. 그래서 내가 지구의 4분의 3은 물이고 4분의 1은 육지라고 했어. 나스레딘은 해류와 바람에 대해 이야기하더군. 내가 물이 데워지면 증발하여 하늘로 올라간다고 했더니, 나스레딘이 증기가 식으면 비가 되어 내려온다고 답했네."

마을 사람들도 무엇에 대한 대화였는지 궁금했다. 그래서 나스레딘 주위에 모여들었다. "저 이방인은 아주 미식가일세." 현자가 이야기했다. "커다란 바클라바* 한 접시가 있었으면 좋겠다고 하더라고. 그래서 내가 당신은 절반만 드시오, 했지. 그랬더니 시럽은 설탕 4분의 3과 꿀 4분의 1로 만들어야 한다고 하더군. 내가 맞다, 그리고 잘 섞어야 한다고 했지. 그랬더니 불에다 구워야 제맛이라고 하더군. 나는 그 위에 잘게 부순 견과류를 뿌려야 한다고 했지."

이 이야기는 13세기 수피교 현자 나스레딘이 등장하는 민담 가운

---

* 패스트리에 견과류와 꿀을 넣은 디저트 (옮긴이)

데 하나다. 나스레딘 이야기는 종종 사람들의 오해를 꼬집는다. 우리도 이 이야기에서 비판적 사회정의 인식의 핵심 개념을 엿볼 수 있다.

- 사람들은 누구나 문화를 바탕으로 한 세계관을 갖는다.
- 우리는 다른 사람들도 우리와 같은 세계관을 지녔으리라고 가정한다.
- 우리는 대체로 우리가 받아들인 것을 전달한다고 가정한다.

나스레딘과 외국인은 같은 언어를 쓰지 않기 때문에 손짓으로 대화를 했는데 자기들이 손짓으로 대화한 내용을 똑같이 이해한다고 가정한다. 두 사람 다 만족스럽게 대담을 마치고 헤어졌지만, 사실 두 사람은 서로를 완전히 오해한 것이었다. 또 단순한 오해 너머로 더 깊이 들어가 보면, 두 사람이 세상을 파악하는 방식이나 가치를 두는 바가 전혀 다름 또한 알 수 있다. 외국인은 지구에 관심을 두고 과학에 경도되어 있다. 나스레딘은 같이 밥 먹는 것에 관심이 있고 공동체성을 중시하는 스타일이다.

두 사람이 상대방의 생각을 나름대로 파악하여 각자 자기네 집단에게 전달한다(외국인은 제자들에게, 나스레딘은 마을 사람들에게). 그런데 둘 중 한 사람이 자기 세계관을 상대에게 강요할 수 있는 입장이라면 어떻게 될지 가정해보자. 그러니까 이 만남에 권력을 더하면 어떻게 되겠느냐는 것이다. 외국 학자와 제자들이 그냥 거쳐 가는 길인 게 아니라, 외국 학자의 나라가 나스레딘의 나라를 침략했기 때문에 그곳에 온 것이라고 해보자. 외국 학자가 나스레딘의 마을을 다스리도록 파견되었고, 나스레딘과 식구들이 조상 대대로 살며 곡식을 길러 먹고살아온 땅을 지배하게 되었다고 해보자. 이제 나스레딘은 땅을 사용하는 대가로 외국인에게 적잖은 비용을 내야 한다. 외국인은 자기를 따르는 사람들을 주요 관직에 임명하고 자기네 문화의 규범과 사회적 규준을 도입한다. 나스레딘과 마을 사람에게도 새로운 규범과 규준을 강요한다.

둘 중에서 상대방의 관점을 이해하는 법을 배워야 하는 사람은 누구일까? 두 사람 다 자신의 세계관이 있고 어느 쪽도 본질적으로 우월하다고 할 수 없지만, 둘 중에서 상대에게 세계관을 강요할 수 있는 권력을 지닌 쪽은 한 쪽뿐이다. 이제 나스레딘과 마을 사람들은 일을 해서 식구들을 먹여 살리려면 외국인과 외국인의 관습·언어·전통을 따라야 하지만, 외국인은 마을 사람들의 관습, 언어, 전통을 배울 필요가 없다. 마을 사람들의 생계에 필요한 자원을 통제하는 외국인은 마을 사람들의 관점을 전혀 이해 못하더라도 이들의 노동으로부터 이익을 취할 수 있다.

2000년으로 시간을 돌려보자. 이 마을에서는 오랫동안 지배와 갈등이 이어져왔다. 외국인의 후손들이 아직도 이 마을을 지배하고, 시간이 흐르면서 축적된 자원과 권력에서 이득을 본다. 반면 마을 사람들의 후손은 살아남기 위해 삶의 방식, 관습, 언어까지도 모두 바꾸어야만 했다. 지금도 자식들이 전통을 계승하게 하려고 애를 쓰지만 아이들은 사회적으로 아무 도움도 되지 않는 문화 전통에 가치를 느끼지 못한다. 외국인 후손들도 난감해하기는 마찬가지다. 이들은 일부 마을 사람들이 왜 분노에 차 있는지 알 수가 없다. 한 세기 전에

이 마을을 침략한 것은 자기들이 아니라 선조들일 뿐인데, 왜 마을 사람들이 이제 과거를 잊고 동화되어 함께 평화롭게 살려고 하지 않는지 이해가 가지 않는다.

살펴보았듯 이 이야기에는 아주 복잡한 층위들이 있다. 수세대에 거쳐 확장되고 여전히 해소되지 않는 층위들. 외국인의 후손들은 상황을 간단하게 본다. 나스레딘의 후손들이 지난 일을 극복하고 앞으로 나아가야 한다고 생각한다. 그렇지만 나스레딘의 후손들은 훨씬 더 복잡하게 상황을 바라본다. 외국의 지배에서 비롯된 역사적·문화적·이데올로기적 면들이 해결되지 않는 한 그냥 단순히 '극복'할 수는 없는 일이다. 사실 지배가 끝나기는커녕 새로운 형태로 계속되어가고 있음을 느낀다. 훌훌 털고 앞으로 나아가라고 조언하는 것만 보아도 외국인 후손들이 이 마을의 역사나 사회에서 자기들이 차지하는 위치에 대한 이해가 얼마나 부족한지를 알 수 있다. 비판적 사회정의 인식을 높이기 위해 반드시 알아야 할 복잡한 쟁점들의 사례를 보여주기 위해 이 이야기를 예로 들었다.

①

사회정의를 비판적으로 생각한다는 것

"누구나 자기 의견을 가질 권리가 있잖아요."

● ● 　이 장에서는 사회정의를 비판적으로 생각한다는
게 어떤 의미인지 설명한다. 또한 '비판이론'이라는 이론적 관점
에 대해 설명하고 관련된 핵심 개념을 간단히 살핀다.

　이 책에서 제시하는 개념들은 대개 격한 정치적, 정서적 반응을
불러일으킨다. 따라서 독자들이 개념들을 가장 효과적으로 소화하도
록 하기 위해, 이 장에서는 (일반적 관점과 대비되는) 비판적 관점을 취
한다는 것이 어떤 의미인지 살펴보겠다.

　'비판적'이라는 단어에는 여러 의미가 있다. 가장 흔한 의미는 오
류를 찾아내거나, 판단을 내리거나, 비평한다는 것이다. 하지만 여기
에서는 이와는 좀 다른 뜻으로 쓰인다. 우리가 비판적이라고 할 때에
는 분석이라는 지적 기술('비판적 사고')과 학문('비판이론')을 염두에
둔다. '비판적 사고'는 복합적으로 사고한다는 뜻이다. 어떤 논점을
생각할 때에 겉으로 보이는 모습을 넘어 다양한 차원과 함의를 탐구
한다는 의미다. '비판이론'은 사회적 조건의 바탕이 되는 권위의 역

사적·문화적·이데올로기적 계보를 탐구하는 학문적 접근을 가리킨다. 비판이론은 복잡한 이론적 관점이라 지속적으로 연구하고 실천해야 체득할 수 있다. 하지만 기본 원칙만 이해하더라도 사회가 작동하는 방식을 비판적으로 사고하는 데 필요한 도구로 쓸 수 있을 것이다.

✋ **잠깐** 이 책에는 "비판적 사회정의 접근법을 취하는 수업에 건설적으로 참여하는 방법"이라는 상세한 부록이 실려 있다. 부록부터 먼저 읽은 다음, 책을 읽어나가다가 쟁점이 나오면 길잡이로 틈틈이 참고하는 것도 매우 좋은 방법이다.

● 지식에 대한 비판적 사고의 두 차원

우리가 학교에서 배우는 지식은 사실에 기초한 중립적인 지식이라는 믿음은 주류 사회의 핵심 신화 가운데 하나다. 하지만 지식은 시대가 흐름에 따라 진화하며, 역사적으로 어떤 시기이냐, 그 지식을 받아들이는 사회의 문화적 기준은 어떠하냐에 좌우된다.

비판적 사고는 무엇이 사실이고 무엇이 거짓이냐를 판별하기 위해 새로운 정보를 습득하는 게 전부가 아니다. 이에 더해, 사실들에 부여된 사회적·역사적·정치적 의미를 판별하는 일도 포함된다. 그 의미를 판별하려면 다양한 집단이 특정한 역사적 순간에 이런 의미를 확대하거나 축소하려고 어떤 노력을 들이는지를 옳게 평가해야 한다. 예를 들어, 지구가 둥글다는 사실이 널리 받아들여지지 않던 때가 있었다. 당연히 상식적으로도 평평하다고 느껴지고 드넓은 평원을 내다보아도 평평하다는 느낌이 옳다는 게 확인되니 말이다. 하지만 과학적 추론과 지구를 더욱 정밀히 측량하는 기술이 발달하면서 지구가 평평하다는 지식 혹은 '사실'이 수정되었고, 지금은 학생들에게 지구가 둥근 구 모양이라고 가르친다.

따라서 지식에 대해 비판적으로 사고할 때, 첫째로는 상식(예를 들면 창밖으로 보이는 평평한 땅)에 도전하는 새로운 지식을 얻어내야 한다. 다시 말해 비판적 사고란 세상에 대한 우리의 상식선을 뛰어넘는 정보를 끝없이 구하는 과정이다. 그런데 지식에는 정보에 부여된 '의미'도 포함된다. (예를 들면 콜럼버스 같은 탐험가의 항해에 부여된 의미. 지구가 평평하다는 생각이 허위임을 입증하여 지식과 문명을 발전시키는 데 기여했다고 여겨진다.) 바로 이 의미에 정치적 투자가 이루어짐을 알아야 한다. 다시 말해 그 지식을 내세워 이득을 얻는 사람은 누구이고 제약을 받는 사람은 누구인가?

따라서 비판적 사고를 하려면 새로운 지식을 꾸준히 추구할 뿐 아니라 지식이 생산·유통되는 역사·문화적 맥락 또한 파악해야 한다. 예를 들어 콜럼버스가 인도를 향해 출항하기 전에는 사람들이 지구가 평평하다고 믿었다고 흔히 알고 있지만(학교에서 그렇게 배우기도 했을 것이다), 실제로는 콜럼버스 이전에도 여러 문명권에 지구가 둥글다는 사실이 이미 알려져 있었다. 고대 그리스, 이슬람 천문학자들과 초기 기독교 신학자, 고대 인도의 학자, (오늘날 북미, 중미, 남미의) 마야, 아즈텍, 잉카 원주민들도 알고 있었다. 그렇다면 왜 역사 전문가가 아닌 보통 사람들은 다들, 콜럼버스 이전에는 지구가 평평하다고 여겼다는 생각을 당연하게 받아들일까? 이런 생각을 부추기기 위해 어떤 문화적·정치적·사회적 투자가 이루어진 걸까?

비판적 사고의 첫 번째 차원(새로운 정보의 습득)을 추구하기 위해, 우선 다른 사회로부터 새로운 지식을 구할 수 있다. 고대 아메리카 원주민이나, 인도나 이슬람의 과학자 등이 이에 속한다. 비판적 사고의 두 번째 차원(이 지식에 부여된 의미)을 생각해보려면 이 지식의 사회적·역사적 맥락에 질문을 던질 수 있다. 예를 들어 유럽이 아닌 사회의 지식은 어떤 배경 속에서 무시되었는가? 역사는 끝없이 진화하는 진보의 기록이라는 생각을 드높이기 위해 다른 사회의 지식을 지워나갔다고 말할 수 있다. 진보란 고대나 비유럽(미국 원주민, 인도, 이슬람) 사회에서 유럽, 그리고 북아메리카 사회로 나아가는 것이라고 보는 생각이 있기 때문이다.

지식을 사회적 구성물로 바라보면 역사를 구성하는 데 이데올로기가 개입함이 드러난다. 예를 들어, 진보가 합리적이고 객관적이고 가치중립적이며 정치적 의도와는 전혀 무관한 과정이며, 오직 이상의 산물이라는 생각이 그렇다. 진보에 대한 이런 개념은 객관적 진실이 존재하며, 그것은 서구에서 비롯되었고 보편적으로 적용 가능한 진실이라는 믿음을 떠받친다. 15세기부터 시작된 식민화와 착취를 합리화하는 데에 이런 객관성 개념이 핵심 역할을 했다. 이를테면 콜럼버스가 단순히 탐험가나 무역상이라고 생각한다면 '발견'에 정치적 의미가 없다는 생각이 강화된다. 이런 생각이 확산되어 콜럼버스의 '발견'이 촉발한 원주민 학살과 대서양 노예무역을 무시할 수 있게 된 것이다.

상식적 생각이 지구가 평평하다는 확신을 갖게 하였듯이(개별적으로 창밖을 내다봄으로써 '입증된다'), 이 책에 나오는 주장 가운데도 상식적 사고에 반하는 것이 많을 것이다. 예를 들어 상식적으로는, 우리는 차별에 반대하기 때문에 차별하지 않는다고 생각하게 된다. 그렇지만 대부분의 차별은 무의식적으로, 우리가 아무리 정의와 평등을 신봉한다 하더라도 의도와 무관하게 일어난다.

'우리는 차별하지 않는다'는 생각을 비판적으로 뜯어보면, 그게 사실이 아님을 알게 될 것이다. 차별의 역학을 조사해 차별은 의식할 수 있는 인식의 범위 바깥에 있음을 드러낸 연구가 수없이 많다(Dovidio, Glick, & Rudman, 2005; Greenwald & Krieger, 2006). '차별하지 않는다'는 생각이 끼치는 영향을 고려해보면, 사실상 그러한 생각 때문에 차별이 지속된다는 것을 알 수 있다. 그러니 차별로 인해 이득을 얻는 이들은 차별의 본질을 파악하지 못하게 하는 데에 힘을 쏟을 것이다.

비판적으로 사고하려면 의미(지식)가 어떻게 사회적으로 구성되고 이데올로기에 물들어 있는지를 인식하고 분석할 수 있는 능력이 필요하다. 비판적 사고를 하려면 새로운 지식을 습득하는 것뿐 아니라(오늘날 우리는 지구가 평평하지 않고 둥글다는 것을 안다), 지식의 사회적 차원에 대한 이해가 필요하다(발견의 시대 이전에는 모든 사람들이 지구가 평평하다고 믿었다는 생각에 사회적·정치적 투자가 이루어짐).

● 비판이론에 대하여

우리 분석은 '비판이론'이라고 알려진 이론 체계를 따른다. 비판이론은 사회가 어떻게 작용하는지 분석하는 학문이고, 20세기 초 독일 프랑크푸르트 사회연구소 학자들에게서 시작된 전통이다(이 유파를 '프랑크푸르트학파'라고 부르기도 한다). 이들 이론가들은 사회를 진단하고 비판했으며, 사회 변화에 대한 질문에 파고들었다. 이들의 작업은 사회가 평등과 사회 개선이라는 이상을 향해 나아가야 한다는 신념을 바탕으로 한다.

✋ **잠깐** 비판적 사회정의라는 틀에서 '지적 지식'이란 학문적 연구만을 가리키는 것이 아니라, 어떤 쟁점과 관련해 비주류 집단이 들려주는 삶의 경험과 관점을 아는 것까지 포함한다. 그렇지만 비주류 집단의 경험이 더 넓은 사회의 맥락 안에서 자리매김하는 데에는 학문이 유용한 언어를 제공한다.

프랑크푸르트 사회연구소에는 영향력 있는 학자들이 많았고, 훗날 여러 뛰어난 학자들이 이 학파의 전통을 따랐다. 막스 호르크하이머, 테오도어 아도르노, 위르겐 하버마스, 발터 베냐민, 허버트 마르쿠제 등, 이름을 익히 들어본 이론가들일 것이다. 이들의 연구는 다른 사회과학자들의 업적을 바탕으로 쌓아 올린 지식이라서 중요하기도 하다. 예를 들면 과학적 방법론의 무오류에 의문을 제기한 에밀 뒤르켐의 연구, 카를 마르크스의 자본주의와 사회 계층화social stratification 연구, 막스 베버의 자본주의와 이데올로기 분석 등. 이런 사고의 줄기들이 모두 서로 서로를 기반으로 축적되었다. 한 예로 18세기 유럽 계몽주의 시대에는 ('실증주의'라고도 하는) 과학적 방법론이 지배적이었다. 실증주의의 핵심은 이성의 중요성, 합리적 사고 원칙, 면밀한 관찰의 절대성, 삶과 사회를 지배하는 자연 법칙과 원칙의 발견 등이

📓 **사회 계층화**
사회집단 사이에 상대적인 서열 관계가 있고 불평등한 가치에 따른 위계를 이룬다는 개념이다(예를 들어 장애가 없는 사람이 있는 사람보다 더 가치 있다고 평가된다). 이 서열 순위가 사회집단 간의 불평등한 자원 배분을 정당화하는 데에 쓰인다.

다. 비판이론은 과학적 방법론이 우월하고 절대적이라는 실증주의의 가정에 대한 반발로 대두되어, 과학적 방법론 이면에 있는 것이 누구의 합리성, 누구의 객관성이냐는 의문을 제기했다.

사회가 어떻게 작용하는지를 이해하려고 애쓴 학자들은 프랑크푸르트학파만이 아니었다. 프랑스 철학자들(대표적으로 자크 데리다, 미셸 푸코, 피에르 부르디외, 자크 라캉)도 비슷한 문제를 붙들고 고심했다(유럽에서 프랑크푸르트 외 지역에서도 비판이론이 발전했기 때문에 이들을 '대륙 학파' 또는 '대륙 철학'이라고도 부른다). 이들의 학문은 1960년대 북아메리카에서 반전, 페미니스트, 동성애자, 흑인, 원주민 인권 등의 사회정의 운동 속으로 흡수되었다.

이런 운동이 처음에는 자유 인본주의liberal humanism(개인주의, 자유, 평화)의 한 형태로 추앙되었으나 곧 자유 인본주의를 부정하는 쪽으로 돌아섰다. 자유 인본주의의 근간이 되는 개인의 자율성이라는 이상(사람은 누구나 스스로의 운명을 정하는 독립적이고 합리적 결정을 내릴 자유가 있다는 생각)이 불평등이라는 더 큰 구조 체계를 가려 비주류 집단을 계속 주변화하는 방식으로 인식되었기 때문이다. 다른 말로 하면 사람들이 실제 사회 구조상 가능한 것보다 더 많은 자유와 선택이 자기에게 주어진다고 생각하게끔 기만한다는 의미다. 여성, 흑인, 동성애자, 원주민 운동가 들은 기존 사회 구조를 비판하면서, 사회제도가 여성, 흑인, 원주민, 동성애자의 주변화를 영속시키는 방식으로 작동한다고 주장했다. 이 혁명적 운동에서 젊은 사람들이 주도적 역할을 했는데, 젊은이들의 생각은 대학에서 읽은 이론서와 학술서의 영향을 받은 것이기도 했다. 사회정의 운동의 정치적 신념은 사회가 일부의 이익을 위해 나머지를 주변화하는 방식으로 구조화되어 있다는 학문적 인식과 궤를 같이한다.

1960년대에 사회가 주변화를 영속화하는 구조로 되어 있다는 비판이론과 함께 사회정의 운동이 나타나자 보수파의 반발이 일었다. 기존 체제는 비판과 행동주의의 도전에 맞섰다. 예를 들면 대학에서 비판이론에 기초한 주장을 하는 학자들을 이념선동가라고 몰아갔다 (그때도 그랬지만 지금도 마찬가지다).

📖 **소수화집단Minoritized Group**
사회에서 낮게 평가되고 자원에 대한 접근성도 떨어지는 사회집단이다. 낮게 평가된다는 것은 이 집단이 어떻게 대변되는가, 자원을 획득할 기회가 얼마나 주어지는가, 자원 접근도에서의 불평등이 어떻게 합리화되는가 하는 문제들을 모두 포괄한다. 전에는 '소수집단minority group'이라는 용어를 사용했지만, 사회에서 낮은 지위를 생산해내는 실제 역학을 표현하고 이 집단의 지위가 인구에서 다수를 차지하는지 소수를 차지하는지와 필연적 연관이 없음을 나타내기 위해 '소수화'라는 말로 바꾸어 쓰게 되었다.

비판이론에 대해 아주 일부만 대략 이야기했다. 비판이론이 유럽에서 시작되어 북아메리카에서 끝난 것은 아니다. 사회의 작용 방식에 대한 비판이론의 분석에 원주민, 탈식민주의, 인종 이론가 등의 주변화된 시각이 층위를 여러 겹 더하면서 확장 심화되었다. 따라서 비판적 관점에서 사회를 연구하려면 상식에서 나온 의견을 탈피해 다양하고 복잡하며 서로 다른 전통에서 비롯된 온갖 층위를 파악하려 애써야 한다. 우리는 비판이론을 바탕으로 여러분이 다음과 같은 것들에 대한 이해를 넓히기를 바란다.

- 여러 층위의 사고: 의견 대 비판적 사고, 일반인의 생각 대 학자적 생각
- 지식 생산과 인증 과정의 정치적 본질
- 오늘날의 사회 절차와 제도의 역사적 맥락
- 사회화 과정과 사회 계층화의 관계
- 사회집단 간의 권력과 자원의 불평등한 분배

왜 이론이 중요한가

학계 바깥에 있는 사람들은 대체로 이론에서 흥미를 느끼지 못한다. 이론이 쓸데없이 난해하고 모호하게 느껴지는 데다 일상생활과는 무관하게 여겨지기 때문일 것이다. 그렇지만 사실 우리는 누구나 이론을 따라 움직인다. 무엇에 관해서건 "어째서" "왜"라고 질문을 던진다면 이론을 만들고 있는 것이다. 이론은 우리가 살면서 '길을 찾고', 새로 맞닥뜨리는 것들을 이해하기 위해 따르는 정신적 '지도'라고 할 수 있다. 우리가 세상에서 하는 모든 일(우리의 행동)은 세계관(우리의 이론)에 따라 이루어진다.

이론이 실천과 무관하다고 생각하는 교사도 있을 것이다. 그렇지만 이런 경우를 생각해보자. 학교에 점심을 가져오지 않는 학생들이 있다. 문제의 원인이 어디에 있다고 보는지, 이 문제에 있어 자기 역할이 무엇이라고 생각하는지에 따라 반응이 달라진다. 집에서 잘 챙겨주지 않아 점심을 못 가져온다고 생각하면, 학생들에게 무료 및 할인가 식사 지원 프로그램에 신청하도록 하고(가족이 이런 프로그램의 존재를 모른다고 가정하고) 문제를 해결했다고 생각할 수 있다. 이 문제가 구조적이라고 생각한다면, 학생들의 결식이 그 가족의 문제를 넘어선다고 보고 정부 차원의 해결을 촉구할 수 있다. 사실 오늘날 무료 및 할인가 식사 지원 프로그램이라는 게 생겨난 까닭이, 사람들이 아동기 가난을 구조적인 문제로 보고 해결하려고 애썼기 때문이기도 하다.

문제를 개인 차원에 두는 것(아이들의 식사는 가족의 책임이다)과 집단에 두는 것(모든 아이들이 끼니를 거르지 않게 하는 것은 사회의 책임이다)이 이론적으로 어떻게 다른지 생각해보자. 둘 중 어떤 이론적 틀을 택하느냐에 따라 매우 다른 접근방법을 취하게 된다. 둘 다 중립적이지 않지만, 각자 아주 다른 방식으로 문제에 영향을 미친다. 예를 들어 더 집단적인 접근방식을 택하는 나라도 있다. 일본이나 핀란드는 저소득층뿐 아니라 모든 아이들에게 학교 급식을 실시한다. 그렇게 하면 특별 프로그램의 지원을 받는 학생들에게 낙인이 찍히는 일을 피할 수 있다. 우리가 세상을 이해하는 방식(세상에 대한 우리의 이론)은 눈에 보이지 않을 때가 많다. 문제를 확인하고 해결방법을 떠올리기 위해 사용하는 지도를 먼저 검토하지 않고는 비판적 사회정의 문제를 다룰 수 없다. 뿐만 아니라 이론이라는 지도를 인식하면 우리 태도에 본질적인 변화를 가져올 수도 있다. 그래서 이론에 대한 이해는 사회 변화에 도움이 되는 정도가 아니라 필수이다.

지식의 구성

지식 생산에 대한 이해에도 비판이론가들이 중대한 기여를 했다. 학교에서 이루어지는 중심활동은 지식의 전달이므로 교육 분야에 종사하는 비판적 학자들은 지식이 어떻게 생산되는가에 특히 큰 관심을 쏟았다. 그래서 특정 지식이 객관적이고 보편적이라는 주장이 사회 불평등의 핵심 요소라고 주장한다. 비판이론의 관점에서는 '객관성'이 바람직하다는 생각이, 심지어 객관성이 가능하다는 생각조차도 의문시된다. 지식에 대한 이런 생각을 '지식이 사회적으로 구성되었다'고 표현한다. 지식이 사회적으로 구성되었다는 말은 지식이 그것을 생산하는 이들의 가치와 이익을 반영한다는 의미다. 지식의 내용과 수단 전부가 사회적 맥락과 연관이 있다는 생각을 담고 있다.

지식을 사회적 구성물로 볼 때 비판적 교육자들은 학생들을 적어도 다음과 같은 세 차원으로 안내할 수 있다.

1. 콜럼버스의 미국 '발견'과 같이 중립적·보편적·'객관적'이라고 제시되는 지식에 대한 비판적 분석
2. 자신의 사회적 관점과 주관성에 대한 비판적 자기성찰. 예를 들면 콜럼버스 신화와 교사의 인종적 정체성이 북아메리카 역사를 가르치는 방식에 어떤 영향을 미치는가 등에 대한 검토.
3. 이데올로기적 지배를 제대로 파악하고 분석하고 도전할 수 있는 기술 개발. 예를 들면 발견 신화의 복잡한 면을 이해하고 이 신화가 부풀려졌음을 반영하여 기존 학습 계획서나 교과과정을 새로 짜본다.

이런 방법으로 학생들이 비판적 관점에서 스스로의 사고의 틀과, 자연스럽게 받아들이고 재생산하는 지식의 관계를 검토하도록 이끌 수 있다. 물론 서구적 사고에는 실증주의라는 이상(유럽의 학문은 합리적 규칙을 따랐으므로 이로 인한 발견은 부정할 수 없는 사실이라는 생각)이 매우 강력하고 뿌리 깊게 박혀 있기 때문에 쉬운 일은 아니다. 명백한 사실이라고 배워온 지식을 비판적으로 검토하도록 유도하기는

쉽지 않다. 그래서 비판적 사고를 기르도록 하려면 먼저 학생의 사회적 위치, 그리고 이 사회적 위치와 당연히 받아들인 지식 사이의 관계를 검토하는 것부터 시작하기도 한다.

그렇기 때문에 지식 구성을 분석할 때에는 '위치성'이라는 개념이 핵심 도구가 된다. 위치성이란 문화적 가치, 신념, 경험, 사회적 지위의 복잡한 그물망 안에서 지식이 만들어진다는 개념이다. 자기 자신이 지식과 어떤 관계를 갖는 위치에 있는지를 파악하는 것이 지식의 정치적·사회적·역사적 차원을 이해하는 데 기본이 된다고 본다. 우리의 '상식적' 지식을 살펴 이 지식이 만들어진 사회적 맥락과 이 지식이 누구의 이익에 봉사하는지를 밝혀야 한다.

✏️ **위치성**
사회에서 자신이 상대적으로 어떤 위치에 있는가 하는 인식. 이 세상을 바라보고 이해하는 방식에 영향을 미친다.

제임스 뱅크스의 교육 이론은 지식이 사회적으로 구성됨을 이해하는 데 큰 도움을 준다. 뱅크스(1996)는 우리가 생산하는 지식은 다양한 사회·경제·정치 체제 안의 우리 경험에 영향을 받는다고 이야기한다. 따라서 ('아는 사람'으로서) 우리는 집단 사회화(젠더, 인종, 계급, 섹슈얼리티 등)와 밀접하게 관련되어 있다. 예를 들어 콜럼버스 이야기를 떠올려보자. 대륙이 '발견'되었다는 생각은 누구의 인종적 관점을 반영하는가? 어떤 인종집단이 이 이야기로 혜택을 받겠는가? 이 이야기에 반발할 때 유리해지는 인종집단은? 이런 질문을 던지면 '내가 아는 것'이 '내가 누구인가'와 '내가 어디에 있는가'와 어떻게 연관되는지 더 명료하게 알 수 있다.

뱅크스의 지식 지형도는 비판적 교사들이, 지식의 근원이 지식의 승인에 어떻게 영향을 미치는지 밝히는 데에 사용하는 대표적 틀이 되었다. 뱅크스에 따르면 지식에는 다섯 가지 유형이 있다고 한다.

개인적·문화적 지식　개인이 가정에서, 식구들이나 지역사회의 문화로부터 받아들이는 설명과 해석을 가리킨다. 이 유형의 지식은 가족 안의 사회화 방식과 관련이 있다. 개인적·문화적 지식은 무엇이 예의바른 행동인지("웃어른과는 눈을 맞추고 이야기해라." 등) 등 집안 식구에게 직접 들은 가르침과 같이 명시적으로 전달되기도 하고, 어떤 주제를 입에 올리지 않는지(인종이나 돈 등) 따위를 통해서 암묵적으로 전달되기도 한다.

대중적 지식　텔레비전, 영화 등 대중을 대상으로 한 대중문화가 만들어내는 사실, 믿음, 다양한 캐릭터, 이야기의 유형 등을 가리킨다. 대중적 지식은 암묵적·명시적으로 이데올로기를 설파한다. 이상적 가족, 정상적 관계, 어떤 동네가 위험한가 등과 같은 개념이 대중문화에서 되풀이해서 재현되며 표준화된다. 대중적 지식은 광범위하게 공유되므로 공통의 언어나 준거점과 같은 기능을 한다. 예를 들어 여러분은 마이클 잭슨의 사망 소식을 어디에서 들었는지, 윌리엄 왕세손과 케이트 미들턴이 결혼하던 날 무엇을 하고 있었는지 등에 대한 기억이 있을 것이다. 이런 일들이 화제에 오르면 많은 사람들이 무슨 이야기인지 금세 알고 그때 자기는 무엇을 하고 있었는지 이야기하곤 한다.

주류 학문적 지식　행동과학이나 사회과학 분야의 고전이나 정전에서 나온 개념, 패러다임, 이론, 설명을 가리킨다. 이런 지식은, 객관적 진실이 존재하며 올바른 절차와 방법을 거치면 이 진실을 획득할 수 있다는 믿음을 기반으로 한다. 그렇기 때문에 주류 학문의 지식은 보편적이고 문화와 상관없이 적용 가능하다고 받아들여진다. 예를 들어 대학에는 아동을 하나의 집단으로 보고 심리·신체·지적 발달을 설명하는 이론을 가르치는 강의가 많다. 아동 발달이 이름을 붙여 구분하고 연구할 수 있는 일정한 단계를 거쳐 이루어지며, 이는 사회경제적 지위, 인종, 성별과 무관하게 모든 아이들에게 적용될 수 있다고 가정하는 것이다.

학교 지식 교과서, 교사용 지침서 등 학교에서 사용하도록 만들어진 형식적 교과과정에 담긴 사실과 개념을 가리킨다. 이 지식에 대한 교사의 해석 또한 학교 지식이다. 명시적 또는 암묵적으로 가르치는 내용뿐 아니라 가르치지 않는 내용 또한 학교 지식의 중요한 요소라고 할 수 있다. 학교 지식을 정전(正典)화된 지식canonized knowledge(혹은 정전)이라고 볼 수도 있다. 정전화된 지식이란 교과서나 표준 시험을 통해 국가에서 공인한 지식을 가리킨다. 지식이 정전화되면 객관적 사실로 제시된다. 학교 지식을 전달하는 데에는 교수법이 매우 중요한 역할을 한다. 예를 들면 학생들이 교과서 내용에 의문을 품지 않고, 있는 그대로 받아들이게끔 사회화된다. 학교 지식에 의문을 제기하면 사회에 나아가서까지 지속적으로 큰 영향을 미치는 구체적인 방식의 벌을 받는다(성적, 점수, 반 편성, 꾸지람 등).

변형 학문적 지식 주류 학문적 지식에 도전하고 정전의 범위를 넓히는 개념과 설명을 가리킨다. 변형 학문적 지식은 지식이 인간의 이해관계, 관점, 가치 바깥에 존재할 수 있다는 생각에 의문을 제기한다. 변형 학문적 지식을 옹호하는 사람들은 지식은 중립적이지 않고 사회적 위계관계를 반영한다고 본다. 지식을 이런 개념으로 바라보는 목적은 더 평등한 사회를 만들기 위해서다. 변형 학문적 지식은 전통적 정전에 도전하는 지식이다. 우리가 속한 사회집단(인종, 계급, 젠더)이 우리의 준거 틀을 이루고 특정한(보편적이지 않은) 관점을 부여함을 인정한다. 이 개념에 따르면 사람들은 누구나 사회적 삶의 어떤 차원에 대한 통찰을 갖지만 다른 사람의 것을 아는 데에는 한계가 있다.

● 사회적으로 구성된 지식의 예

구체적인 사례를 통해 지식 구성을 한번 살펴보자. 진 애니언은 1981년 사회 계급에 관한 중대한 연구를 했다. 이 연구에서는 학생들에게 "지식이란 무엇인가?"라는 간단한 질문을 형태를 조금씩 바꾸어 던지고 대답하게 했다. 학생들의 대답에서 사회 계층에 따라 지식에 대한 정의가 다르다는 것이 드러났다(표 1.1 참고).

가난한 노동계급 가정 아이들이 주로 다니는 학교의 학생들은 지식이란 "외우는 것", "질문에 답하는 것", "숙제 하는 것"이라고 답하는 빈도가 높았다. 상류층 가정 아이들이 주로 다니는 부유한 학교

|표 1.1| 진 애니언의 연구

질문	노동계급 학교	중간 계급 학교	상류층 학교
지식이란 무엇인가?	"아는 것" "숙제 하는 것" "문제지" "문제에 답하는 것" "외우는 것"	"외우기" "사실과 역사를 배움" "머리가 좋음" "지식은 무언가 배우는 것"	"어떤 생각을 한 다음 이 생각의 잘못된 점을 찾는 것" "무언가를 아주 잘 아는 것" "무언가를 알아내는 학습 방법" "무언가를 알아내는 것"
지식은 어디에서 오나?	"선생님" "책" "교육위원회" "과학자"	"선생님" "옛날 책" "과학자" "어디에서나 나온다." "다른 사람이 어려운 말로 이야기하는 것을 들을 때"	"사람과 컴퓨터" "내 머리" "사람–사람들의 행위" "무언가를 배워서" "다양한 곳을 다닐 때"
지식을 만들어 낼 수 있나? 있다면 어떻게?	아니다 (15) 그렇다 (1) 잘 모르겠다 (4) 한 아이는 "만들 수 없다. 지식은 교육위원회에서 만들기 때문이다."라고 대답했다.	아니다 (9) 그렇다 (11) "찾아본다." "이야기를 듣고 행동해서 지식을 만들 수 있다." "도서관에 간다." "심화수업을 받는다."	아니다 (4) 그렇다 (16) "무언가를 만들어낸다면 지식을 만들 수 있다." "무언가 발견할 것을 생각해내고 그렇게 한다." "새로운 것들을 탐구해본다."

학생들은 "어떤 생각을 한 다음 이 생각의 잘못된 점을 찾는 것" "무언가를 아주 잘 아는 것" "무언가를 알아내는 것" 등과 같은 대답을 했다.

이들 응답에서 알 수 있듯이 지식에 대한 개념은 사회 계층과 교육제도가 엮여 만들어진다. 교육제도는 학생들의 사회적 위치와 이들이 접근할 수 있는 자원에 따라 매우 다른 교육을 실시한다. 우리가 학교에서 배우는 지식은 우리가 미래에 어떤 위치에 있게 될지에 구체적인 영향을 미치기 때문에 매우 중대하다.

● 의견을 비판적으로 생각하기

대체로 상식적 생각을 바탕으로 한 의견과, 더 잘 알고 판단하는 비판적 사고를 구분하는 일은 중요하다. 하지만 대중문화에서는 모든 의견이 똑같이 중요하다는 생각을 부추긴다. 대중문화가 그 자체로 교육의 장은 아니지만 모든 의견이 다 유효하다는 생각을 당연한 것으로 만드는 데 중대한 역할을 한다. 예를 들어 지역 뉴스나 라디오 방송에서는 청취자들에게 "누구누구가 유죄라고 생각하십니까?"에서부터 "이민을 제한해야 할까요?" 같은 여러 사안에 대한 의견을 묻는다. 텔레비전의 리얼리티 프로그램에서는 시청자들에게 누가 노래를 가장 잘하고 춤을 잘 추는지 투표하라고 한다. 우리 의견이 전문 무용수, 가수, 안무가, 연출자들의 의견과 똑같이 중요하다고 암시하는 것이다. 물론 이런 문제들에 대해 잘 알고 의견을 가질 수도 있지만 반드시 그런 사람만 응답할 수 있는 것은 아니다. 이렇게 해서 모든 사람이 갖는 의견과, 꾸준히 연구하고 경험한 사람이 아니면 가질 수 없는 지적 지식을 쉽게 혼동하게 된다. 춤이라고는 눈으로 보거나 파티에서 좀 춰본 것뿐이고 배워본 적도 없더라도 1번 무용수를 2번 무용수보다 더 좋아하는지 아닌지 의견을 제시할 수 있다. 다만 무용수의 기술적 완성도가 어떠한지 평가하라고 하면 아는 것이 없으니 근거를 댈 수는 없다.

비판적 사고는 그저 다른 의견을 갖는 것을 말하는 것이 아니다. 비판적 사고는 복잡성의 여러 층위를 다루는 능력이다. 어떤 의견을 갖는다고 해서 복잡성을 이해한다고 할 수는 없다. 대중적 의견은 피상적이고 근거가 부족할 때가 많고 그 주제에 대해 반드시 이해하고 있어야 하는 것도 아니다. 예를 들어서 누구든 사회 불평등이 존재한다는 사실에 동의하지 못한다 할 수는 있지만, 이 말에 신빙성이 있으려면 이미 확립된 지식에 대한 이해를 근간으로 주장을 펼쳐야 하고 이 주장을 뒷받침하는 새로운 근거를 제시할 수 있어야 한다. 학술적 관점에서는 사회 불평등이 존재하지 않는다는 일화성 사례를 드는 것(예를 들어 "오늘날 사회에서는 인종, 계급, 성별과 무관하게 누구나 성공할 수 있는 기회를 동등하게 갖는다.")은 "창밖을 내다보았더니 지구가 평평하게 보였다."는 주장과 마찬가지다. 사회 불평등은 더 이상 존재하지 않는다는 주장이 유효하려면 이 분야에 대한 현재 지식을 잘 알아야 한다. 학문적 관점에서는 지식을 주장하려면 이 분야 전문가인 동료들에게 검토를 받아야 한다. 이런 과정을 동료 평가[peer review]라고 하는데, 이는 학술 지식을 평가하는 토대가 된다. 학계에서 사회 불평등에 대한 주장이 제기될 때에는 동료 평가를 거쳐 발표된다. 학계 안에도 논란은 있겠지만 전문가 동료들이 이 주장이 유의미하며 연구할 가치가 있다고 인정한 셈이다.

이 책에서는 여러분에게 원래 지니고 있던 의견을 유지하려고 애쓰는 대신 우리가 제시하는 주장을 붙들고 씨름해보길 권한다. 무슨 의미냐 하면 비판적 사고의 과정은 되돌아보기, 더 깊고 명료하게 이해하려고 하기, 논점을 표현하고 토론하는 실천으로 이루어진다. 붙들고 씨름하라는 말은 지적 겸허함, 호기심, 열린 마음으로 뛰어들고 합의에 연연하지 말라는 의미다. 교육의 목표는 지식의 기반과 비판적 사고력을 기르는 것이지 원래 가지고 있던 의견을 관철하게 하는 것이 아니다. 물론 누구나 의견을 가질 권리가 있지만, 이 의견들을 비판적으로 돌아보려 하지 않는다면 개인적 성장도 지적 성장도 있을 수 없다. 이런 생각을 염두에 두고 앞으로 제기될 힘들고 정치적인 문제들에 파고들기를 바란다.

토론해볼 문제

1. '지적 지식'과 '의견'의 차이를 자기 말로 설명해보자.
2. 지식이 사회적으로 구성되었다는 말은 무슨 의미인가? 예를 들어보자.
3. '내가 아는 것'이 '내가 누구인가'와 연관이 있다는 말은 어떤 뜻인가?

👥 확장 활동

1. 신문 기사, 교과서의 한 부분, 소설, 영화, 광고 등에서 글을 하나 고른다. 이 글에 여러 형태의 지식(개인적·문화적 지식, 대중적 지식, 학교 지식, 주류 학문적 지식, 변형 학문적 지식) 가운데 어떤 것이 드러나는지 밝히고 어째서인지 설명한다.

2. 1) 하워드 진의 《미국 민중사: 1492년~현재》(이후, 2008) 1장이나 빌 비글로와 밥 피터슨의 《콜럼버스를 다시 생각하다: 이후 500년*Rethinking Columbus: The Next 500 Years*》(Milwaukee, WI: Rethinking Schools, 1998)을 읽는다.

   2) 영화 〈포카혼타스〉(Walt Disney Pictures; Burbank, CA: Walt Disney Home Entertainment, 1997)를 본다.

   3) 글과 영화를 지식 구성의 창으로 보고 아래 질문을 생각해 본다.

   • '최초의 만남' 이야기로 학교에서 주로 가르치는 것은 둘 중 어느 쪽에 가까운가? 어떤 다양한 방식으로 가르치나?

   • 최초의 만남에 대한 '학교 지식'은 누구의 이익에 봉사하나?

   • 이들 텍스트가 어떻게 지식이 사회적 구성물이라는 개념의 예가 되는가?

② 사회화

> "나는 사람들의 인종, 계급, 성별은 생각하지 않아요.
> 그냥 사람으로 볼 뿐이에요."

●●   이 장에서는 사회화 과정에 대해 알아보고, 우리의 개성과 사회집단(인종, 젠더, 계급 등)의 일원임이 어떻게 상호작용하는지 설명한다. 우리의 생각, 견해, 의견이 객관적, 독립적이지 않고 무수한 사회적 메시지와 조건에 의해 만들어졌음을 이해하는 게 얼마나 중요한지 설명한다. 그리고 가족뿐 아니라 사회제도 등 여러 힘이 어우러져 어떻게 우리의 세계관을 형성하는지도 이야기한다. 사회화의 힘, 사회화가 어떻게 우리의 지각을 좌우하는 무의식적인 거름망 역할을 하는지 예를 통해 살핀다.

수업이나 워크숍에서 강사가 다음과 같이 말했다고 해보자.

> "백인은 자기들이 유색인보다 더 중요하고 가치 있다는 메시지를 받는다."
> "중상류층에 속한 사람은 대학 입학이나 취직이 상대적으로 더 쉽다."

"여자가 다수인 집단에 남자가 들어가면 빠르게 승진해서 여자들을 관리하는 지위에 오른다."

"이성애자들은 자신의 섹슈얼리티를 날마다 다양한 방식으로 드러낸다."

이런 말을 들으면 많은 사람이, 어쩌면 여러분 자신도 곧바로 방어적 반응을 보일 것이다. "잠깐만요, 어떻게 그렇게 쉽게 일반화해서 말하죠? 나에 대해서 잘 모르고 내가 대학에 들어오기 위해 얼마나 많은 어려움을 극복해야 했는지도 모르잖아요. 나는 모든 사람이 평등하다고 배웠어요. 우리 회사 사장님은 여자인데요! 저는 사람들 앞에서 제 섹슈얼리티에 대해 이야기하지 않아요!"

인종, 계급, 젠더, 섹슈얼리티 등 정치적으로 민감한 주제를 이야기할 때에 흔히 나타나는 반응들이다. 하지만 단지 의견이 달라서 이렇게 방어적인 반응이 일어나는 것은 아니다. 강사가 한 말을 납득하고 이런 말이 왜 방어적 반응을 불러일으키는지를 알려면 사회화에 대해 좀 더 충분히 이해할 필요가 있다.

🔍 **관점 확인**　물론 강사가 이렇게 말하는 것을 듣고 강사가 기존 관념에 도전하고 자신의 경험을 인정해주어 속 시원해 하는 사람들도 있을 것이다.

● 사회화란 무엇인가

사람은 누구나 특정한 시간, 장소, 사회적 배경, 즉 특정 문화 안에서 태어난다. 문화란 특정 시간과 장소에 있는 사람들의 일상의 특징을 지칭한다. 겉으로 드러나 구성원들이 쉽게 판별할 수 있는 특징도 있지만 상당수는 (사실 거의 대부분은) 일상적으로 인식할 수 있는 차원 아래에 있다.

📖 **문화**
특정 시간·장소에 속하는 사람들이 공유하는 의사소통·언어·규범·관습·의미의 표준·가치·실천·패턴

그림 2.1의 빙산 그림은 이러한 문화를 시각적으로 표현한 것이다. 문화의 외피를 이루는 요소(음식, 옷, 음악 등)는 판별할 수 있을지라도 심층적 층위(겸허함이라는 관념, 시간 개념 등)는 알기가 어렵다. 태어난 순간부터 물속에

|그림 2.1| **문화의 빙산**

빙산처럼 문화의 대부분은 표면 아래에 있다.

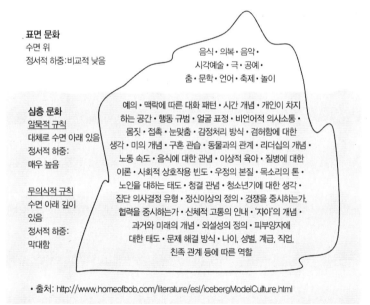

표면 문화
수면 위
정서적 하중:비교적 낮음

음식·의복·음악·
시각예술·극·공예·
춤·문학·언어·축제·놀이

심층 문화
<u>암묵적 규칙</u>
대체로 수면 아래 있음
정서적 하중:
매우 높음

<u>무의식적 규칙</u>
수면 아래 깊이
있음
정서적 하중:
막대함

예의·맥락에 따른 대화 패턴·시간 개념·개인이 차지
하는 공간·행동 규범·얼굴 표정·비언어적 의사소통·
몸짓·접촉·눈맞춤·감정처리 방식·겸허함에 대한
생각·미의 개념·구혼 관습·동물과의 관계·리더십의 개념·
노동 속도·음식에 대한 관념·이상적 육아·질병에 대한
이론·사회적 상호작용 빈도·우정의 본질·목소리의 톤·
노인을 대하는 태도·청결 관념·청소년기에 대한 생각·
집단 의사결정 유형·정신이상의 정의·경쟁을 중시하는가,
협력을 중시하는가·신체적 고통의 인내·'자아'의 개념·
과거와 미래의 개념·외설성의 정의·피부양자에
대한 태도·문제 해결 방식·나이, 성별, 계급, 직업,
친족 관계 등에 따른 역할

• 출처: http://www.homeofbob.com/literature/esl/icebergModelCulture.html

잠겨 있어 물 밖 세상을 모르는 물고기처럼 우리도 태어날 때부터 문화라는 깊은 물 안에 잠겨 있다.

사회화란 문화의 규준에 맞게 체계적으로 훈련을 받는 것을 가리킨다. 사회화는 우리가 문화를 이해하고 그 안에서 적절히 행동하도록 해주는 의미와 실천을 익히는 과정이다. 사회화라는 빙산에서 물 아래쪽 부분이 얼마나 크고 깊은지, 물 아래에 잠긴 것들이 얼마나 많은지 보라. 누군가가 '불친절하게 행동한다'거나, '미친 짓을 한다'거나, '위생 상태가 좋지 않다'와 같은 것들은 의식적으로 생각하지 않고 그냥 아는 것이다. 사회적 삶의 이런 면들을 규제하는 문화의 규준에 맞게 사회화되어 있기 때문이다. 사실 사회화의 힘은 태어나기 전에 이미 응집된다고도 할 수 있다. 식구들이 아기가 태어나기 전 아이의 삶에 희망, 꿈, 기대 등을 품기 시작하면서부터 말이다.

명료한 예로 젠더 사회화 과정을 들 수 있다. 임신한 부부에게 사람들이 가장 먼저 묻는 게 "아들이에요, 딸이에요?"라는 질문이다. 왜 그것부터 물을까? 이 물음에 대한 답에 일련의 기대와 행동이 따르기 때문이다. 예를 들어 의사가 뱃속의 아기가 딸이라고 알려주면 부모는 그것에 맞추어 옷을 사고 방을 꾸민다. 어떤 색을 선택하고, 어떤 장난감을 사고, 아이의 앞날에 어떤 기대를 품을지는 모두 문화에서 여자아이에게 어울린다고 간주하는 것에 따라 달라진다.

하지만 남자냐 여자냐 하는 개념 자체도 문화에 뿌리를 둔 것이다. 섹스sex와 젠더gender는 구분 없이 섞여 쓰이기도 하지만 엄밀히는

🔎 **관점 확인** 자신의 본래 문화가 지금 자기 주변 문화와 다를 때에는 표면 아래의 것을 더 쉽게 볼 수 있다. 집안의 문화 및 언어와, 학교나 직장의 문화 및 언어가 다를 때 같은 경우다.

다른 것을 가리킨다. 섹스는 남성과 여성의 신체를 구분하는 데 쓰이는 생물학적, 유전적, 표현형적 특징을 가리킨다(생식기, 몸의 구조, 호르몬 등). 사람들 사이의 이런 생물학적 차이는 재생산에 반드시 필요하다. 한편 젠더는 문화 안에서 이런 신체를 갖는 게 어떤 의미인지를 말한다. 곧 이런 신체적 차이에 문화가 부여하는 역할, 행동, 기대를 가리킨다. 자신의 신체가 여성으로 비치냐 남성으로 비치냐에 따라, 어떻게 느끼고 행동하리라고 '기대되느냐'는 것이다. 남자들은 '남자처럼 행동'하는 법을 익히는 것이 당연시되고('남성성'을 훈련받는다), 여자들은 '여자처럼 행동'하는 법을 익히도록 기대된다('여성성'을 훈련받는다).

아기들이 쉽게 남성이나 여성으로 나눌 수 없는 성적 특질을 가지고 태어나거나, 남성과 여성 생식기를 모두 가지고 태어나는 일이 사람들 생각보다 훨씬 흔하다(Bergvall, Bing, & Freed, 1996; Fausto-Sterling, 2000). 많은 문화에서 젠더를 남성과 여성이라는 이분법 체계로 보는데, 이 이분법적 사고가 아주 중대한 영향력을 행사한다. 그렇기 때문에 아기가 아무리 건강하게 태어났다 하더라도 양성의 특징을 지닌다면 의사들이 관습적으로 수술이나 호르몬으로 이상성을 '수정'하여 한 가지 성을 부여한다. 의학적 개입을 통해 성적으로 다양한 아기들이 정상적인 남성 또는 여성으로 간주되고 젠더 이분법으로 파악할 수 있는 형태로 다시 만들어진다.

우리는 성별에 따른 차이가 자연스러운 것이라고 배우기 때문에 얼마나 많은 사회화 과정을 거쳐 그렇게 생각하게 되었는지는 인식하지 못한다. 예를 들어 1990년대에 널리 읽힌 책 가운데 하나가

《화성에서 온 남자, 금성에서 온 여자》였다. 어찌나 심하게 다른지 같은 행성에서 왔다고 생각할 수가 없을 정도다. 하지만 실제로 남자와 여자 사이에는 차이보다는 같은 점이 더 많다(Fausto-Sterling, 1992). 그런데도 사회는 차이를 강조하기 때문에(남자와 여자의 사회적 지위 차이를 유지하려고 하기 때문에) 여자와 남자 사이의 차이를 확인하는 연구가 더 많은 지원을 받는다.

젠더처럼, 사회화의 여러 면들이 우리 눈에는 보이지 않는다. 예를 들어 다른 사람과 이야기할 때 얼마나 가까이 서나? 누군가가 너무 가까이 있는지 아닌지는 어떻게 아나? 사회화의 여러 가지 면(나이, 사회 계급, 종교)과 상황(파티에서, 사무실에서, 집에서)이 누군가가 너무 가까이 있는지 아닌지 가늠하는 데 영향을 미치나? 문화의 규준은 위반이 일어나기 전에는 겉으로 드러나지 않을 때가 많다.

● **문화의 규준과 순응**

옷매무새를 예로 들어 문화적 순응의 힘을 생각해보자. 더운 여름날 야외 카페에서 점심을 먹는다고 해보자. 옆 테이블에 매력적인 커플이 앉아 있다. 다른 사람들처럼 이들도 날씨에 걸맞게 반바지와 민소매 티셔츠 차림이다. 어느 순간 남자가 손을 들어 웨이터를 부른다. 카페에 사람이 많아 웨이터가 보지 못한다. 반응하는 사람이 없자 여자가 웨이터의 주의를 끌려고 팔을 든다. 그때 여자가 겨드랑이 털을 깎지 않아서 검은 털이 무성한 것이 눈에 들어온다.

놀라는 사람이 많을 것이다. 식욕이 떨어진다고 느끼는 사람도 있을 수 있다. 같이 밥 먹는 사람에게 그 사실을 이야기하고 나중에 친구들에게도 이 사건을 얘기할지 모른다. 그렇지만 아까 남자가 팔을 들었을 때에는 겨드랑이 털이 아무 반응을 일으키지 않았음이 떠오를지도 모르겠다. 사실 털이 있는지 없는지 전혀 의식조차 하지 않았다. 그렇지만 겨드랑이 털은 성인 남녀의 신체에서 극히 자연스러운 것이다. 그런데 왜 여자의 털은 메스껍게 생각되고 남자의 털은 그렇지 않은 걸까? 여자에게 겨드랑이 털이 난 것은 알맞지 않다고 보게끔 사회화되었기 때문이다. 사회화가 어찌나 강력한지 규준이 위반되었을 때에 신체적 반응까지 일으킬 수 있다. 게다가 이 규준은 북미의 지배문화만의 특질일 수도 있다. 다른 사회적 상황(장소나 시간)에서는 사람들이 여자의 겨드랑이 털을 자연스럽게, 심지어 섹시하게 여길 수도 있다.

여기에서 사회화의 핵심적 특징을 볼 수 있다. 우리의 생각이 본질적으로 옳지 않더라도 실질적인 결과를 가져올 수 있다는 것이다. 예를 들자면 여자의 겨드랑이 털이 불쾌하다는 생각은 본질적으로 옳지 않다. 그렇지만 우리 문화의 규준이 그러하기 때문에 실제로 효과를 미쳐 불쾌감을 불러일으키고 이 불쾌감이 매우 자연스럽고 당연한 듯이 느껴진다. 그러니 본질적으로 옳거나 말거나 사회화의 영향과 결과는 실제적이다. 비슷하게 파란색과 분홍색은 자연에서 나타나는 색일 뿐이고 남성이나 여성과 자연적인 관계가 없지만, 그 색깔에 의미가 결부되어서 진짜로 영향을 미친다. 남자가 분홍색 옷을 입으면(특히 이상한 색조의 분홍색을 입거나 부적당한 장소에 입고 갔을 경우에) 바로 그렇다는 사실을 알게 된다. 특히 젊은 남자들 사이에서라면 특정 장소에서 이런 규준을 위반했을 때 신체적 위해를 입을 가능성도 있다. (그렇다면 여자가 파란색을 입었을 때에는 왜 이런 폭력의 위험이 없느냐는 의문이 생길 수 있을 것이다. 그 까닭을 알려면 사회 권력을 이해해야 하는데 이 문제는 4장에서 살핀다.)

사람들 대부분이 사회화가 어떤 것인지 추상적으로는 이해한다. 그렇지만 우리 삶에 개별적으로 적용하기는 훨씬 힘든 일이다. 우리 문화는 인간이 객관성(또는 사회화로부터 독립성)을 갖는 것이 가능할 뿐 아니라 선택을 통해 쉽게 그렇게 할 수 있다고 가르친다. 다시 말해 내가 내 주위의 사회화의 힘에 영향을 받지 않고 싶다면 그런 힘에 휘둘리지 않는 개인이 되기를 선택하면 된다는 것이다. 그냥 결단만 내리면 사회화의 물살을 뚫고 나올 수 있다고 본다. 그렇지만 사회화에서 벗어난다는 것은 겉보기보다 훨씬 까다로운 일이다. 사회에 순응할 때에만 사회적 인정, '정상'으로 취급받는 것, 직업적 성공 등의 사회적·심리적·물질적 보상을 누리기 때문이다.

반대로 순응하지 않을 때에는 벌을 받는다. 겨드랑이 털이 있는 여자의 예를 보자. 이 여자에게는 겨드랑이 털을 깎지 않을 권리가 있지만, 그 선택의 결과 또한 받아들여야만 한다. 역겨운 듯 바라보는 눈길을 견뎌야 하고 식구나 친구들의 잔소리를 들어야 하고 여성성이나 위생 상태를 의심받게 된다. 이 선택 때문에 직장에서 불이익을 당할 수도 있다. 그러니까 규칙을 따르지 않음으로써 사회의 '정상적' 구성원으로서 위치가 위험에 처하게 된다. 따라서 사회화의 영향은, 순응을 선택하든 도전을 선택하든 피할 수도 거부할 수도 없다. 물론 이것은 우리가 변화시키고 싶은 사회화의 어떤 면이 바로 겉으로 드러나는 경우에 한한다. 그렇지만 사회화의 많은 부분은 깊이 내면화되어 당연하게 느껴져 선택의 문제로 여길 수조차 없다. 그대로 느끼고 행동하는 게 그냥 자연스럽다고 생각한다.

고용 차별에 대한 연구 하나를 살펴보자(Bertrand & Mullainathan, 2004). 미국 고용 시장에서 백인과 흑인 사이의 고용률과 임금 등에서 불평등이 나타나는 현상을 이해하기 위해 시카고 대학 연구자들이 대규모 연구를 기획했다. 연구자들은 보스턴과 시카고 신문에 구인 광고를 낸 1,300여 업체에 5천 장 가까운 이력서를 보냈다. 이력서에 적힌 이력은 같지만, 이력서 절반에는 에밀리 월시나 그레그 베이커 등 아주 백인스러운 이름을 적었고, 나머지 절반은 라키샤 워싱턴, 자말 존스 등 흑인스러운 이름을 적었다. 고용인, 직종, 업계, 사업체 규모를 막론하고 응답이 오는 빈도가 백인스러운 이름을 적은 이력서가 전형적인 흑인 이름을 붙인 이력서보다 50퍼센트 더 높았다.

연구자들은 경력이나 자질을 개선했을 때에는 어떤 변화가 있는지도 조사했다. 자질을 개선했을 때에 백인 이름 이력서는 응답률이 30퍼센트 더 높아졌지만 흑인 이름 지원자들에 대한 응답률은 뚜렷한 변화가 없었다. 다시 말하면 흑인 지원자는 자질을 개선해도 이득이 없다는 말이다. 차별은 업무, 지역, 업계와 무관하게 한결같이 나타났다. 흑인으로 생각되는 지원자는 자질이 더 높아도 백인에 비해 불리했다. 이 연구는 소속 집단 교차의 예도 될 수 있다. 전형적인 흑인 이름은 사회경제적으로 낮은 지위와도 연관이 된다. 이 연구의 초점은 인종이었지만 사실상 계급과 인종을 구분하기란 불가능하다(이런 관계, '교차성'은 5장에서 다루겠다.)

이 연구는 흑인에 대한 인종 차별이 멀쩡히 살아 있다는 뚜렷한 증거가 되는 한편 또 다른 의문을 불러일으킨다. 인사 담당자가 이력서를 선별할 때 어떤 일이 일어나는 걸까? 이들은 자기가 차별하고 있다는 인식이 없을 가능성이 높고, 차별하지 않느냐고 물으면 열렬하게 (진심으로) 그렇지 않다고 부인할 것이다. 차별하지 않는다고 말한다 해서 의도적으로 거짓말을 한다고는 할 수 없다. 이게 바로 사회화의 힘이다. 우리는 우리가 차별한다는 것조차 모른다. 우리가 보는 게 진실이라고 여긴다. 그러니까 이쪽 지원자들이 저쪽 지원자들보다 더 능력이 있다고 여겨진다는 말이다. 그렇지만 사실 우리는 이력서에서 이름을 읽자마자 가동되는 인종의 거름망을 통해 이력서를 해석한 것이다. 예를 들어 예로부터 문화적으로 (하층) 흑인과 연관되는 라키샤 워싱턴 같은 이름을 이력서에서 보면 인종 거름망이 가동된다. 그래서 이제 무의식적으로 이 거름망을 통해 이력서를 읽게 된다. 거름망은 문화 전반에서 우리가 받아들인 가정과 기대로 이루어져 있다.

이 거름망을 의식하든 하지 않든 이름이 일으키는 연상작용이 어떤 사람을 다른 사람보다 더 우호적으로 보게 만든다. 지배문화에서 흑인은 자질이 부족하다는 생각을 끝없이 강조하기 때문에, 흑인처럼 들리는 이름을 가진 지원자는 이미 자격조건을 넘어서는 자질을 더 높여 이력서에 기재해도 이력서를 읽는 사람에게는 자격이 모자란다고 비친다. 다시 말해, 사실이 사회화된 믿음을 뒤집지 못한다.

이런 일은 즉각적으로, 거의 언제나 무의식적으로 일어난다. 그저 라키샤의 인종과 계급에 대한 가정을 바탕으로 자격이 부족할 것이라고 예상하고 그것에 맞추어 이력서를 해석하게 된다. 에밀리 월시나 그레그 베이커 같은 이름은 지배문화와 관련이 있고 따라서 인종적으로 '중립적'이고 '정상적'으로 느껴지기 때문에 인종 거름망이 다르게 작동한다. 무의식적 인종 거름망이 이런 이름의 이력서는 '정상적' 후보자라고 보게 하므로 다른(더 긍정적인) 편견으로 자격조건에 명시된 사실을 해석하게 된다. 이력서를 읽는 사람의 인종과는 무관하게 누구나 이름에서 인종과 계급을 연상하고, 이런 생각은 대체로 무의식적이지만 어떤 지원자가 다른 지원자보다 '적합'해 보이게 만드는 데에 강력한 역할을 한다.

거름망이 그만큼 강력하기도 하지만, 또 다른 문제는 이런 거름망이 있다는 사실을 우리가 받아들이지 않는다는 것이다. 이런 일이 있다는 것을 알아차리지(또는 인정하지) 못한다면 멈출 수도 없고 이런 일을 최소화하기 위한 방지장치를 할 수도 없다. 이런 연구들이 인종차별의 증거를 확실하게 보여주었기 때문에 지금은 무의식적 편견을 없애기 위해 이력서에서 이름을 가린 다음 채용 담당자들에게 보내는 회사도 많다.

비판적 사회정의 인식을 높이려면 우리의 생각, 견해, 의견이 객관적·독립적이지 않고 무수한 사회적 메시지와 조건의 결과물이라는 사실을 직시해야 한다. 이러한 사회화의 첫 번째 층위는 가족이다. 가족이 언어, 가치, 행동을 배우는 첫 번째 단위이기는 하지만 부모와 가족을 통해서만 사회화가 이루어지는 것은 아니다. 학교, 대중매체, 종교 등 여러 사회화의 힘이 작용하고 이 힘들은 엄청난 권위를 행사한다. 따라서 흔히 가족을 통해 사회화된다고 생각하지만 이보다 더 넓게 생각해야 한다. 가족도 사회화의 산물이기 때문이다. 우리를 형성하는 사회화의 힘을 비판적으로 생각하려면 더 넓은 사회의 역할을 이해해야 한다.

● '나'와 내가 속한 '집단'의 관계

사람은 주변 사람들에 의거해 세상을 이해하는 사회적 존재다. 우리가 세상을 이해하는 방식을 어떻게 익히는지 쉽게 이해하기 위해 문화를 우리가 늘 쓰는 안경에 비유해보자(그림 2.2). 물고기가 늘 물속에 잠겨 있듯이 우리는 항상 문화의 안경을 쓰고 있고 한시라도 벗을 수는 없다. 이 안경은 테와 렌즈라는 두 주요 부분으로 되어 있다. 안경테, 즉 틀은 '큰 그림'(거시적) 규준으로 그 문화에 속한 모든 사람이 태어날 때부터 배우는 것이다. 렌즈는 개인적(미시적) 관점을 나타낸다.

|그림 2.2| 기준틀 안경

틀(거시적) 층위에서, 예를 들어 북미의 주류 문화에서는 누구나 분홍색은 여자용 파란색은 남자용이고, 민주주의와 자본주의가 최상의 정치 형태이고, 모든 사람이 다른 사람으로부터 독립적인 존재가 되도록 애써야 한다고 배운다. 이 가르침에 개인적으로 동의하든 하지 않든 학교, 정부, 대중매체 등의 사회제도를 통해 이런 메시지를 받는다.

만약에 설령 부모가 전통적 성역할에 반발해 의도적으로 여자아이에게 분홍색 옷을 입히지 않으려 한다고 하더라도, 텔레비전을 볼때, 쇼핑몰에서 장난감 코너를 둘러볼 때, 맥도날드에서 해피밀 세트를 주문하고 '여자' 장난감을 원하느냐 '남자' 장난감을 원하느냐는 질문을 들을 때마다 주류 문화의 메시지를 받게 된다. 사실 부모들은 전통적 성역할을 가르치지 않으려고 애쓰다가도 아이를 둘러싼 사방에서 사정없이 쏟아지는 메시지 때문에 이게 도무지 이길 수 없는 싸움임을 깨닫게 되곤 한다. 우리는 사회의 규준을 따르라는 압력을 쉴새 없이 받는다.

우리가 나고 자라는 사회집단이 우리가 쓰는 안경테의 일부를 이룬다. 예를 들어 태어나면서부터 우리는 남자인지 여자인지, 부자인지 가난한지, 신체가 멀쩡한지 장애가 있는지에 따라 사회화된다. 현실에서 이렇게 칼로 자르듯 명료하게 집단이 나뉘지는 않지만 사회 전체를 거시적으로 보고 이쪽 또는 저쪽 집단으로(이분법으로) 나눌수 있다. 각 사회집단마다 대립되는 집단이 존재한다. 사회집단이 무엇인지 알려면 무엇은 사회집단이 아닌지도 알아야 한다. 따라서 우리 안경테는 사회집단에 대한 큰 그림이 된다. 사회집단은 무수히 많지만 주요한 집단으로, 인종, 계급, 젠더, 섹슈얼리티, 장애나 특수성, 종교, 국적 등을 들 수 있다. 표 2.1을 참고하면 여러분 각자가 어느 사회집단에 속하는지 파악해볼 수 있다.

우리는 주변 사람들을 인종, 계급, 젠더, 섹슈얼리티, 민족, 종교, 능력, 국적 등에 따라 파악하여 생각하는데, 이런 생각들 대부분이 '표면 아래', 곧 의식 아래에 있다. 그렇지만 누구나 문화에서 집단적으로 메시지를 받기 때문에 이들 사회집단과 관련해 공통된 생각을 가질 수밖에 없다. 인종, 계급, 젠더 등을 '이해'하기 위해 사용하는 틀은 당연한 것으로 여겨지고 눈에 보이지 않을 때가 많다.

인종과 민족은 이 범주들이 얼마나 복잡하게 서로 얽히는지를 보여준다. 인종과 민족이 서로 연관되어 있고 종종 섞여 쓰이기도 하지만 사실 바꾸어 쓸 수 있는 용어는 아니다. 인종은 사람을 표현형적 특성(피부색, 머리카락의 질감, 골격 구조)에 따라 분류하는, 사회적으로 구성된 체제다. 민족은 공통 언어, 문화, 영적 전통, 조상 등에 따라 묶인 사람들을 가리킨다. 민족집단은 국경을 넘어도 한 집단으로 간주된다(예를 들어 북미 원주민 크리 공동체는 미국과 캐나다 양쪽에 걸쳐 있다). 그런 한편 같은 나라 안에 있어도 같은 민족 정체성을 공유하지 않을 수도 있다. 예를 들어 '영국인'이라고 하면 영국에 사는 잉글랜드, 스코틀랜드, 웨일스 계통의 사람들을 가리킨다. 그렇지만 잉글랜드, 스코틀랜드, 웨일스는 서로 구분되는 민족집단이다. 또 아프리카나

🔍 **관점 확인** 표 2.1의 목록은 캐나다와 미국 정부에서 수집한 구분 범주를 바탕으로 했다. 그렇지만 사회에서 경험하는 복잡한 인종과 민족을 반영하지는 못한다. 예를 들어 이 표에서는 라티노/히스패닉을 한 범주로 취급했지만 엄밀하게 말해 이들이 단일 인종집단은 아니다. 여러 인종집단이 여기에 포함된다. 현실에서 라티노/히스패닉으로 인식하거나 인식되는 '인종화' 현상이 있기 때문에 이렇게 설정했다. 한계가 있기는 하지만 독자들이 이 표를 기초로 해서 전체 사회의 인종/민족의 의미를 이해해 나가도록 도우려고 표를 만들었다.

|표 2.1| 집단 정체성

집단	집단 정체성 (모든 집단을 다 적을 수는 없으니 목록에 빠진 집단이 있을 수밖에 없다. 여러분이 속한 집단이 빠졌다면 적어 넣길.)
인종	유색인으로 인식됨 백인으로 인식됨
세부적인 인종 분류	아시아인 (예: 중국, 일본, 한국계) 남아시아인 (예: 인도, 스리랑카, 네팔) 흑인 (예: 아프리카계 미국인, 아프리카계 캐나다인, 카리브계 미국인) 다민족 (부모나 조부모의 인종 혈통이 혼합됨) 토착민 (예: 체로키, 이누이트, 다코타 등) 하와이 원주민/태평양 제도민 (예: 사모아, 괌, 피지 혈통) 백인 (예: 아일랜드계, 프랑스계, 아시케나지 유대인) 히스패닉 또는 라티노/라티나 (예: 푸에르토리코, 쿠바, 멕시코)
계급	빈곤, 빈곤 노동자, 노동계급, 하위중간계급, 중간계급, 전문계급, 상위계급, 소유/지배계급
젠더	여자, 남자, 트랜스젠더, 젠더퀴어*
섹슈얼리티	레즈비언, 바이섹슈얼, 게이, 투스피릿**, 이성애자
종교	예를 들면 힌두교도, 불교도, 유대교도, 기독교도, 이슬람교도, 무신론자 등
능력	예를 들면 신체 건강, 신체장애, 발달장애, 특수성
국적	토착민, 이민, 시민

*   남/녀 이분법적 성별 구분을 벗어난 성정체성을 가리키는 말(옮긴이)

**   아메리카 토착민으로 가변적 젠더를 지닌 사람을 가리키는 말(옮긴이)

아시아, 아랍 등 잉글랜드·스코틀랜드·웨일스가 아닌 인종적·민족적 유산을 지닌 시민들도 영국인이라고 칭할 수 있다.

이런 예로 알 수 있듯 인종과 민족은 언어, 국적 등과 복잡하게 서로 교차한다. 비판적 사회정의 탐구에 아직 익숙하지 않은 사람이라면 복잡성을 이해하는 일은 좀 더 뒤로 미루어도 좋다. 이 범주들이 사회적으로 구성된 것이며 특정 정치적·문화적 맥락을 반영함을 이해하는 능력이 더 우선이다. 인종이나 민족이라는 범주가 불확정적이므로 무시해도 좋다는 말은 아니다. 오히려 이런 불확정성과 관련이 있는 더 큰 역학관계와 이 역학관계가 우리 삶에 미치는 영향을 반드시 이해해야 한다(7장에서 더 자세하게 논한다).

또 인종과 민족 사이에서는 중대한 상호작용이 일어나고, 개인이 느끼는 정체성과 다른 사람이 파악하는 정체성 사이에서 내적·외적 상호작용이 일어난다. 두 가지가 다르지만 또 분리될 수 없기도 한데, 우리의 정체감은 다른 사람이 우리를 어떻게 보고 대하느냐에 따라 발달하기 때문이다. 사회학자 찰스 쿨리(1922)는 이런 관계를 "거울 자아"라고 불러, 대체로 다른 사람이 우리에게 비추는 모습을 통해 자기가 누구인지 알게 된다는 생각을 표현했다. '거울 자아'에는 우리가 누구인지 알아가는 과정은 우리가 누가 아닌지 아는 과정을 통해 형성된다는 개념이 포함된다.

이제 '기준틀' 안경 비유로 돌아가 보자. 앞에서 말했듯 안경 렌즈는 개인(미시적) 관점을 구성한다. 이것이 우리를 '독특한 존재'가 되게 하는 특수한 경험(출생 순서, 가족, 성격)이고 틀에 딱 들어맞는 '맞춤' 렌즈다. 그렇지만 그냥 단순한 한 개인이기만 한 사람은 없다. 사람은 누구나 여러 사회집단에 속해 있다. 개인의 문화적 안경을 이해하려면 안경테와 렌즈 사이에서 일어나는 여러 상호작용과 관계를 탐구해야 한다. 비판적 사회정의 인식을 높이기 위해서는 가장 먼저 개인으로서 자신과 자신이 속한 사회집단 사이의 관계를 이해해야 한다. 다시 말해 위치성의 상호작용을 알아야 한다. 비판적 사회정의의 틀 안에서 '남자' '여자' '이성애자' '중간계급' 등을 말할 때에는 특정 사회집단의 위치와 역사를 지칭하는 것이다.

인종이나 젠더 등 사회집단에 따른 정체성을 갖게 된다는 개념 자체에 거부감을 느낀다면, 이 거부감에서도 집단 사회화가 어떻게 이루어졌는지 들여다볼 수 있다. 서구 사회에서는 개인을 중시하게끔 사회화가 된다. 그러나 우리는 개인이지만 또한 근본적으로 사회집단의 일원이다. 우리가 아무리 독특한 개성을 내세우더라도 그만큼, 아니 그 이상으로 근본적으로는 집단에 의해 규정된다.

개성이라고 할 때 대표적으로 떠올리는 음식, 음악, 옷 등에 대한 취향을 생각해보자. 이런 취향이나 기호가 단순히 마음속의 호불호에서 발생하는 일은 절대 없다. 2009년에(영화 〈트와일라잇〉이 개봉한 다음 해다) 미국과 캐나다에서 여자아이 이름으로 인기 있는 이름 가운데 벨라가 있고 남자아이 이름으로는 제이콥이 있었던 것은 우연이 아니다. 둘 다 〈트와일라잇〉 시리즈의 주요 등장인물 이름이다. 비슷하게 캐나다 CBC 방송국 2010년 보도에 따르면, 고등학생들이 가장 선호하는 헤어스타일이 '저스틴 비버' 컷이라고 한다. 저스틴 비버는 캐나다의 십대 인기 스타다(Niazi & Morrow, 2010). 이전 시대에도 대중문화의 우상들이 헤어스타일에 영향을 미친 일은 흔하다. 그런데 뒤집어 보면 이와 '다른'(개성 있는) 이름을 찾는 것도 문화의 한 기능이다. 크게 보아 문화에 대해 반응하는 것이기 때문이다. 인기 있는 이름이 없다면 다른 이름(무엇과 다르다는 건가?)이라는 것도 없을 테니 말이다.

요점은, 부모들이 특정 이름을 선호하고 개인이 특정 헤어스타일을 선호할 수 있지만, 이게 단순한 취향의 문제는 아니라는 것이다. 우리가 관찰하고 연구할 수 있는 집단행동에는 예측 가능한 패턴이 있다. 또 계급, 인종, 성별 등을 바탕으로 취향을 예측할 수도 있다.

도입부의 예화로 돌아가 보자. 이제 강사가 "중상류층에 속한 사람은 대학 입학이나 취직이 상대적으로 더 쉽다."고 말한 까닭을 더 잘 이해할 수 있게 되었기를 바란다. 강사는 이 집단에 속한 사람이 모두 다 그러하다고 주장하는 것이 아니라, 전체 사회집단의 패턴을 이야기하는 것이다. 이런 패턴은 오래 지속되어 왔고, 측정가능하며 기록에 의해 입증된 것이다. 이와 같은 이야기가 방어적 반응을 불러일으킬 때가 많다는 사실은, 서양의 문화가 집단보다 개인을 우선시한다는 사실을 반증한다. 우리는 인종, 계급, 젠더와 같은 사회집단은 중요하지 않고 최대한 축소하고 부인해야 한다고 배운다.

🏳 **지배집단**
사회적 위계에서 최상위에 있는 집단. 서로를 정의하는 집단 사이의 관계에서(남성/여성, 건강인/장애인) 지배집단은 더 높게 평가되는 집단이다. 지배집단은 소수화집단을 평가하는 기준을 결정한다. 지배집단은 사회 자원에 더 잘 접근할 수 있고 불평등으로부터 이익을 얻는다.

이 예화에서 강사는 개인의 차이를 넘어 사회집단 구성원이 공유하는 역학에 초점을 맞춤으로써 사회의 규준에 도전했다. 또 개인을 우선시하는 규준, 곧 사람을 독특한 존재로 보아야 하며 일반화하는 것은 옳지 않다는 생각에도 도전했다. 뿐만 아니라, 각 예에서 지배집단이 무엇인지 지칭해서 지배집단이란 중립적이고 그저 '차이'가 있을 뿐이라는 가정에도 반기를 들었다.

👥 토론해볼 문제

1. 주요 직업은 젠더에 따라 구성되는 경우가 많다(경찰이나 소방관은 남자, 교사나 간호사는 여자 등). 이 패턴을 어떻게 설명하면 좋을까?

2. 이 책에 따르면, 많은 사람들이 사회화의 힘에 영향을 받지 않는다고 느끼는 까닭은 뭘까?

3. 사회화라는 개념은 개인주의라는 개념과 어떻게 배치되나?

4. 사회학자들은 자기 자신이 어떤 존재가 아닌지를 앎으로써 자기 자신에 대해 알게 되기도 한다고 말한다. 사회학자 찰스 쿨리는 이런 과정을 "거울 자아"라고 하여 다른 사람이 비추는 상을 통해 우리가 어떤 존재인지를 안다는 개념을 표현했다. 다시 말해, 우리는 다른 사람(우리와 다른 사람)과의 관계 속에서 스스로(우리 같은 사람)를 바라본 바에 따라 자아개념을 갖는다는 말이다. 그렇다면 여러분은 어떤 종류의 사람들이 나 자신과 다르다는 것을 알게 되었나? 어떤 면에서 다른가? 이 차이에 대해 어떻게 배웠나? 사람은 누구나 다 같다고 배웠다면, 이런 명시적 메시지와 주변에서 느껴지는 암묵적 메시지가 일치하나? 예를 들어 나는 어떤 중요 집단(노인, 장애인, 나와 다른 사회 계급에 속한 사람, 다른 종교에 속한 사람, 다른 인종에 속한 사람)과 구분된

다고 말할 수 있나? 이런 질문을 생각해보면서 암묵적(말로 표현되지 않은) 메시지와 명시적(직접적) 메시지 모두를 생각해보라.

🏃 확장 활동

1. "남자답게 또는 여자답게 행동하라." 젠더 사회화의 힘을 파악하기 위한 다양성 연습 가운데 하나다. 사람들을 남자와 여자로 나눈다.(두 범주 어느 쪽에도 속하지 않는다고 느끼는 사람이 있다면 주류 사회에서 자기를 어떻게 구분하는지에 따라, 혹은 자기가 상대적으로 동질감을 많이 느끼거나 잘 아는 집단을 선택하라고 한다.) 다음, 외계인이 자기 집단에 들어왔다고 상상해보자. 이 외계인은 젠더가 현저히 다른 방식으로 구조화된 행성에서 왔다. 외계인은 '적응'하고 '융화'되기 위해 인간 사회에 대해 배워야 한다. 외계인이 외양은 사람처럼 보이게끔 만들어졌지만, 정체를 들키지 않도록 '남자답게' 또는 '여자답게' 행동하는 법에 대해서는 전혀 모른다. 남자 그룹에서는 외계인에게 가르쳐줄 '남자답게 행동'하는 법의 목록을 함께 만들고, 여자 그룹에서는 '여자답게 행동'하는 법의 목록을 만든다. 목록에 동사를 포함시킨다. 학교, 직장, 가족 등과 같은 상황을 생각해본다. 외계인 친구의 목적이 주류 사회에 섞여들고 기본 관습을 체득하는 것임을 명심하라. 그룹별로 목록을 칠판이나 큰 종이에 적게 한 다음, 상자를 그 둘레에 그린다. 각 그룹이 목록을 발표하면 이런 질문을 던진다. 어떻게 해서 이런 규칙을 '알게' 되었나?(개인적으로는 이런 규범을 거부하거나 어리석다고 생각한다고 하더라도, 그걸 거

부하기 위해서는 일단 알아야 한다는 점에 주목하자.) 이런 행동들은 학습된 것이니, '잊는다'는 것도 가능할까? 잊는다는 건 어떤 의미일까? 어떻게 하면 잊을 수 있을까? 젠더의 규범에서 벗어나면 어떤 손해가 있나? 다시 말해 남자가 '남자답게' 행동하지 않았을 때에 어떤 일이 일어나나? 모범답안을 벗어나는 것에 대해 더 허용적인 경우(상황? 장소? 함께 있는 사람?)가 있나? 어떤 상황에서는 덜 허용적인가? 목록에 적힌 것 가운데에 우스꽝스럽고 삶에 제약이 된다고 여겨지는 것도 많을 것이다. 그런데 왜 이걸 따르게 되는 걸까? 바꿔 말하면 이 상자 밖으로 너무 나갔을 때에 어떤 처벌을 받게 되나? 무어라고 불리고 어떤 취급을 받나? 다시 그룹을 지어 이 질문들을 토의해보자. 젠더에 따른 역할에서 완전히 자유로워진다면 지금 닫혀 있는 어떤 문이 열리게 될까? 마지막 질문에 대한 토론 결과를 다 함께 나눠보자. 남자와 여자 사이에서 젠더 역할 폐지에 대해 열렬한 정도가 다르게 나타나는지 보자. 젠더 역할 폐지에 남자들의 관심도가 대체로 덜한 까닭은 뭘까?

2. 1) 시몬 비젠탈의 《해바라기 : 용서의 가능성과 한계*The Sunflower: On the Possibilities and Limitations of Forgiveness*》(New York: Schocken, 1976)(뜨인돌, 2005)를 읽자.

   2) 영화 〈신의 질문 : 지그문트 프로이트와 C.S. 루이스*The Question of God: Sigmund Freud & C. S. Lewis*〉(C. Tatge & D. Lasseur, Producers; C. Tatge, Director; Alexandria, VA: Tatge-Lasseur Productions, 2004)를 보자.

3) 책과 영화를 통해 사회화를 바라보고 아래 질문에 대해 생각해보자.

- 비젠탈의 용서에 대한 질문에 여러분이라면 무어라고 대답하겠는가?
- 이 질문에 답할 때에 어떤 기준틀을 사용하나?
- 이 기준틀을 어떻게 습득했나?
- 이 질문에 다르게 대답하는 사람도 많을 텐데 왜일까?
- 어떻게 해서 종교적 토론이 문화적 틀을 확인하는 데 도움을 주나?

❸

편견과 차별

"저는 겉모습만으로 판단하지 말라고 배웠어요."

●● 　이 장에서는 편견과 차별이라는 서로 연결된 두 용어를 설명한다. 편견과 차별은 피하려야 피할 수 없음을 설명하겠다. 사람은 누구나 편견이 있고 편견에 따라 차별한다. 편견을 부인하지 않고 확인하는 것이 차별을 최소화하는 첫 단계다.

　여러분이 학교 교사를 선발하는 채용위원회의 일원이라고 생각해 보자. 위원회 의장을 맡은 하디 교장선생님이 채용인원은 한 명인데 지원자가 너무 많아서 위원회에서 추려야 한다고 말한다. 교장선생님이 파일을 돌려 보라고 나누어주면서 이렇게 말한다. "아, 남자 지원자가 있네요. 이 사람을 눈여겨보아야겠어요. 우리 학교에는 남자 선생님이 너무 적으니까요." 교장선생님은 이렇게 말하면서 속으로 이렇게 생각한다. '정말로 남자 교사를 뽑으면 좋겠어. 바로 얼마 전에도 어떤 학부모가 남자아이들의 역할 모델이 되어줄 선생님이 없다고 항의했잖아.'

　다른 교사인 리즈는 이렇게 생각한다. '이런, 남자라니. 남자가 들어오면 다음 해에는 교감으로 승진하겠지.' 그래서 이렇게 말한다. "그래요, 하지만 새 교사가 들어올 때에 다른 관계들도 생각해봐야 해요."

또 다른 교사 웬디는 이렇게 생각한다. '이 사람이 게이면 좋겠다. 초등 남교사들은 대개 게이니까. 그러면 같이 일하기 정말 즐거울 거야.' 그러고는 이렇게 말한다. "네, 이력서를 자세히 살펴봐야겠어요. 성적 지향과 관련해서 다양성이 생기면 정말 좋을 것 같아요."

한편 메리는 이런 생각을 한다. '아, 게이일 가능성이 높겠구나. 그러면 학부모들이 말이 많을 텐데.' 그래서 이렇게 말한다. "그렇죠. 하지만 지원자가 학생들 가족 문화와 잘 융화되는지도 고려해야 해요. 전에 게이 교사 고용했다가 문제가 있었잖아요."

리즈가 소리친다. "어머, 그건 편견이에요!"

이 말에 모두 경악한다. 웬디가 반박한다. "그건 말도 안 돼요! 우리는 공정한 심사가 되도록 정당한 절차와 규정을 따르고 있어요. 게다가 메리나 저나 편견이라고는 전혀 없는 사람들이라고요!"

● 편견

이 예화는 비판적 사회정의와 관련 있는 여러 복잡한 차원을 보여준다. 대부분 사람들이 공정하게 행동하려고 하지만 다른 사람을 사회집단에 따라(이 경우에는 후보자의 젠더) 생각하는 기존 관념, 곧 편견이 없는 사람은 없다. 그런 한편 누군가가 우리에게 편견이 있다고 지적하면 큰 충격을 받고 모욕감을 느낀다. 편견을 드러냈다는 비난을 받는다면 더 말할 것도 없다. 위 예화에서의 역학을 더 깊이 있게 이해하려면 먼저 '편견'과 '차별'이라는 두 연관 개념의 관계를 살펴야 한다.

편견은 사회적 타자에 대한 습득된 예단이며 어떤 집단에 속하느냐에 따른 마음속 생각, 감정, 태도, 가정을 가리킨다. 사람은 누구나 자기만의 경험에 따른 편견을 갖는다(예를 들어 어떤 사람이 계산원과 법적 분쟁을 겪은 적이 있어 이제 계산원은 믿지 않는다든가 하는). 하지만 여기에서는 문화 전반에서 습득한, 사회집단에 대한 집합적 편견을 다룬다.

편견은 긍정적일 수도 부정적일 수도 있다. 그러나 어느 경우든 불공평하다. 개인이 얻어낸 것이 아니라 그 개인이 속한 집단에 대한 생각에 따라 주어지거나 부과되었기 때문이다. 예를 들어 내가 중국계 학생들이 수학 시험을 잘 본다고 생각해서 중국계 학생에게 수학을 가르치는 편을 좋아하고 백인 여학생은 잘 못한다고 생각해서 별로 가르치고 싶지 않다고 해보자. 내가 중국계 학생들에게 가진 편견은 긍정적으로 보이지만, 그래도 실제로 겪지 않고 부여한 것이고, 정당한 평가를 하는 데에도 방해가 될 것이고, 특정 인종집단을 다른 집단보다 우위에 둔다는 점에서 여전히 불공평하다.

> **📖 편견**
> 우리가 속하지 않은 사회집단 구성원에 대한 학습된 예단. 편견은 그 집단에 대한 제한적 지식과 경험을 바탕으로 한다. 단순화된 판단과 가정을 내려 그 집단 사람들 모두에게 투사한다.

편견은 개인에 대한 태도에서 드러나지만 사실 그 개인이 속한 집단에 대한 생각을 바탕으로 한 것이다. 편견은 우리가 납득할 수 있는 범주로(남자/여자, 젊은이/늙은이, 부자/가난뱅이) 사람을 구분하는 법을 익히는 것과도 관련이 있다. 배워나가는 과정에서 반드시 필요한 구분이지만 이런 구분이 중립적이지는 않다. 우리는 이 범주들의 차이를 파악하고 가치를 부여하도록 사회화된다.

예를 들어 '매력적'과 '매력적이지 않음'의 범주를 생각해보자. 사람들 사이에 의견차가 있을 수는 있지만 집단 사회화의 층위에서 보면 연예 산업 등과 같은 주요 제도를 통해 끝없이 우리에게 전달되는 인정된 미의 기준이 있다. 매체를 통한 재현은 어떤 사람이 매력적인가, 어떻게 생겼나, 우리가 그들을 닮기 위해 어떻게 할 수 있는가에 대한 지속적인 이미지를 제시한다(아니라는 생각이 들면 동네 슈퍼 잡지 판매대에 가서 표지 이미지를 훑어보라).

사람들은 대부분 '매력적' 집단에 속했을 때의 사회적 이익과 '매력적이지 않은' 집단에 속했을 때의 사회적 제재를 민감하게 인식한다. 이런 이익과 제재는 유명인의 아름다움을 호들갑스레 칭찬하고, 잡지 표지에 "가장 아름다운 사람 100인" "가장 섹시한 몸 20위" 같은 표제를 달고, 못생긴 사람은 대놓고 조롱하고, 우리가 '옷을 차려입으면' 사람들에게 칭찬을 받는 등의 행위를 통해 명시적으로 전달된다. 또 매력적인 사람이 높은 임금을 받고, 직장에서 성공하고, 더 나은 평가를 받는 등 이익을 누린다는 것이 연구를 통해 확인되기도 했듯 암묵적으로도 전달된다(Hamermesh & Parker, 2005; Rhode, 2010).

미의 정의는 자연적인 것이 아니라 주어진 문화적 배경 특유의 것이다. 시간이 지나면 바뀌고 우리의 인식도 바뀌어, 우리의 편견이 학습에 의한 것임이 드러난다. 예를 들어 미국에서 마릴린 먼로가 세상에서 가장 아름다운 여인으로 생각되던 때가 있었다. 오늘날에도 여전히 금발 백인 여성미의 이상형으로 생각되기는 하지만, 요즘 기준으로는 과체중으로 생각되어 50년 전에 누렸던 미의 지위를 누리지는 못할 수도 있다.

편견은 고정관념stereotype에서 시작한다. 두 용어를 섞어 쓰기도 하지만 중요한 뉘앙스 차이가 있다. 고정관념은 어떤 집단에게 부여되는 환원적이고 단순화된 특징을 가리킨다. 예를 들어 누군가에게 미국인과 캐나다인을 묘사해보라고 하면, 미국인은 부지런하고 독립적이고 패스트푸드를 좋아하고 캐나다인은 예의바르고 하키를 좋아하고 말끝에 '에'라는 말을 붙이기를 좋아한다고 대답할 수 있다. 초등학교 교사는 어떤 사람들이냐고 물으면 친절하고 다정한 사람이라고 생각할 수 있다. 이런 단순화는 어떤 집단의 속성으로 간주되는 특징들일 수도 있고(초등교사는 친절하다), 어떤 집단 구성원들의 두드러지는 양상일 수도 있다(캐나다인의 말버릇, 미국인의 식습관).

고정관념에는 일말의 진실이 있다는 말을 흔히 하는데, 이런 생각을 하는 것은 고정관념이 작동하는 방식 때문이지 실제 유효성과는 관련이 없다. 예를 들어 일부 캐나다인이 가끔 말끝에 '에'를 붙이기는 하지만 캐나다인 대부분은 그러지 않는다. 그렇지만 이런 구분이 '캐나다인'이라는 범주를 '미국인'이라는 범주와 구분해 생각하는 데에 도움이 된다. 이는 특히 미디어 세계에서 두드러지게 나타난다. 예를 들면 어떤 인물이 '에'라는 말을 말버릇처럼 하면 그 인물이 캐나다인임이 분명해진다. 미국인이 미디어에서 이런 장면을 보면 고정관념이 계속해서 강화된다. 캐나다인을 많이 아는 미국인은 많지 않기 때문에 이와 다른 사례도 많이 모르고 시간이 흐르면 캐나다 사람들은 이런 식으로 말한다고 믿게 된다. 고정관념이 머릿속에 자리 잡았고, 이 고정관념은 되풀이해서 본 틀에 박힌 장면을 바탕으로 생긴 것이기에 사실처럼 여겨진다. 이제 고정관념에 들어맞지 않는 사람을 보면, 그렇다는 사실을 알아차리지 못하거나 아니면 이 사람들을 '예외'라고 생각하게 된다. 한편 이 고정관념에 들어맞는 사람을 만나면, 그런 일이 아주 드물다고 하더라도 아주 인상적인 예로 다가와 고정관념이 '사실'임을 강화한다. 따라서 우리가 이런 고정관념을 지니고 캐나다에 가면, 캐나다인이 '에'라고 말하는 것을 들을 때에는 그게 귀에 쏙 들어오지만 그렇게 말하지 않는 무수히 많은 캐나다인들을 만날 때에는 무시하게 되면서 특정 고정관념이 더욱 강화된다.

고정관념에 가치를 부여하면 편견이 된다. '초등학교 교사'의 예를 이용해 고정관념과 가치를 결합해보자. 내가 2학년 아들의 담임선생님을 처음 만나러 가는 학부모라고 해보자. 초등학교 교사 절대다수가 여자이므로 여자 선생님을 만나게 되리라고 기대하게 된다. 그런데 남자 선생님을 만난다면, 게이가 아닌가 하는 생각이 들고(남자 초등교사에 대한 흔한 고정관념이다) 만약 그렇다면 아들에게 적합한 역할 모델이 될까 걱정이 된다(게이 남성에 대한 흔한 편견). 초등학교 남자 교사에 대한 고정관념과 우리 문화에서 이런 고정관념과 결부되는 가치가 상호작용하며 걱정을 일으키고, 아들의 게이 선생님이 부적절한 역할 모델이 되리라는 편견 어린 태도를 취하게 되는 것이다.

교사에 대한 생각들이 젠더 역할에 대한 생

🔍 **관점 확인** 학부모 자신이 동성애자이거나, 여러 동성애자들과 가까이 지내고 이들을 지지한다면 이 문제에 대해 더 잘 알 테니 이런 걱정을 하지 않을 수 있다.

각들과 어떻게 서로 엮이는지 잘 보자. 우리가 이런 생각들을 토대로 무엇이 '정상'인지를 평가하기 때문에 매우 중요하다. 우리가 만나는 교사 가운데 마음속의 '교사'의 정의와 맞지 않는 사람은 이와 맞는 '정상' 교사들과 다르게 평가된다. 이런 평가는 누가 정상으로 간주되고 누가 그렇지 않은지를 가를 뿐 아니라 성격 등과 같은 다른 중요한 사회적 가치에 대한 평가에도 영향을 미친다. 가치를 부여할 때 고정관념은 편견이 된다.

많은 사람들이 자기는 다른 사람에 대해 편견이 없다고 생각하고 따라서 편견에 구애받지 않는다고 생각한다. 하지만 사실 이 문제는 그렇게 쉽게 말할 수는 없는 훨씬 복잡한 문제다. 실제로는 편견이 사회화 안에 내장되어 있기 때문에 누구도 편견에서 벗어날 수가 없다. 모든 사람은 편견이 있지만 그게 당연하고 정상으로 되어 있어서 알아보기 힘들 때가 많다. 이게 비판적 사회정의 교육의 과제 가운데 하나다. 편견을 겉으로 끄집어내어 살피고 도전하는 비판적 사고 능력을 기르는 것. 그런데 사회에서는 편견을 갖는 게 나쁘다고 하기 때문에 그 존재를 부인하고 싶은 압박을 느낀다.

그렇지만 편견에 대한 사회적 용인도 시대에 따라 다르기 때문에, 모든 편견에 다 부인해야 한다는 압박을 느끼지는 않는다. 사실 편견을 갖는 게 사회적으로 용인되는 특정 집단에 대한 편견은 편견이라고 보지 않고 그냥 사실로 느낀다. 예를 들면 얼마 전까지만 해도 백인이 흑인에 대한 편견을 공공연히 인정하는 것이 사회적으로 용인되었다. 백인들 대부분이 흑인이 인종적으로 열등함이 사실이라고 믿었고 이런 생각이 정당화되었다. 오늘날에는 이런 '믿음'을 옳지 않다고 생각하며, 대부분 사회에서 이런 믿음을 인정하는 것이 더는 용인되지 않는다. 그렇지만 과체중으로 생각되는 사람(특히 여성)에 대한 편견은 지금도 용인된다. 사실 이와 관련된 편견은 용인되는 정도가 아니라, 잡지 같은 곳에서 과체중으로 인식되는 여성을 대놓고 조롱한다.

비만이 건강에 나쁜 영향을 미칠 수는 있지만, 주로 미용이나 연예 산업계에서 뚱뚱한 것은 추하고, 자기관리가 부족하다는 뜻이므로 경멸을 당해도 싸다는 생각을 파는 데에 매진한다. 이런 생각이 편견을 합리화한다. 이런 편견을 유지했을 때의 경제적 이익이 매우 크기 때문에 대대적으로 마케팅을 한다. 그래서 아직 사춘기도 되지 않은 여자아이들이 다이어트 문화에 익숙하게 사회화되고, 몸의 크기나 건강과 무관하게 자기 신체에 만족하는 사람의 수는 매우 드물다(Field et al., 1999; Levin & Kilbourne, 2008). 이들 업계에서는 이상적 몸매의 이미지를 쉴 새 없이 제시하는데, 이 이상이 점점 이루기 힘든 정도가 되어가며 어떤 분야에서는(모델 업계 등) 건강을 해치는 결과를 가져오기도 한다. 사실상 이 이미지는 매우 비현실적인 이미지다. 잡지 표지 모델들도 실제로 잡지에서 보이는 이미지와 같은 모습은 아니다. 이미지를 컴퓨터로 수정해 몸무게는 줄이고, 가슴은 키우고, 땀구멍은 지우는 게 다반사다. 그러다 보니 신체에 대한 불만도가 높아지고, 이렇게 하여 미용업계에는 수십억 달러의 돈이 쏠린다.

● 차별

차별discrimination이라는 용어에는 여러 의미가 있다. 음악이나 음식을 구별하는 감식안이 있다는 의미로 쓰일 때도 있다. 하지만 비판적 사회정의 연구에서는 사회적 타자에 대한 편견에 기초한 행동을 가리키는 말로 쓴다. 어떤 집단에 대해 어떻게 생각하는지가 그들을 어떻게 대하는지를 결정한다. 차별은 편견에 따라 행동할 때 일어난다. 다른 사람에 대한 편견이 생각을 이끌고, 가치를 정하고, 행동에 영향을 미친다. 섣부른 판단을 그대로 내버려두면 행동도 그에 따르게 마련이다. 편견에 따라 행동한다면 차별하는 것이다. 차별 행위에는 무시, 회피, 배제, 조롱, 농담, 중상, 위협, 폭력 등이 있다.

📄 **차별**
사회적 타자에 대한 편견에 기초한 행동. 사전판단에 따라 행동한다면 차별하는 것이다.

이런 예를 생각해보자. 연극을 보러 갔는데 옆자리에 앉은 여자가 프로그램을 더듬는 모습이 보인다. 고개를 돌려보니 옆에 흰 지팡이가 있는 것으로 보아 시각장애인임을 알 수 있다. 시각장애인임을 알게 되자 이 사람을 머릿속에서 새로이 사회적 범주 안에 넣게 되고 이 사람을 대하는 일련의 태도도 새로 떠오른다. 무시(시각장애인과 어떻게 대화하는 게 적절한지 확실히 알 수 없기 때문에)나 회피(시각장애인이라 불편하게 느껴진다)에서부터 도움 제의(도움이 필요하리라는 가정에 따라)까지 다양한 반응을 보일 수 있다. 도움을 제의하려고 했다면, 자기도 모르는 사이에 보통 어른에게 말하는 것보다 더 느리게 말하게 될 수도 있다. 시각장애를 인지장애로 받아들이는 흔한(그러나 의식하지 못하는) 가정을 따르는 것이다.

여러분은 시각장애인이라고 해서 다른 사람과 다르게 대하지는 않을 것이라고 주장하겠지만, 연구결과에 따르면 그럴 가능성이 높다(Dovidio, Glick, & Rudman, 2005; Greenwald & Krieger, 2006). 나쁜 사람이라서 그런 것은 아니다. 우리는 우리의 편견과 차별 행동을 의식하지 못할 때가 많다. 전혀 의식하지 못하더라도 편견과 차별은 일어나고 실질적 영향을 미친다.

편견은 시각장애인 여성을 무시, 회피하거나 청하지 않은 도움을 주겠다고 하면서 어린아이 대하듯 말하는 등 여기에서 말한 여러 다른 태도로 이어진다. 이런 편견은 개인에게 국한된 것이 아니고 그렇기 때문에 예측할 수 있다. 시각장애인에 대한 편견을 강화하는 메시지는 사방에 있고 누구에게나 영향을 미친다. 이 편견이 우리 행동을 좌우한다. 매체에서 재현되는 장애인을 생각해보자. 제리 루이스 근육위축병 텔레톤 같은 모금 프로그램에서는 장애가 있는 아이들("제리의 아이들")이 비극적 희생자로 비추어진다. 장애를 유발한 비극적 사고를 '극복'한 크리스토퍼 리브* 같은 영웅을 찬양한다. 공포영화에서 사람들을 겁주는 악당의 능력은 '기이한' 눈이나 기형인 신체 등과 연결된다. 또 아이들에게 눈이 멀 수 있는 행동을 하지 말라고 조심시키면서, 이런 일이 일어난다면 최악의 상황이 된 거라는 암시를 준다.

🔎 **관점 확인** 여기에서 이야기한 사례는 건강인중심주의에 대해 깊이 생각해보지 않은 건강인의 관점을 택했다. 장애가 있는 사람이라면(혹은 가까이에 장애가 있는 사람이 있다면) 이 문제에 대해 더 잘 알아 더 잘 대응할 수 있을 것이다.

---

* 영화 〈슈퍼맨〉의 주연 배우로 승마를 하다 사고를 당해 전신마비가 되었다.(옮긴이)

여기에 눈이 보이는 사람 가운데 직접 아는 시각장애인이 없는 사람이 많다는 사실을 더하면(사회에서 대부분 시각장애인을 격리하여 특수학교나 특수 직장에 보내기 때문이다), 사람들이 문제가 되는 생각을 갖고 행동을 할 가능성이 높아진다. 시각장애인(그리고 다른 외적 특수성을 가진 사람들)의 특징이 영화나 대중문화에서 확대되어 아주 잘 보이기도 하지만, 동시에 주류에서 분리되어 쉽게 보이지 않게 되기도 한다. 이런 역학 때문에 잘못된 정보에 의존하게 되고 편견과 차별의 순환이 시작된다. 극장에서 시각장애인 여성을 만난 이런 특정 상황에서 모든 사람이 차별을 하지는 않겠지만, 많은 사람이 그럴 것이다. 뿐만 아니라 편견과 차별의 역학을 생각해보면 내가 차별을 할지 안 할지 스스로 내린 평가는 믿을 만하지 않다.

● 모든 사람은 편견이 있고 차별한다

사람은 누구나 사회화를 통해 편견을 습득하기 때문에 모두 차별을 한다. 따라서 앞선 예에서 시각장애인 여성 역시 눈이 보이는 사람에 대한 편견이 있을 것이다. 시각장애인 여성은 이전에 눈이 보이는 사람을 접해본 경험에 기초해 우리가 장애인에 대해 무지하며 장애인을 낮추어보는 태도를 보일 것이라 가정할 수 있다. 그래서 우리가 말을 걸었을 때 무시할 수도 있다. 우리에 대한 편견에 따라 우리를 차별하는 것이다. 그렇지만 우리에 대한 이 여성의 편견과 차별이 이 여성에 대한 우리의 편견과 차별과 동등하다고 말할 수는 없다.

(4장과 5장에서 그 까닭을 논할 것이다.)

　모든 사람이 편견이 있다면 과연 차별을 피할 수 있을까? 의식적 노력 없이는 불가능하다. 편견이 우리가 다른 사람을 바라보는 시각에 영향을 미치므로 다른 사람에게 하는 행동도 좌우한다. 이런 행동은 회피나 무관심 등과 같이 아주 미묘할 수도 있다. 그렇지만 관심이 없다는 것 자체도 아무 의미 없는 우연한 일은 아니다. 사회화에 의한 것이고, (이 경우에는 장애인과) 관계를 맺지 않는 결과를 낳는다. 비록 우리가 편견을 버릴 수는 없지만 편견을 인식하고 새로운 정보와 사고방식을 갖추어 더 정당한 행동을 하도록 노력할 수는 있다.

　편견에 도전하려 할 때에는 우선 문화에 파고든 사회적 분리에 도전하는 게 핵심이다. 우리와 다른 사람에 대해 더 많이 알고 더 많은 관계를 맺을수록 이들과 더 바람직한 상호작용을 할 수 있다. 이러한 교육을 해나가는 과정은, 시각장애인인 직장동료나 이웃이 있어 한두 사람을 이전에 또는 잠깐 알고 지냈다는 것만으로는 부족하다. 지속적으로 공부하고 배우고 시각장애인들과 폭넓고 진실한 교류를 해나갈 때에야 극장에서 만난 여성에게 그랬던 것처럼 피상적으로 반응하는 대신, 더 잘 알고 대응할 수 있게 된다.

　우리가 다른 사람에게 품는 생각과 행동을 형성하는 심층구조, 표면 아래 사회화의 힘을 이해하기 위해 이런 생각 실험을 한번 해보자. 일상에서 친구, 애인, 자녀, 상사 등과 대화를 나눈다고 생각해보자. 친구와 농담을 하고, 애인에게는 다정한 말을 하고, 상사에게는 격식을 갖춰 말하고, 아이들에게는 짜증을 낼 수 있다. 이제 여기에 상황을 덧입혀보자. 수업시간 전에 교실에서 친구들과 이야기할 때,

주말에 친구들과 이야기할 때. 애인과 교정을 걸으며 이야기할 때, 방에서 단둘이 이야기할 때. 아이가 무언가를 성취해서 축하할 때, 실망해서 힘들어할 때. 상사에게 업무에 관해 칭찬을 들었을 때, 마감을 맞추지 못한 것에 대해 해명할 때.

각각의 상황에서 상대방이 속한 사회집단의 가치와 내가 속한 사회집단의 가치를 상대적으로 견주게 된다. 이 상대적 가치에 따라 어떻게 말할지가 달라진다. 말투, 사용하는 어휘, 얼굴 표정 등. 어떻게 사회화되었느냐에 따라 방법을 찾는데, 이런 일은 대개 의식의 수준에서 일어나지 않는다. 친구에게 말하다가 상사에게 말을 해야 할 때에 멈춰서 어떻게 기어를 변속해야 하는지 고민할 필요가 없다. 상대적 가치에 대한 인식이 내면화되어 있기 때문에 자연스럽게 기어를 변속할 수 있다.

자신이 특정 시대·장소의 특정 문화 안에서 여러 교차하는 집단의 구성원으로서 사회화되었음(사회적 위치와 위치성)을 인식함으로써 비판적 사회정의에 대한 이해를 높일 수 있다. 사회화의 일반적 패턴을 보고 변화하는 상황에서 자신의 모습을 민감하게 의식해야 한다. 다른 말로 하면, 한 걸음 물러서서 우리가 기어를 바꾸는 것을 인식하고 어떤 가정에 따라 기어가 바뀌는지, 어떤 행동을 유발하는지 검토해야 한다. 문화의 경계를 넘어서 낯선 집단과 상호작용할 때에는 고정관념에 가까운 가정과 메시지에 기초한 코드를 따를 가능성이 높다. 비판적 사회정의 교육의 핵심 목표는 이런 패턴화된 코드에 대한 인식을 높이는 것이다. 의식을 많이 할수록, 잘못된 정보에 따른 코드를 바꾸기가 더 쉬워진다.

장 첫머리에 나온 채용위원회 일화로 돌아가 보면, 이 이야기에 편견과 차별의 여러 사례가 들어 있음을 알 수 있다. 첫째, 모든 사람들이 초등학교 남자 교사에 대해 편견이 있다. 부정적인 편견도 있고 (이 후보자는 남자이기 때문에 부적합하다) 긍정적인 편견도 있다(남자이기 때문에 더 적합하다). 채용위원회 구성원들은 여자 교사에 대해서도 물론 고정관념, 가정, 가치 판단(편견)을 갖지만, 초등학교에서는 여자 교사가 표준이기 때문에 이런 편견은 눈에 안 보이고 잘 드러나지도 않고 당연하게 여겨진다. 남자 교사만 두드러진다. 다시 말해 어떤 사람이 속한 사회집단 때문에 어떤 직업에 적당하지 않게 보인다면, 다른 사람은 어떤 집단에 속한다는 이유로 그 직업에 적당하게 비친다는 말이다.

둘째로, 모든 사람들이 이런 편견을 불쑥 내뱉기보다는 사회적으로 용인된다고 생각되는 표현으로 바꾸어 말하려고 한다. 이런 태도는 편견을 갖는 게 잘못이라는 인식이 있음을 드러낸다.

셋째로 누군가가 편견이 개입했음을 지적하자 사람들이 방어적인 태도를 취하고 편견이 있는 사람은 아무도 없다고 주장한다. 여기에서 편견을 피할 수 있다고 생각함이 드러난다. 평가에 편견이 개입하는 것을 방지하기 위한 규정과 절차가 있다는 메리의 마지막 말을 염두에 두고 다음 장으로 넘어가 보자.

🗣 토론해볼 문제

1. 이 책에서 사람은 누구나 편견이 있고 모든 사람이 편견에 따

라 행동(차별)한다고 한다. 어떻게 그렇게 되는지 설명해보자.

2. 사회집단에 대한 (편견이 있는) 생각에 따른 (차별적) 행동의 영향을 줄이려면 어떻게 해야 할까?

🏃 확장 활동

1. 여러 직업군에 속한 사람들이 하는 행동과 성격적 속성(특질)의 목록을 만들어보자. 예를 들면,

교사	환경운동가
경찰관	치과의사
군인	상담가
사서	전업주부
과학자	가정부
농부	세차장 직원

이런 직업을 가진 사람들에 대해 '머릿속에 떠오르는 그림'은 무엇인가? 어떤 성별, 인종, 계급으로 그려지나? 눈에 보이는 장애가 있나? 종교가 있을 것 같은지? 종교가 있다면 어떤 종교일까?

만든 목록을 다른 사람의 목록과 비교해보자. 이 '머릿속의 그림'이 우리가 이 사람을 대하는 방식과 관련이 있을까? 이 '머릿속의 그림'이 이 사람을 대하는 방식에 영향을 미침을 인식하는 데에는 어떤 의미가 있을까?

2. 잡지에서 사람 사진 열 장을 고르고, 다른 사람과 사진을 맞바꾼다(내가 고르지 않은 사진들을 갖고 활동한다). 다음 질문을 보고 사진에 나온 사람을 평가해본다. 그 다음에는 질문 하나를 골라서, 그 속성에 따라 사진 열 장의 순위를 매겨본다. 예를 들면 '가장 똑똑한' 사람부터 '가장 똑똑하지 않은' 사람까지.

1. 가장 똑똑한 사람은?
2. 가장 부유한 사람은?
3. 가장 종교적인 사람은?
4. 독서를 많이 하는 사람은?
5. 돈을 아껴 쓰는 사람은?
6. 전업주부인 사람은?
7. 사회의 중심에 있다고 느낄 사람은?
8. 가장 소외감을 느낄 것 같은 사람은?
9. 책임을 맡기기 좋은 사람은?
10. 세상 어디든 자유롭게 여행할 수 있을 것 같은 사람은?

함께 활동했던 사람 말고 다른 사람 두 사람에게 같은 것을 해보라고 한다.

반응들에서 어떤 패턴이 나타나는가? 편견(또는 기존 관념)에 대한 인식이 이 질문에 대한 대답에 영향을 미치는가?

4

억압과 권력

"억압을 당해도 가만히 있기 때문에 억압을 당하는 것이다."

●● ● 이 장에서는 권력이라는 개념을 소개한다. 권력은
집단의 편견을 억압으로 바꾼다. '인종에 대한 편견'(누구나 갖는
것)과 인종적 지배집단만이 가질 수 있는 '인종주의'라는 개념의
차이를 설명한다. '주의ism'라는 말이 들어가는 용어(예: 인종주의,
성차별주의, 계급차별주의)를 소개하고 이 용어들을 통해 편견, 차
별, 그리고 집단 차원에서 일어나는 구조적 권력의 역학을 알아
본다.

3장에 나온 채용위원회 일화로 돌아가 보자. 위원회에서 어떤 최
종 결정을 내리든 간에, 후보자의 젠더가 아무 영향을 미치지 않았을
수는 없다. 예화 속의 위원회처럼 터놓고 젠더에 대해 논하지 않더라
도 반드시 젠더가 영향을 미친다. 위원회에서 젠더가 영향을 미쳤다
는 사실을 인식하지 않더라도 마찬가지다. 사람은 누구나 집단에 따
라 사회화된 렌즈로 다른 사람을 본다. 사회화는 언제나 쉼 없이 작
동한다.

예를 들어 젠더 사회화는 우리 자신이나 다른 사람에 대한 인식과 평가 모든 면에 영향을 미친다(Bem, 1993; Butler, 1990/1999). 2장에서 이야기한 안경의 비유를 떠올려보면 젠더를 렌즈 가운데 하나라고 생각할 수 있다. 우리는 언제나 이 렌즈를 끼고, 채용위원회의 예에서처럼 이 렌즈를 통해 이력서를 읽는다. 렌즈의 존재는 의식하지 못한다. 지금까지 읽은 이력서들이 전부 젠더의 관점에서 예측한 바에 들어맞기 때문이다. 채용하려는 자리가 전통적으로 여자들이 하던 일이기 때문에, 자연스레 여자의 이력서를 읽는다고 가정한다. 이 가정에 맞지 않는 이력서(이 상황에서 '정상'이 아닌 이력서)를 보는 순간 렌즈를, 곧 젠더를 의식하게 된다. 이제 초등학교 남자 교사에 대한 기대에 따라 후보자의 자질을 해석하게 된다.

다시 말하지만 다른 이력서를 읽을 때에는 여자에 대한 기대에 따라 해석하지 않는다는 뜻이 아니다. 하지만 여자 후보자의 경우에는 기대한 바와 일치하기 때문에 그렇다는 사실을 인식하지 못한다. 이 일에는 여자 지원자가 정상이기 때문에 젠더 렌즈가 눈에 들어오지 않는다. 우리가 기대한 것과 맞지 않는 이력서를 보았을 때에만 젠더를 의식하게 된다.

남자에 대한 편견 때문에 이 지원자가 채용이 되지 않았다면, 이건 차별이지만 억압은 아니다. 이 사람이 게이일 것이라는 가정에 기초한 편견 때문에 채용이 되지 않았다면, 그때는 억압이다. 다르게 말하면 메리(게이 후보에 대해 편견이 있다)는 억압을 행사하고 있지만 리즈(남자 후보에 대해 편견이 있다)는 그렇지 않다. 왜일까?

이걸 이해하려면 편견과 차별의 개념에 억압과 권력에 대한 이해를 더해야 한다. 이 토론을 시작하기 전에 1장에서 언급한 비판적 사고의 중요한 요소를 다시 생각해보자. 앞에서 메리의 편견과 리즈의 편견이 결과적으로 다르다고 한 것을 읽고, 공정함에 대한 생각이 흔들리고 일단 부당하다고 느낀 사람도 많을 것 같다. 그렇지만 이런 관계에 대해 어떻게 생각하라고 배웠는지가 실제 사회의 작용을 은폐함을 다시 일깨우고 싶다. 이 책에서는 주류 사회화가 제공하는 것과 다른 비판적 이론의 틀을 제공하려 한다. 탄탄한 학문, 연구, 실천에 바탕을 둔 비판적 이론의 틀이다.

● 억압이란 무엇인가

억압한다는 것은 어떤 사회집단의 자원 접근성과 잠재력을 억누르고 부인한다는 말이다. 억압이란 어떤 사회집단의 이익을 위해 다른 사회집단을 착취하도록 구조적으로 기능하는 일련의 정책, 실천, 전통, 규준, 정의, 설명(담론)을 일컫는다. 착취에서 이익을 얻는 집단을 지배(또는 주체)집단이라고 하고, 착취당하는 집단을 소수화(또는 대상)집단이라고 한다.

억압과, 편견·차별의 다른 점은 편견과 차별은 개인 차원에서 개인들이 참여하여 일어나는 관계를 가리킨다는 데 있다. 반면 억압은 어떤 집단의 편견이 역사적·사회적·제도적 권력에 의해 뒷받침될 때에 일어난다.

📄 **억압**
한 사회집단의 다른 사회집단에 대한 차별과 편견이 제도적 권력으로 뒷받침된 것. 어떤 집단이 사회제도를 통제하여 편견과 차별을 사회 전체에 강제할 수 있을 때에 억압이 일어난다. 억압은 집단적, 거시적 층위에서 일어나고 개인의 차원을 초월한다. 성차별주의, 인종주의, 계급차별주의, 건강 인중심주의, 이성애주의 등이 억압의 여러 형태다.

간략하게 표현하면 이렇다.

편견과 차별 + 권력 = 억압

억압에는 제도적 통제, 이데올로기적 지배, 지배집단의 문화를 소수화집단에 강요하는 것 등도 들어간다. 지배집단에 속한 어떤 개인도 소수화집단 구성원을 억압하는 아무 구체적 행동을 하지 않는다 하더라도 마찬가지다. 편견과 차별이 사회 전체에 깃들어 있고 정상이자 당연한 것으로 받아들여지기 때문이다.

미국과 캐나다의 여성 참정권 운동(투표권을 얻기 위한 운동)의 사례에서 억압의 여러 특징을 볼 수 있다. 물론 여자들이 참정권을 얻기 위한 투쟁에서 중요한 역할을 했다. 조직을 만들고 싸웠다. 그렇지만 최종적으로 여성에게 참정권을 주는 권한은 남자들의 손에 있었다. 여자들에게는 제도적 권력이 없었기 때문에 스스로에게 투표권을 부여할 수가 없었다. 참정권을 부여하는 데에 필요한 제도적 권력이 있는 지위에는 남자들만 있었기 때문에, 실질적으로 남자들만이 여자들에게 참정권을 줄 수 있었다. 따라서 두 집단 모두 서로에대해 편견을 갖지만 남자의 편견이 훨씬 더 강력하고 포괄적인 형태를 띠었다.

남자들이 중요한 제도, 즉 정부, 언론, 경제, 종교, 의료, 교육, 경찰, 군대를 모두 지배했기 때문에 편견의 집단적 효과에 근원적인 차이가 있었다. 남성 집단은 사회의 모든 면면에 자기들의 편견을 불어넣었다. 편견은 무의식적이기 때문에 남자들이 그러려는 의도가 있없든 없었든, 그런다는 사실을 인식하든 안 하든 상관없이 일어나는 일이다. 남자들이 규칙을 만들기 때문에 이 규칙은 남자의 편견이 반영되어 있고 남자의 이익을 대변한다. 예를 들어, 과학자들은 여자가 열등하다는 전제를 바탕으로 연구를 했기 때문에 연구 주제나 결과에 대한 해석도 이 가정을 바탕으로 이루어졌다(Harding, 1991; Tuana, 1993). 또 이들이 이런 결과를 확산시킬 수 있는 위치에 있기 때문에 남자가 우월하다는 가정이 더욱 강화되고 합리화된다. (역시 남자가 지배하는) 다른 모든 제도들도 남자의 우위를 정상으로 만드는 방식으로 구조화되어 있다(Tuana, 1989). 성직자들은 설교단에서 남자가 우월함을 강변하고 성서를 근거로 이를 합리화한다. 의사는 남자의 신체를 건강의 기준점으로 삼는다. 정신의학자들은 감정이나 합리성의 남성 표준을 바탕으로 정신 건강을 정의한다. 남자 교수들은 남자의 역사, 사상, 고뇌를 가르친다.

이런 중심성을 가리키는 말로 남성중심주의androcentrism라는 용어가 있다. 남성중심주의는 단순히 남자가 우월하다는 생각만을 일컫는 게 아니라, 이 생각을 뒷받침하는 더 깊은 층위의 전제를 말한다. 남성과 남성의 경험을 인간의 기준으로 정의하고, 여성과 여성의 경험은 이것에서 벗어난 것으로 보는 것이다. 남성중심주의는 특별히 여자를 지칭할 때가 아니면(예를 들어 여성문학, 여성영화, 여자농구, 여성의 권리 등) 드러나지 않는다. '남성'(집단)은 눈에 보이지 않는 기준점이 되고 여자들은 이 기준을 중심으로 측정된다. 그런데 여자들이 남자의 기준에 들어맞지 않기 때문에 열등하게 보이는 것이다. 이렇게 하여 모든 사회제도를 통해 남자의 우월함이 합리화, 표준화, 확산, 강화된다. 여성 참정권의 예로 돌아가 보자. 어떤 집단의 편견에, 이 편견을 사회 전체에 강제할 권력을 더한 것이 억압이므로, 어떤 개별 남자가 여자에게 투표권이 있어야 한다고 생각하더라도, 이 사람 또한 남자로서 여성을 배제함으로써 이익을 누린다. 그렇기 때문에 억압은 개인적인 것이 아니고 개인의 의도는 별 의미가 없다.

사회 계층화

2장에서 개인이 여러 사회집단에 속한다는 이야기를 했다. 사회화를 이해하기 위해서는 개인이 이들 사회집단의 중요성을 인식하는 것이 매우 중요하다는 설명도 했다. 억압을 이해하기 위해서는 사회에서 이들 집단에 각기 다른 가치가 부여된다는 것도 이해해야 한다. 가치를 불균등하게 부여하는 이런 과정을 사회 계층화라고 한다.

모든 주요 사회집단 범주는(예를 들면 젠더) 이것 아니면 저것이라는 이항대립적 정체성(남자/여자)으로 짜여 있다. 이 정체성은 서로에 대한 역동적 관계에 따라 형성되므로, 상대방에 의해 정체성이 정의된다. 곧 '남자'라는 범주는 '여자'라는 범주를 이해하지 않고는 의미가 없다. 이 범주들은 서로 상반될 뿐 아니라 위계관계로 이루어져 있다. 그러니까 한 집단(남자)이 다른 집단(여자)보다 더 가치 있는 위치에 있다. 더 중요한 위치에 있는 집단(지배집단)은 사회 자원에 더 쉽게 접근한다. 덜 중요한 위치에 있는 집단(소수화집단)은 사회 자원에 접근하기가 더 어렵다. 지배집단과 소수화집단 사이의 불평등한 관계를 묘사하는 데 쓰이는 용어는 대개 '주의ˉism'로 끝이 난다. 표 4.1은 캐나다와 미국의 주요 사회집단과 이 집단 간의 특정 억압형태를 가리키는 용어의 과거와 현재의 관계를 보여준다.

표를 읽어 내려가다 보면 자기가 지배집단 쪽에 속하기도 하고 소수화집단에 속하기도 한다는 것을 알게 될 것이다(왼쪽 열에 들어가기도 하고 오른쪽 열에 들어가기도 한다). 여러분은 그냥 남자가 아니라 백인 남자, 또는 유색인 남자일 수 있다. 또는 노동계급 백인이거나, 노

|표 4.1| 권력관계와 집단 정체성

소수화/대상 집단	억압	지배/주체 집단
유색인	인종주의	백인
빈곤층 노동계급	계급차별주의	중산층 부유층
여성 트랜스젠더 젠더퀴어	성차별주의	남성
게이, 레즈비언, 바이섹슈얼, 투스피릿	이성애주의	이성애자
이슬람교도, 불교도, 유대교도, 힌두교도 등 비기독교도	종교적 억압 반유대주의	기독교도
장애인	건강인중심주의	건강인
이주민 토착민	민족주의	시민

동계급 게이 백인이거나, 이성애자 기독교도 건강인 유색인일 수도 있다. 이런 각각의 정체성 위치의 교차는 매우 중요하다.

🔍 **관점 확인** 표 4.1에 나와 있는 억압만 사회에 존재하는 것은 아니다. 예를 들어 어른중심주의adultism, 나이에 따른 차별ageism, 언어에 따른 차별, 신체 크기에 따른 차별sizeism 등은 빠졌고, 반유대주의가 종교적 억압이자 동시에 인종적 억압이라는 점도 따로 구분해 표시하지는 않았다. 이런 억압 형태가 실재한다는 것을 부인해서가 아니라 사회집단 소속과 사회 위치성 인식에 아직 익숙하지 않은 사람들이 출발점으로 삼으라고 간단하게만 예를 들었다.

여성 참정권 운동에서 집단 정체성의 교차 때문에 문제가 더욱 복잡해지는 사례를 볼 수 있다. 여성 참정권에 계급과 인종이라는 차원을 더하면 한층 복잡한 이야기가 된다. 상류층 백인 여성이 북미에서 초창기 여성 참정권 운동을 이끌었다(Davis, 1981; Devereux, 2005; Newman, 1999). 캐나다에서는 1940년대가 되어서야 참정권 운동에서 인종적 배제가 사라졌고 1960년대에 비로소 원주민들에게도 자유 투표권이 주어졌다. 그러니까 우리가 참정권 운동가라고 부르는 '여성'들은 여성으로서 억압을 받았지만 백인 여성으로서는 특권을 누렸다. 이들의 인종이 중립적이고 자연스러운 것으로 여겨졌기 때문에 이들이 모든 여성을 대변한다고 하면서 유색인 여성은 배제되고 주변화되었다. 예를 들면 여성 참정권론자들의 주요 주장 가운데 노동권 확보가 있었다. 하지만 유색인 여성들은 이미 오래전부터 집 밖에서 노동을 하고 있었다. 경제정의를 주장하는 편이 유색인 여성들의 이익에는 더 부합했을 것이다. 돌로레스 후에르타의 삶과 업적(91쪽)이 이러한 교차성의 개념을 잘 보여준다.

❊ 돌로레스 후에르타(1930년생)

후에르타는 선구적 노동, 민권 지도자이자 (세자르 차베스와 함께) 미국 농장노동자연합을 설립한 사람이다. 1955년에는 지역사회 봉사 조직이라는 풀뿌리 조직과 함께 그 지역 경찰의 폭력에 맞서고 공공 서비스 개선을 촉구했다. 후에르타는 이 조직에서 세자르 차베스를 만났다. 두 사람은 함께 농장 노동자 지원에 힘썼고 후에르타가 이 운동의 공동설립자, 조직자, 지도자로서 중심 역할을 했다. 후에르타는 주요 평화 시위와 불매운동도 이끌었고, 살충제의 독성에 대해서도 목소리를 높였고, 농장 파업을 조직했고, 노동자 지원 정책 변화를 위해 압력을 넣었다. 후에르타는 농장 노동자들이 권리를 인정받을 수 있도록 힘을 쏟았다. 또 페미니스트 운동에도 큰 기여를 했고 농장 노동자 운동 내에서 성차별에 도전했다.

오늘날 돌로레스 후에르타 재단은 지속가능한 공동체 설립을 유도하고 조직하여 사회정의를 이룬다는 사명을 추구한다.

• 사진 출처: http://pegasusnews.com/media/img/photos/2008/02/19/thumbs/doloresHuerta.
  jpg.728x520_q85.jpg

● '주의'란 무엇인가

억압이 어떻게 작동되는지 차별과 어떻게 다른지 이해하려면, 사회집단 사이의 불평등한 권력의 전반적·역사적·정치적 관계가 억압과 관련이 있음을 알아야 한다. 억압은 개인이 상황에 따라 일시적으로 하는 상호작용 이상을 가리키는 말이다. 학자들은 이렇듯 큰 규모의 역사적이고 정치적이고 지속적인 관계를 '주의'가 들어가는 단어로 표현한다. 예를 들면 인종주의, 성차별주의, 이성애주의, 계급차별주의, 건강인중심주의 등. 사회 계층화 연구에서 '주의'라는 단어를 쓸 때에는 누구나 저지를 수 있는 개별적인 차별 행동을 가리키는 게 아니라, 억압의 다양한 형태와 역할을 지칭한다.

어떤 단어에 '주의'라는 말을 붙임으로써, 지배집단과 소수화집단 사이의 사회적·제도적 권력이 불평등하다는 현실을 비롯해 특정 형태의 억압을 논할 수 있게 된다. 이렇게 하면 억압을 개인의 차별 행위로 축소하고 누가 차별을 하든 동등한 행위로 보아 권력의 역학을 부인하는 일을 피할 수 있다. 이렇게 보면 '역인종주의'라거나 '역성차별주의' 같은 말은 잘못된 말이고 실제로 성립할 수가 없는 것이다. 인종주의나 성차별주의 등의 억압은 역사가 오래되고 뿌리가 깊고 구석구석에 스민 권력 관계를 가리키기 때문이다. 이런 관계는 유동적이지 않고 이쪽저쪽으로 뒤집힐 수 없다. 역사적으로 제도적 권력을 지녀온 집단은 계속 권력을 유지한다.

예를 들어, 미국에는 여성 참정권이 도입되었고 여성이 수적으로 다수지만, 2008년 여성이 상하원 의석 가운데에서 16퍼센트밖에 차지하지 못했고, 대법원장은 여성이 10퍼센트였으며, 최상위 공직인 대통령에 당선된 일은 아직 한 번도 없었다. 캐나다는 인구의 52퍼센트가 여자지만 2008년에 전국 선출직 가운데 여성은 21.1퍼센트밖에 없었다. 2010년 캐나다 연방정부 장관직에서는 27퍼센트만이 여자였다. 게다가 여성들이 맡은 자리는 여성부, 인적자원부 등 상대적으로 지위가 낮은 하급부처였고, 법무부, 국방부, 외무부, 재정부 등 주요 장관직은 모두 (백인) 남성이 차지했다(Government of Canada, 2010).

국제연합에서는 정부정책에 여성의 우선순위 문제들이 반영되고 정부의 관리 방식과 조직 문화가 바뀌려면 공직에 여성이 적어도 30퍼센트는 있어야 한다는 결론을 내렸다(Tarr-Whelan, 2009). 2010년에 연방의회 여성대표의 비율로 캐나다는 세계 50위, 미국은 72위를 기록했다(IPU, 2010). 1위 국가는 르완다였다. 이라크, 파키스탄, 중국도 캐나다와 미국보다는 순위가 높았다.* 수가 중요하기는 하지만 단지 수적 우위만으로 억압을 행사하게 되지는 않는다(예를 들어 여자가 상대적 다수이고 빈곤층이나 노동계층도 마찬가지지만 제도적 권력은 갖지 못한다). 억압은 오랜 시간에 거쳐 형성되었고 사회 대다수가 당연히 받아들이는 사회·정치·제도 권력의 다차원적 불균형이다. 억압에는 네 가지 주요 특징이 있다.

억압은 역사적이다. 의회에 여성 대표가 적은 것은 어떤 나라의 최근 선거 결과가 그러해서 그런 것은 아니다. 21세기에 접어들어서도 여전히 여성이 정치에서 배제되는 실태는, 오랜 세월 동안 여성이 사회 조직과 통치에 개입하지 못하도록 시민으로서 배제되어 왔음을 보여준다. 이렇게 배제되어온 시간의 축적 효과는 한 차례의 선거를 통해서나 한 세대 안에서는 바뀔 수 없다. 정부제도 자체, 절차

* 2015년 업데이트 자료에 따르면 캐나다 50위, 미국 76위, 한국은 89위다. http://www.ipu.org/wmn-e/classif.htm (옮긴이)

와 실행이 모두 남자에 의해 이루어졌다. 내일 정부 관직에 여성들만을 임명한다고 하더라도 남성들이 이루어 놓은 규칙을 벗어난 통치가 이루어질 수는 없다. 제도와 규칙, 실천이 바뀌려면 수 세대의 노력이 필요하다(그러는 동안 내내 강한 저항에 맞닥뜨릴 것이다). 북미에서는 20세기 초에 여성에게 투표권이 주어졌지만, 그 순간에 남성과 여성 사이의 불평등이 해소되지는 않았다. 사실 법으로 제정된 승리는 중요하기는 하지만 하나의 변화가 문제를 해결한 듯한 착각을 일으켜서 진보를 더디게 하는 부작용도 있다.

억압은 이데올로기적이다. 사회를 지배하는 생각인 이데올로기는 억압을 영속화하는 데에 막강한 역할을 한다. 이데올로기는 사회제도 전반에 퍼져 있으며 사회의 불평등을 합리화한다. 따라서 법을 바꾼다고 억압을 바로잡을 수는 없다. 억압은 사회화를 통해 개인의 의식에 깃들고 정상인 것처럼 합리화된다. 일단 사람들이 위계질서 안의 자기 위치에 따라 사회화되면 불평등은 피할 수 없다. 억압적인 통념이나 잘못된 정보가 지배집단이나 소수화집단 양쪽에 내면화되어 있어 각 집단이 서로에 대해 주어진 역할을 할 수밖에 없고 이런 역할이 자연스러운 것으로 정당화된다. 사회적 위계질서가 자연스럽게 여겨지면 그 안에서 자신의 위치가 불평등함을 인식하기가 어렵다. 모든 여성들이 참정권을 얻고자 하지는 않았고, 참정권이 없기 때문에 억압받는다고 느낀 적이 없는 여성도 많았다. 참정권 운동은 남자들

🪷 **이데올로기**

사회가 공유하는 큰 생각들로 제도 전반을 통해 강화되기 때문에 받아들이지 않기가 매우 힘들다. 사회 불평등을 정당화하는 데에 쓰이는 이야기, 잘못된 믿음, 재현, 설명, 정의, 합리화 등이 포함된다. 개인주의나 실력주의 같은 것이 이데올로기의 예다.

뿐 아니라 무관심한 여성들도 설득해 이 문제를 인권 문제로 바라보게 해야 했다(물론 참정권을 부여할 제도적 권력은 남자에게 있었지만).

억압은 제도적이다. 남성이 주도하는 제도는 정치제도만이 아니다. 다른 주요 사회제도들도 모두 마찬가지다(군대, 의료계, 언론, 사법계, 경찰, 금융, 산업, 고등교육, 종교, 과학 등). 이런 제도들이 서로 연결되어 함께 사회 전체의 남성 지배를 유지하는 기능을 한다.

참정권 운동의 예를 다시 들면, 여성에게 투표권을 주지 않은 것은 남성 정부 관료들이었지만 남성이 주도하는 사회의 다른 모든 제도도 정부와 협력하여 참정권 확대를 막았다. 남성 의사들은 여성에게는 정치에 참여할 수 있는 신체적 능력이 없다고 했고, 남성 정신의학자들은 여성은 정치 참여에 필요한 합리적 사고 능력이 없다고 주장했고, 남성 성직자들은 여성의 자리는 가정이라고 (남성) 신이 명했다고 설교했고, 남성 언론인들은 여성 참정권을 비판하는 논평을 썼고, 남성 경찰관들은 집회를 막고 선동자를 체포했고, 남성 판사들이 유죄판결을 내렸다(Bem, 2004; Green, 1997). 여성은 참정권을 위해 어떤 제도의 힘도 빌릴 수 없는 처지였고 공감하는 소수의 남성이 옹호 의견을 내놓거나 여성들이 주장을 펼칠 제한적 기회를 내어주기만을 기대할 수밖에 없는 실정이었다.

억압은 문화적이다. 억압은 문화의 모든 차원에 깃들어 있다. 2장의 빙산 그림을 떠올려보고 심층 문화를 이루는 규준(표현되지 않는 무의식적 규범)에 성차가 어떻게 반영되어 있고 정부 절차와 정책에 어떻게 드러나는지 생각해보자. 이 규준들은 남성에게 특권을 부여한다. 정계에 뛰어든 여성이라면, 남성중심 문화를 얼마나 잘 따르는지를 보여주어야 성공할 수 있다. 남성중심 문화의 규준에 능통함을 드러내기 위해서는 남성 문화 심층구조의 규범을 따라야 한다(예를 들면 나약함을 보이지 마라, 가족의 일에 대해서는 '적절한' 정도의 관심만을 보이라). 여성은 이런 문화에 능통함을 과시하는 동시에 '자기네' 문화 심층구조의 규범도 실천해야 한다. 따라서 소수화집단 구성원은 이중성이라는 두 배의 짐을 진다. W. E. B. 두보이스(1903~1989)는 인종 문제를 이야기하면서 지배문화의 규준을 따르면서 자기네 것도 따라야 한다는 짐을 '이중 의식 double consciousness'이라는 용어로 표현했다. 이런 억압은 남성에게는 해당하지 않기 때문에, 남성 자체에 대한 억압은 있을 수 없고 '역'성차별주의란 존재하지 않는다(물론 다른 억압을 받는 위치에 있는 남성은 억압을 받는다. 예를 들어 노동계급 백인, 게이 아시아인, 시크교도 노인 등).

✋ **잠깐** 역인종주의나 역성차별주의 같은 '역'억압은 있을 수 없다. 여성도 남성만큼 편견을 가질 수 있지만, 여성이 '남성 못지않은 성차별주의자'가 될 수는 없다. 여성은 정치적, 경제적, 제도적 권력이 없기 때문이다.

특정 상황에서 남자가 수적으로 소수가 되어 일시적인 차별을 경험할 수는 있다. 예를 들어 초등학교 남자 교사는 수적으로 소수이고 소외감을 느끼거나 초등학교 문화적 규준과 단절되는 느낌을 받을 수 있고 동료들로부터 차별이나 배제를 당할 수 있다. 하지만 이걸 억압이라고 하지는 않는다. 이런 감정이나 경험이 고통스럽기는 하지만 이는 개인적·일시적이고 상황에 따른 것이며, 억압의 필수 요소는 여기에 빠져 있다. 교육 분야의 역사적·이데올로기적·제도적·문화적 차원은 여전히 남성중심적이고 여성보다는 남성이 큰 보상을 받고 성장할 가능성도 크다. 여성이 다수를 이루는 분야에서도 (교직, 간호, 사회사업 등) 남자를 채용하는 것을 선호하고 남자가 여자들을 이끄는 위치(교장, 관리자, 부장, 교수 등)로 승진할 가능성도 더 높다는 연구가 있다(Williams, 1992, 1995).

아이들을 돌보는 일이 여성을 연상시키기 때문에 유아기 교육은 자연스레 여성의 일로 생각된다. 유아교육은 아기돌보기보다 조금 나은 정도의 일로 간주되어 사회적 지위도 매우 낮다. 학년이 높아지면 남자 교사 수가 늘고 교육에 대한 접근방식이 더 남성화된다. 예를 들면 초등교육에서 중시되는 가치인 놀이, 공동체성, 협업, 공유 등은 학년이 올라가면서 거의 사라지고 합리성, 독립성, 경쟁이 그 자리에 들어선다. 또한 학년이 올라갈수록 남자 교사의 비율이 높아지며 교직의 지위도 높아지고, 수학, 과학, 철학 등 남성과 연관되는 주제 영역의 지위가 문학, 연극, 예술 등보다 높아진다.

마릴린 프라이(1983)는 새장의 은유로 억압의 힘이 교차함을 설명한다. 새장에 얼굴을 바짝 가져다 대면 그 안에 있는 새를 가까이에서 보게 되지만 새장의 철망은 잘 보이지 않는다. 눈을 돌려 철망의 철사 한 줄을 보면 다른 철사는 보이지 않는다. 시야의 한계에 따라 눈앞에 있는 것에 대한 인식이 달라진다고 가정하면, 철사 한 줄만 눈에 들어올 때에는 왜 새가 날아가지 못하는지 이해할 수가 없을 것이다. 새장을 천천히 돌리면서 한 번에 철사 한 줄씩을 본다고 하더라도 왜 새가 이것 한 줄을 피해서 달아나지 못하는지 알 수가 없다. 하지만 가까이에서 보는 대신 뒤로 물러서서 더 넓은 시야로 보면 이 철사들이 한데 합해져서 교차하며 새가 달아나지 못하게 막는 패턴을 이루고 있음을 알게 된다. 이제 새가 조직적으로 짜인 장애물의 연결망에 둘러싸여 있음을 분명히 알 수 있다. 철사 한 줄 한 줄을 따로 떼어놓고 보면 새가 도망가지 못하게 막는 장애물이 될 것 같지 않지만, 서로 연결되어 철망을 이루기 때문에 단단한 벽과 마찬가지로 새를 가둘 수 있다.

억압을 인식하기가 힘든 까닭 하나를 이제 이해할 수 있을 것이다. 우리의 시야는 제한적이고, 우리는 더 크고 서로 교차하는 패턴보다는 한 가지 상황, 예외, 일회성 증거에 집중하게끔 사회화되었다. 예외는 언제나 있지만 패턴은 변하지 않고 일관된 증거자료로 나타난다. 그렇지만 억압받는 사람은, 행동을 제한하고 압박할 수 있도록 체계적으로 조직되어 있는 힘과 장애물에 의해서가 아니라, 우연히 또는 일시적이거나 피할 수 있는 힘과 장애물에 의해 삶이 제한되고 형성되는 듯한 경험을 한다. 억압은 이런 식으로 사회가 작동하는 방식에 대해 왜곡된 시각을 갖게끔 한다.

지배계급이 사회에 대해 가장 편협하고 제한적인 시야를 갖는다. 이들은 살아남기 위해 소수화집단의 경험을 이해할 필요가 없기 때문이다. 제도에 대한 통제권을 쥐고 있어 자기 시각을 정당화할 수단이 있다("나는 노력을 통해서 이런 것들을 이루었는데 그들은 왜 할 수 없나?"). 소수화집단은 성공하려면 자기네 관점과 지배집단의 관점을 둘 다 이해해야 하기 때문에(이중 의식을 발달시켜야 하기 때문에) 사회에 대해 더 넓은 시각을 가질 때가 많다. 그렇지만 소수화집단에 속한 이들은 주변인이기 때문에 이들의 시각이 정당한 것으로 간주되는 일은 드물고 이런 말로 무시되기 일쑤다. "너무 예민하다, 불평을 지나치게 많이 한다, 특별한 권리를 누리려고 한다." 이런 문구의 힘을 이해하려면 언어를 담론으로 이해해야 한다.

언어는 보편적 진실을 중립적으로 전달하지 않는다. 언어는 현실을 구성하는 방식이고 사회 안에서 우리 경험과 인식에 의미를 부여하는 틀이다. 언어는 물론 문화적이며 따라서 그것이 쓰이는 역사적 사회적 순간에 영향을 받는다(예를 들어 인종주의를 뿌리 뽑기 위해 '컬러블라인드니스colorblindness'라는 담론이 쓰였는데 민권운동 이전에는 이런 개념을 이해할 수 없었을 것이다). 뿐만 아니라 언어란 그냥 단어들을 말하는 게 아니라 우리가 의사소통하는 방식 전체를 포함한다. 또 우리가 말하는 것뿐 아니라 우리가 말하지 않는 것(빙산에서 수면 아래에 있는 것들을 배우는 방식)을 포함해 담론이라고 한다. 언어의 이런 차원을 고려하여 학술적으로는 '담론'이라는 말을 주로 쓴다.

중립적인 말로 여겨지는 '나무'라는 단어를 생각해보자. 그렇지만 우리가 나무를 보는 방식도 우리의 기준틀과 관련이 있다. 동부 해안지역에서 자란 사람에게 커 보이는 나무가 서부 해안지역에서 자란 사람에게는 그다지 크지 않게 보일 수도 있다. 벌목꾼은 일자리가 보일 테고, 환경운동가는 제한된 자원을 떠올릴 거고, 코스트 샐리시 원주민은 성스러운 삶의 상징을 볼 수도 있다. 이러한 각각의 '보는 방식'을 담론이라고 할 수 있는데 이들 담론은 다른 담론과 연관되어 있다(벌목꾼과 환경론자 사이, 또 환경론자와 코스트 샐리시 원주민 사이의 정치학을 생각해보라). 각 집단에게 나무가 갖는 의미나 이 의미에 따른 투자에도 이런 정치학이 깊이 뿌리 내리고 있다.

담론은 우리가 서로에 대해 생각하고 관계 맺는 방식에 영향을 미쳐 권력관계를 형성한다. 예를 들어 소수화집단에 대한 지배집단의 담론은 언제나 지배집단의 이익을 대변하며 의미생산구조를 강화한다. 지배담론은 위계질서에 따른 위치를 자연스러운 것으로 보게끔 사람들을 사회화한다. 학자들은 이렇듯 사회화가 수용된 상태를 '내면화된 지배'나 '내면화된 억압' 등의 용어로 지칭한다(Adams, Bell, & Griffin, 1997; Freire, 1970; Frye, 1983; hooks, 1984; Moraga & Anzaldúa, 1981; Mullaly, 2002; Pheterson, 1986).

♡ 담론

언어를 통해 전달되는 온갖 형태의 의미를 지칭하는 학술 용어. 담론에는 근거 없는 믿음, 이야기, 설명, 단어, 개념, 이데올로기 등이 들어간다. 사람들이 담론을 보편적으로 공유하지는 않는다. 담론은 특정한 문화적 세계관을 나타내고 그 문화의 구성원들이 공유한다. 담론과 이데올로기는 다른데, 우리가 이데올로기를 전달하는 모든 방식, 의사소통, 상징, 재현 등 언어적/비언어적인 면 모두를 포괄해 담론이라 한다.

● 내면화된 지배

내면화된 지배란 나와 내가 속한 집단이 소수화집단보다 우월하므로 더 높은 지위를 누릴 자격이 있다는, 문화에 스며들어 있는 지속적인 메시지를 내면화하고 (종종 의도하지 않고) 실천하는 것을 말한다. 이런 예가 있다.

- 특권을 자연스러운 것으로 합리화한다("인간 본성일 뿐이다—누군가는 우위에 있어야 한다").
- 특권을 획득한 것으로 합리화한다("이 자리에 오기까지 엄청나게 노력했다").
- 나와 내가 속한 집단이 가장 좋은 직업을 가질 자질과 자격을

가장 잘 갖추었다고 생각한다("그 여자가 내 윗자리에 오르게 된 것은 그저 흑인인 덕이지").

- 소수화집단과 분리되어 살지만 아쉽다거나 이들과 교류하고 싶다는 생각은 하지 않는다(이를테면 백인들이 여러 인종이 밀집해 있고 범죄율이 높은 도시 대신 교외로 주거지를 옮기면서 이렇게 합리화한다. "우리 애들이 집 밖에서 친구들과 어울려 놀 수 있는 안전한 동네에서 자랐으면 해요").

- 소수화집단의 관점에 관심이 없고 이따금 제한적으로 정해진 만큼만, 예를 들면 '다문화 작가' 주간, 중국 설날 같은 명절 등, 또는 지배집단에 이익이 되는 듯 느껴질 때에만("우리 아이가 다양성을 경험했으면 좋겠다") 관심을 갖는다.

- 소수화집단의 경험을 논박하거나 설명할 수 있는 위치에 있다고 느낀다("문제를 너무 개인적으로 받아들이는 것 같아요. 그 사람은 그런 뜻이 아니었을 거예요").

● 내면화된 억압

나와 내가 속한 집단이 지배집단보다 열등하고 낮은 위치에 있을 만하다는 지속적인 메시지를 내면화하고 (종종 의도하지 않고) 실천하는 것이다. 이런 예가 있다.

- 지배집단 구성원이 더 그 위치에 걸맞은 자질과 자격이 있다고 생각한다.

- 지배집단에게서 인정을 받으려고 하거나 대부분의 시간을 지배집단에 속한 사람과 함께 보낸다.
- 지배집단의 비위에 맞게 행동하고 지배집단의 지위의 정당성에 도전하지 않는다('모범 소수집단'*이라는 담론 등).
- 지배집단의 사소한 적대행동(일상적 무례, 모욕, 무감함)을 불이익을 피하기 위해 말없이 참는다.
- 자기 자신이나 자신과 같은 집단에 속한 사람에 대해 기대치가 낮다.
- 사회제도(교육, 취업, 건강관리 등) 안에서 내가 어려움을 겪는 까닭은 내가 (또는 내가 속한 집단이) 부족하기 때문이지 지배집단과 소수화집단 사이에 자원이 불균등하게 배분되기 때문이라고는 생각하지 않는다.

내면화된 지배와 억압이 지배집단과 소수화집단 구성원 사이에서 눈으로 볼 수 있는 전체적 패턴을 이룬다. 물론 언제나 예외는 있지만, 이런 패턴이 있음은 자료를 통해 입증되었고 예측할 수 있다(Adair & Howell, 2007). 표 4.2에는 각 집단이 사회에서 차지하는 위치에 따른 집단 구성원의 특징들을 예시했다. 여기에서 사회적 위계에 따라 나뉜 양쪽에서 나타나는 공통된 패턴과 또 이들이 어떻게 완벽하게 서로 들어맞으며 그 위치를 유지하는지도 볼 수 있을 것이다.

---

*   model minority, 구성원들이 전체 인구 평균보다 사회경제적으로 더 높은 지위를 획득한다고 여겨지는 소수집단. (옮긴이)

|표 4.2| 내면화된 지배와 내면화된 억압의 패턴

지배집단 소속 개인	소수화집단 소속 개인
규칙을 정의하고 무엇이 적합한지 판단하며 가르친다.	부적합하고 어색하게 느끼고 자신의 지각을 신뢰하지 않고 전문가의 정의에 기댄다.
건설적 변화를 이룰 수 있다고 여겨지고 스스로도 그렇게 느낀다.	지장을 초래한다고 여겨지고 스스로도 그렇게 느낀다.
체제를 유지하는 책임을 맡는다. 다른 사람에 대해 신경 쓰지 않고 행동한다.	상황을 변화시킬 능력이 없는 것을 자기 책임으로 돌린다.
우월함, 유능함, 통제력, 자격, 정확함 등의 자아상	열등함, 무능함, 통제 당함, 자격 없음, 자존감 낮음 등의 자아상
오만함, 다른 사람의 말을 듣지 않음, 말을 끊음, 목소리를 높임, 윽박지름, 위협함, 폭력을 행사함.	큰소리를 내기 힘듦, 소심함, 비위를 맞추려고 함.
특별한 존재로 부각되고자 함	뒤쪽에 있을 때에 안심하고 지목당하면 불안감을 느낌
무엇이든 가능하고 무엇이든 원하는 대로 할 수 있다고 생각하고 다른 사람도 그런다고 생각함	상황에 제약을 받는다고 느끼고 야망을 억누르고 제재를 받은 경험에 따라 현 상황을 파악함
시작하고 통제하고 계획하고 기획한다.	진취성이 없고 대응하고 처리하고 대처하고 버틴다.
문제나 상황을 개인적 관점에서 봄	문제를 사회적 맥락에서 체제의 결과물로 봄
경험과 감정을 자신만의 것으로 보고, 단절감을 느껴 감정을 말로 표현하고자 함	경험과 감정을 집단적으로 이해하고 공유하는 것으로 보므로 굳이 이야기할 필요가 없음
문제를 해결하면 기분이 좋아진다고 생각	문제를 해결하려면 조건을 바꾸어야 한다고 봄
현실에 대한 자신의 시각이 누구에게나 빤한 유일한 것이라고 생각하고 누구나 동의한다고 생각. 다른 의견은 정보 부족, 오해, 성격 탓이라고 봄	현실에 대한 두 가지 시각(자신과 지배집단의 것)을 늘 인식함

자신을 논리적, 합리적 존재로 봄. 다른 사람은 지나치게 감정적이고 통제력이 없다고 봄	자기감정이 부적절하며 자질이 부족해서 그렇다고 느낄 때가 많음
어떤 종류의 일은 자기 위신에 걸맞지 않다고 생각함	어떤 종류의 일은 자기 능력 밖이라고 생각함
다른 사람의 지도자로서의 능력을 신뢰하지 않음	자신에게 지도자로서 능력이 있다고 생각하지 않음
위선이나 모순을 인식하지 않음	모순, 아이러니, 위선을 인식함
통제력을 잃거나 사람들 앞에서 망신당하는 것을 겁냄	자기 자신이나 다른 사람들을 비웃음. 위선을 유머로 다룸
자기 문화가 세련되었다고 생각하고 다른 사람의 문화는 후진적이고 빈약하다고 봄. 다양성을 위해 다른 문화에 관심을 갖지만 '이국적'이라는 말을 붙여 약화함	자기 문화의 가치가 낮다고 생각함. 문화적 형태로 상황에 영향을 미치고 유머, 음악, 시 등으로 집단의 경험과 공동체를 드높임. 문화를 빼앗겼다고 생각함

• 출처: Adair & Howell(2007)에서 허락받고 인용.

헤게모니, 이데올로기, 권력

헤게모니는 사회에서 이데올로기의 통제를 가리킨다. 지배집단은 자신의 이데올로기를 모두에게 부과하여 권력을 유지한다. 이데올로기는 지배집단과 소수화집단 사이의 불평등을 정당화하는 데에 쓰이는 통설, 잘못된 믿음, 설명, 정의, 합리화 등을 모두 포괄함을 다시 떠올려보자. 헤게모니의 핵심은, 강제에 의해서가 아니라 소수화집단의 동의를 받으며 지배가 일어날 수 있도록 한다는 점이다. 사람들이 불평등한 지위가 마땅하고 당연하다고 생각한다면 강제가 필요 없다. 다시 말해 소수화집단이 사회 안에서 낮은 지위에 있는 게 마땅하다고 합리화하는 생각을 스스로 받아들임으로써 그 지위를 수용하게 된다는 말이다. 헤게모니에는 사람들이 스스로를 통제하여 지배집단의 이익에 봉사하게끔 만드는 능력이 포함된다.

헤게모니

지배집단의 이데올로기를 사회 모든 사람에게 부과하는 것. 헤게모니는 지배 이데올로기에서 벗어나거나 '믿지 않도록' 저항하기 힘들게 만든다. 그래서 물리적 힘이나 위협이 아니라 조건화를 통해 사회를 통제하게 된다.

억압을 하려면 사회에서 제도적 권력을 지닌 집단이어야 한다. 그래야 다른 사람에게 자신의 세계관을 강요하고, 생각(이데올로기)과 정치적 규칙(기술적 기구), 사회적 의사소통의 규범(담론)을 통제할 수 있는 지위에 있게 된다. 우리는 이런 것들이 정상이고 자연스럽고 사회 기능상 필요하다고 배운다(사회화된다). 이런 지배는 역사적(장기적)이고 자동적이고 당연시된다.

사회정의 연구에서 권력이란 권위를 지닌 이들이 자신의 생각과 이익을 모두에게 강요하는 데 쓰는 이데올로기적, 기술적, 담론적 요소를 가리킨다. 미셸 푸코(1977/1995)의 19세기 형무소 구조 분석을 토대로 권력을 이해해보자. 그림 4.1의 원형감옥panopticon은 1843년에 공개된 설계인데 중앙에 간수가 있는 탑이 하나 있고 그 둘레에 감방들이 있는 구조다. 이 설계의 핵심은 빛을 한곳에 집중해 비추어서 아주 어둡거나 아니면 빛이 너무 강해 앞이 보이지 않는 상태를 전략적으로 만드는 것이다. 무대 위에서 조명이 눈을 향해 비출 때와 마찬가지로, 감방의 죄수들은 자기들을 감시하는 간수의 모습을 볼 수가 없다. 중앙탑에서는 늘 죄수들을 볼 수 있지만 죄수 눈에는 간수가 보이지 않기 때문에 언제 감시를 당하는지 알 수 없다. 그래서

|그림 4.1| 원형감옥

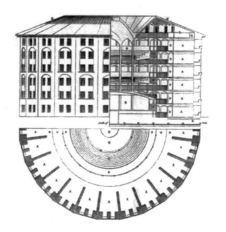

• 출처: http://www.moyak.com/papers/Panopticon.jpg

죄수는 감시를 당하는지 아닌지 알지 못하는 상태로 감시를 당한다.

이렇게 해서 죄수가 스스로를 시찰하고 스스로를 강제하게끔 하는 통제와 감시 장치를 만들어냈다. 죄수는 늘 지켜보는 권위의 눈을 두려워하게 된다. 언제 감시의 눈길이 자기를 향할지 모르기 때문에 처벌을 피하기 위해 늘 스스로를 감시하게 된다. 이런 감시 구조는 죄수를 순응적이고 수동적으로 만든다.

푸코는 원형감옥이 형무소, 군대, 병원, 학교 등의 사회제도를 통해 권력이 전파되고 정상화되고 내면화되는 방식의 은유라고 했다. 이 은유를 통해 어떻게 제도가 지배집단의 이익을 위한 규준을 따르도록 우리를 사회화하는지 볼 수 있다. 원형감옥을 설계하고 만들고 강제할 동기와 권위와 자원이 있는 이들은 사회의 제도적 권력을 지닌 이들이다. 이런 권력관계는 우리가 태어나기 훨씬 이전에 자리 잡았으므로 우리는 이미 존재하던 감방 안에서 태어났다고 생각할 수 있다.

그렇지만 푸코는 이런 관계가 고정되어 변하지 않는 것이 아니라 사회에서 끝없이 재생산되고 교섭의 대상이 되는 것으로 보았다. 우리에게는 권력에 도전할 수 있는 능력이 있다는 의미다. 그렇지만 그러려면 먼저 권력의 작동방식을 파악하고 이해해야 한다.

학교를 예로 생각해보자. 학교는 학생들의 시간을 구조화하고 점수, 상, 능력별 반 편성, 방과 후 남게 하기, 제적 등의 보상과 처벌을 통해 학생들이 스스로를 통제하도록 훈련시킨다. 이런 학교 조직이 자연스럽게 보일 수 있지만 중립적이지는 않다. 학교는 이런 구조를 통해 무엇을 배울 것인지, 언제, 어떻게, 얼마나 오래 공부할 것인지, 숙련도를 어떻게 드러낼 것인지, 지능을 어떻게 정의하고 측정할 것인지, 학생들이 언제 (무엇을) 먹고 언제 쉬고 언제 놀고 언제 화장실에 가고 언제 집에 갈지를 조직화하고 관리한다. 학교를 통제하는 구조도 조직화되고 관리된다. 교장이 학교 안의 활동을 감독하고, 교육위원회나 지역 공무원들이 학교를 통제하고, 관련 정부기관(주, 지방, 연방 교육부)이 교육제도 전반을 관리하고 규제한다.

학교는 또 숙제, 학부모 참여 독려, 학부모회의, 학부모 참여 소풍 등을 통해 이런 교육 프로그램이 학교 담을 넘어 집에서까지 계속되도록 한다. 이 영역 안에서 처벌도 이루어진다. 활동에 참여하는 정도에 따라 부모들을 '좋음' 또는 '나쁨'으로 평가하기도 한다. 이런 평가가 학생과 가족들에게 영향을 미친다. 체제 안에 가족들이 포함되거나 주변화되는 정도에 영향을 미치고, 학생들이 어느 정도까지 가족과 연결되어 있으면서 학교의 규준과 요구사항을 따를 수 있는지도 결정한다. 대학교 등 고등교육 기관까지 넓혀보면 정부 지원 단체나 연구소 등이 교육을 조직하는 수단으로 쓰임을 알 수 있다.

권력은 또 지식이 작동하는 방식이나, 지식이 구성·승인·교육되는 방식을 통해서도 행사된다. 학교에서 권력이 행사되는 방식을 이해하려면 두 가지 지식이 필요하다. 하나는 학교가 어떤 식으로 작동하는지에 대한 일상적 이해, 곧 학교에 대한 지식이다. 이런 지식은 당연히 문화적 자산(돈이 아닌 사회적 자원을 가리킨다)으로 보이지만 모든 가정이 동등하게 소유하지는 않기 때문에 중요하다. 예를 들어 이민자 가족, 원주민 가족, 영어가 모국어가 아닌 사람, 학력이 낮은 학부모 등은 학교에 대한 이해가 부족해 아이들이 학교 체제 안에서 자기 길을 잘 찾도록 돕거나 아이가 부당한 대우를 받았을 때 항의하기가 어렵다.

하지만 학교의 작동방식에 대한 지식만으로는 부족하다. 학교 안에서 무엇을 어떻게 가르치는지에 대한 지식도 매우 중요하다. 학생들이 어떻게 행동하고 무얼 따라야 하는지, 학습이 어떻게 정의되고 검증되고 측정되는지, 어떤 주제가 공부할 가치가 있는지, 누구의 관점에서 공부하는지, 어떤 주제나 관점은 존재하지 않는 것으로 치부되는지, '능력별 반'을 만들고 학생들을 '상급반'이나 '특수반' 등으로 나누어 이름붙이는 것이 어떻게 정당화되는지 등에 대한 지식 말이다. 이런 분류에 따라 학생들이 접근할 수 있는 지식의 종류도 달라지고, 또 나중 삶에서 어떤 기회를 누리게 될지도 이에 따라 정해진다. 학교에서 얻은 지식은 또 학생들이 사회에서 자기 위치를 어떻게 생각하느냐로 이어진다. 예를 들면 자기가 다른 사람을 부리는 사람일지, 아니면 부림을 당하는 사람일지로 바꾸어 생각하게 된다. 그러니 학교 안에서 가르치는 지식은 일부 학생을 희생시켜 다른 학생들에게 이익을 주는 것이면서도, 중립적이고 합리적이고 정상적인 것인 양 제시된다.

1장에서 이야기한 진 애니언의 연구(Anyon, 1981)를 학교 지식이 중립이 아니라는 예로 다시 살펴보자. 애니언은 노동계급 학교, 중간계급 학교, 상류계급 전문학교 등 세 가지 종류의 학교에 다니는 아이들에게 지식을 정의해보라고 했다. 표 1.1에 요약된 학생들의 반응을 보면 아이들이 받는 교육이 어떻게 다른지, 교육이 학생들의 미래나 직업, 사회에서의 지위를 어떤 다른 방향으로 이끌어갈지가 드러난다. 집단 사이에 존재하는 구조가 계층 이동을 막는 중요한 역할을 한다. 노동계급의 아이가 제한적 교육의 한계를 넘어설 가능성이 언제나 있긴 하지만, 그러려면 엄청난 노력이 필요하다. 한편 이 시스템이 부유층 아이들에게는 이득이 되기 때문에 다른 아이들이 겪는 장애를 없애려고 애를 쓸 가능성은 낮다.

3장 첫머리의 채용위원회를 다시 생각해보자. 이제 (게이 지원자에 대한 편견이 있는) 메리는 억압의 예를 보여주지만 (남성 지원자에 대한 편견이 있는) 리즈는 그렇지 않다는 말이 이해가 갈지 모르겠다. 게이에 대한 메리의 차별은 사회 모든 주요 제도의 역사적·이데올로기적·문화적·제도적 권력에 의해 뒷받침을 받는다. 실제로 미국에는 게이 지원자를 차별하는 것에 대해 연방 차원의 보호조치가 없다. 그러니까 채용위원회에서 게이이기 때문에 지원자를 고용하지 않는다고 대놓고 말할 수도 있다는 말이다. 캐나다에서는 연방법으로 보호하지만, 아직 당연한 것으로 자리 잡지 못했기 때문에 계속해서 적극적으로 주장해야만 효력을 띠는 실정이다.

한편 리즈의 남자에 대한 차별은 역사적·이데올로기적·문화적·제도적 권력의 뒷받침을 받지 못한다. 실제로 이 남성이 채용된다면 자기를 채용한 그 여성들보다 더 높은 지위로 승진할 가능성이 꽤 높다. 왜 여성들의 영역에 들어가는 남성은 그 조직의 리더 위치로 올라설 가능성이 높은데, 남성들이 지배하는 영역에 들어가는 여성은 그럴 가능성이 낮을까? 그 까닭을 이해하려면 내면화된 지배와 억압의 힘을 이해해야 한다. 사회화의 힘은 강력하다. 자신이 우월하다거나 열등하다는 메시지가 내면화되면 외부에서 강제하지 않더라도 주어진 사회적 역할을 하게 된다. 내 집단이 어디에 속하느냐에 관한 메시지가 주위 문화 사방에서 전파되며 내면화된 생각을 강화하지만, 사실 근본적 수용은 아주 어린 나이에 완성된다고 볼 수 있다. 남자들은 스스로가 이끄는 위치에 있다고 생각하고 그런 위치를 차지하게 되리라고 기대하는 경향이 있고, 여자들도 남자들을 이런 위치로 보고 기대하기 때문에 이런 경향이 힘을 받는다.

여자들은 또 남자가 이끄는 위치에 있을 때 더 편안함을 느끼는 성향이 있다(표 4.2에서 말하는 흔한 패턴을 떠올려보라). 예를 들자면 우리가 교실에서 수업을 할 때에도 이런 역학의 작용이 종종 보인다. 소그룹으로 토론을 할 때 그룹에 남자가 한 명만 있더라도, 그 남자가 그룹을 대표해 발표를 하는 경우가 많다. 남자 본인도, 여자들도,

발표는 남자의 역할이라고 자연스레 가정한다. 이런 패턴을 지적하면 여자들이 이렇게 말하곤 한다. "하지만 저희가 뽑은 건데요." 이게 바로 내면화의 힘을 보여주는 완벽한 예라 할 수 있다. 실제로 남자가 대표를 맡는 일이 자연스럽게 일어날 때가 많다. 그러니까 누가 발표할 것인지 토론을 거치지 않고 그냥 남자가 하리라고 가정하는 것이다. 여자들은 분명한 합의가 이루어지지 않은 경우에도 자신들의 선택으로 그렇게 되었다고 생각한다. 아주 깊은 층위에서 남자가 이끄는 역할을 하도록 선택을 하기 때문이다. 이렇게 해서 양쪽 집단이 억압이 유지되게끔 하는 각자의 역할을 한다. 우리 스스로 지배집단 구성원을 리더로 선택했다고 하더라도, 이 선택이 억압의 역학에 따른 것이라는 사실은 변함없다. 오히려 빤한 선택이 일어났다는 사실이 억압과 지배가 내면화되어 작용했음을 확인시켜준다. 이런 작용이 강력한 영향을 미쳐 여성이 지배하는 분야에서도 남성은 위로 올라가는 반면 남성이 지배하는 분야에서 여성의 상승은 제한된다.

또 우리가 그저 한 가지 '존재' 또는 집단이기만 할 수는 없다는 사실을 명심해야 한다. 우리는 다중으로 교차하는 집단에 속한다. 어떤 집단 구성원으로서 불이익을 당한다고 해서 다른 집단 구성원으로서 누리는 이익이 상쇄되지는 않는다. 다시 말해 채용위원회의 그 후보자가 실제로 게이라면, 게이라서 겪는 불이익이 남성으로서 겪는 이익을 상쇄하지는 않는다는 말이다. 이런 위치들이 함께 작용하며 억압을 유지하는 복잡한 방식을 이해하도록 돕는 것이 비판적 사회정의의 핵심 목표다.

✋ **잠깐** 양쪽 집단 모두 자기 위치에 대해 같은 메시지를 받는다는 것을 잘 기억하자. 소수화집단도 지배집단이 지배하는 위치에 있을 자격이 있고 그 자리에 더 적합하다고 생각하도록 교육받는다.

1. 앞에서 (게이라고 생각되는 지원자에 대한 편견이 있는) 메리는 억압을 실행했지만 (남성 지원자에 대한 편견이 있는) 리즈는 그렇지 않다고 했다. 왜 다른지 까닭을 다시 살펴보자. 왜 메리의 행동은 억압이고 리즈의 행동은 아닐까?

2. 억압의 역형태(곧 '역인종주의'나 '역성차별주의')는 존재하지 않는다는 주장을 자기 말로 설명해보자.

3. 여성 참정권 운동의 예를 들어 차별과 억압의 차이를 어떻게 설명할 수 있을까?

🗣 확장 활동

1. 1) 나와 같은 지배집단 정체성을 가진 사람과 함께, 내 삶의 경험에서 내면화된 지배가 드러난 예를 찾아보자. 날마다 당연하게 받아들이는 특권부터 시작해, 이 특권이 나에 비해 소수화된 집단에 속한 사람들에게 어떤 영향을 미칠지를 생각해보자.

   2) 다음에는 나와 같은 소수화집단 정체성을 가진 사람과 함께 내면화된 억압이 삶에서 드러난 예를 찾아보자. 삶의 경험에서 내면화된 억압의 구체적 사례를 이끌어낸다.(소수화집단 정체성이 없다면, 다른 지배집단 정체성을 택해 1)항목의 활동을 반복한다.)

   3) 어떤 일이 더 쉬웠는지 모두 함께 토론해본다. 내면화된 억압과 지배가 어떻게 작동하는지에 대해 무엇을 알게 되었나?

2. 돌로레스 후에르타의 삶(91쪽)에 대해 알아보자. 후에르타의 삶과 활동이 어떻게 인종, 계급, 젠더 등 정체성의 교차의 예가 되는지를 설명하는 글을 써보자.

5

특권

"아무한테도 받은 것 없어요.
내가 가진 것 전부 열심히 노력해서 얻은 거예요."

●● 이 장에서는 지배집단의 일원이기에 자동으로 부여받는 특권을 설명한다. 비판적 사회정의의 관점에서 보면 특권은 체계를 통해 전달되는 지배와, 지배집단의 믿음과 가치가 '정상'이자 보편으로 만들어지는 제도적 과정이라 정의할 수 있다. 특권집단이 수적 다수인 경우도 있지만 특권집단을 가르는 핵심 기준은 수가 아니라 사회적·제도적 권력이다. 이 장에서는 '내면화된 억압'과 '내면화된 지배'와 같은 관련 개념을 더욱 확장하고 이런 역학관계가 어떻게 기존 권력관계를 유지하는지 예를 들어본다.

여성 총리가, 전부 남성으로 이루어진 내각 각료들과 함께 최근 수도 곳곳에서 일어난 여성에 대한 일련의 성폭력 사태에 어떻게 대처할지 전략을 짜고 있다. 누군가가 밤 9시 이후 통행금지를 제안했고 각료들이 좋은 생각이라고 했다. 총리도 고개를 끄덕이더니 이렇게 말했다. "좋아요. 남자들은 9시 이후에 집 밖에 나다니지 못하게 합시다." 각료들은 충격을 받고 불공평하다고 말했다. 안전을 위해서는 여자들이 집 안에 있어야 한다고 했다. 자기들은 오직 여자들에게 무엇이 최선일지를 고려해서 하는 말이며, 통행금지는 '여성의 이익'을 위한 것이라고 했다. 총리는 이렇게 대답했다. "성폭력을 저지른 것은 여성이 아니라 남성입니다. 그런데 왜 여성의 행동을 제한해야 하죠?"

여성의 관점에서, 한밤중에 남성의 성폭력을 두려워하지 않고 도시를 자유롭게 활보하는 게 어떨지 상상해보자. 하지만 사회에서 대체로 누구의 움직임을 제한하는지, 만약 성폭력이 일어나면 보통 누가 잘못된 곳에 잘못된 시간에 있었다고 비난받곤 하는지도 눈여겨보자. 4장에서 지배집단과 소수화집단의 관계를 이야기했다. 5장에서는 이 관계에서 지배집단이 누리는 특권을 살펴본다.

● 특권이란 무엇인가

비판적 사회정의에서 말하는 특권의 정의는 여러분이 사용하는 의미와 다를 수도 있다. 대부분 사람들이 보통을 가리킬 때 '평균'이라는 말을 쓰는 것에 비유할 수 있다. 하지만 수학자들이 평균이라는 용어를 쓸 때는 여러 수치의 평균값, 중앙값 또는 최빈값 등을 가리킨다. 과학에서 평균이란 모든 수를 더해서 항목의 개수로 나눈 값(평균값)이나 각 수를 순서대로 늘어놓았을 때 가운데에 있는 수(중앙값) 또는 가장 흔하게 나타나는 수(최빈값)를 말한다. 일반적으로 쓰는 용법과 수학적 용법 사이에 대략적 관계는 있지만 수학에서 쓰는 용어가 훨씬 더 구체적이다.

이와 비슷하게 '특권'이라는 말을 일반적으로 쓸 때에는 운이 좋다, 좋은 기회를 만나서 이런 운과 기회의 덕을 본다는 뜻으로 쓰곤 한다. 이런 정의는 특권이 우연에 따른 긍정적 결과라는 암시를 준다. 그렇지만 학계에서 사회가 작용하는 방식을 설명하기 위해 이 용어를 쓸 때에는 일부 사람이, 다른 사람이 누릴 수 있는 권리와 이익, 보호를 희생시키고 그 이상의 권리와 이익, 보호를 누림을 가리킨다. 이런 맥락에서는 특권이 행운, 운, 우연의 산물이 아니고 구조적 이익의 산물이다. 지배집단 구성원(남성, 백인, 이성애자, 건강인, 기독교도, 상류층)은 자동으로 특권을 받는다. 지배집단이 권력이 있는 지위를 차지하기 때문에 그 집단 구성원들은 사회적·제도적으로 유리해진다.

2장에서 우리가 문화 안에서 사회화되어 있는 상태가 물속의 물고기와 비슷하다고 했다. 물고기가 물속에서 헤엄쳐 다니는 것 같지만 물도 물고기 주위에서 움직인다. 물고기가 가만히 물에서 떠다닐 때에도 물살이 물고기의 움직임에 영향을 미친다. 큰물에서 헤엄을 칠 때에는 어디로 가게 될지, 얼마나 오래 걸릴지 하는 결과는 노력만으로 결정되지 않고 어떤 물살을 타느냐에 큰 영향을 받는다.

물살이 밀어주는 방향이 아니라 물살을 거스르는 방향으로 헤엄칠 때에는 엄청난 양의 노력을 들여야만 앞으로 나아갈 수 있다. 이렇게 노력을 하더라도 아주 조금씩밖에는 나아가지 못한다. 반면 물살을 타고 나아갈 때에는 거의 아무 힘을 들이지 않고도 헤엄칠 수 있다. 적은 힘으로도 아주 멀리까지 나아갈 수 있고 물살의 존재를 인식하지 못할 때도 많다(물살을 거슬러 헤엄칠 때 물살이 훨씬 더 잘 느껴진다). 특권이란 이런 강력한 물살이 앞으로 나아가도록 밀어주는 것과 같다.

특권을 이해하는 데 도움이 되라고 은유를 사용하기는 했지만 특권이 자연적이라거나 운과 우연의 산물이라는 뜻으로 받아들이지는 않기를 바란다. 특권은 자연이나 운이 아니라 지배집단 구성원들에게 이익이 되도록 사회적으로 구성된 것이다. 또 특권 구조는 인종주의, 성차별주의, 계급차별주의가 팽배했던 과거에만 존재한 것도 아니다. 특권은 여전히 재생산되고 절충되고 지속적으로 실행된다. 1994년 출간된 베스트셀러 《종형 곡선 *The Bell Curve*》(Herrnstein & Murray)을 알맞은 예로 들 수 있다. 이 책은 인종집단 사이에 유전적인 지능 차이가 있다고 주장했다. 과거 전 세계에서 인종에 따른 노예화, 멸절, 집단학살, 식민화를 정당화했던 과학적 인종주의와 궤를 같이하는 주장이다. 유전학자들이 이 '사실'이 허위임을 폭로했지만 여전히 이런 책이 계속 출간되고 널리 읽힌다(Gould, 1981/1996; Nisbett, 1998).

또 다른 예로 동성애의 '원인'에 관한 연구가 있다. 이런 연구들은 동성 부부나 동성애자들에게서 특권과 기회를 박탈하는 것을 정당화하는 데 쓰인다. 또 엄청나게 널리 읽히는 루비 페인의 책(2005) 같은 것도 한 예다. 루비 페인은 "가난의 문화"라는 개념을 내세워서 사회 밑바닥에 있는 사람들은 문화적으로 결핍되어 있기 때문에 그러하다고 주장한다. 그러니까 사회에서 '앞으로 나아가는 데' 필요한 태도나 직업윤리 같은 것이 결여되어 있기 때문이라는 것이다. 이런 관점을 "문화 결핍 이론"이라고 부르기도 한다.

이 장에서는 사회적·제도적 특권을 이해하는 데 핵심인, 서로 연결되어 있는 두 역학관계를 파헤쳐보려 한다. 외적인 구조의 차원과 내적인 태도의 차원의 역학이다. 건강인중심주의를 예로 들어 특권의 두 차원이 어떻게 펼쳐지는지 보자.

💧 **문화 결핍 이론**
소수화집단의 성취도가 낮은 까닭은 적절한 문화적 가치가 없기 때문이거나(예: "그 사람들은 교육을 중요하게 생각하지 않아요.") 문화가 다른 어떤 면에서 결핍되어 있기 때문이라는 설명.

● 특권의 외적·구조적 차원

왼손잡이인 사람은 왼손잡이가 사회의 규준에 따라 주변화되는 방식에 익숙할 것이다. 교실 책상, 가위 모양, 여행가방 손잡이의 버튼 위치, 카메라의 셔터 버튼, 기타를 치거나 오케스트라를 지휘하는 표준 방식 등. 왼손잡이라고 하더라도 이런 것들을 알아차리지 못했거나 별로 중요하지 않다고 생각했을 수도 있다. 왼손잡이지만 '반대로' 하는 것에 익숙해져서 '보통' 도구들을 오히려 선호하는 사람도 있을 수 있다. 또 오른손잡이 중에서도 재미로 '왼손' 도구들을 사용해 어떤 느낌인지 실험해보는 사람도 있을 것이다. 그렇다고 하더라도 오른손잡이만이 자동으로 구조적 특권(노력으로 얻지 않은 유리한 위치)을 얻는다는 것은 사실이다. 오른손잡이를 정상으로 상정해 설계된 사회에 오른손잡이로 태어났기 때문이다.

왼손잡이보다 더 힘겨운 경우로 옮겨가서 건강인중심주의가 어떻게 작동하는지 생각해보자(건강인중심주의란 장애가 있는 사람에 대한 억압이다). '정상'이라고 하는 유동적인 사회적 범주에 속하는 신체를 가진 사람들은 주변에서 접근을 제한하는 장애물을 맞닥뜨리는 일 없이 며칠, 몇 주, 몇 달이라도 살 수 있다. 어떤 행사에 어떻게 갈 것 인가, 건물 안으로 들어갈 수 있나, 커피숍에서 어디에 앉게 될까 등 을 고민할 일이 없다. 장애인이 이용가능한 건물이라고 하더라도 이 동할 수 있는 출입구가 하나뿐이고 건물 안에서도 제한된 장소에만 갈 수 있는 경우가 대부분이다. 대형 강의실을 예로 들면 가장 위쪽 자리 같은 곳. 이런 제한 때문에 휠체어 등을 이동수단으로 삼는 사 람은 분리되게 된다. 휠체어로 갈 수 있는 곳은 아마 강연자가 잘 안 보이고 청중들이 질문하는 목소리도 잘 안 들리는 자리일 가능성이 높다. 신체가 건강한 사람은 접근가능성을 당연한 것으로 여긴다. 사 회적·물리적 환경이 우리 신체를 수용하게끔 만들어져 있어서 우리 에게 사회적 특권을 주고 이런 '권리'가 없는 삶에 대해서 생각해볼 필요가 없게 만든다.

물론 이런 생각을 할 수 있다. "하지만 장애가 있는 사람보다 없는 사람이 더 많지 않나요? 사회나 사회제도가 다수에 맞춰져야 하지 않나요?" 특권집단이 수적 다수인 경우도 있지만 수는 절대 기준이 아니다. 예를 들어 남성, 중간과 상류 계급, 남아프리카공화국 아파르 트헤이트 정권 때의 백인 등은 수적 다수가 아니지만 지배집단이다. 사회적·제도적 권력이 주된 기준이 된다. 수에만 초점을 맞추면 이 런 현실이 가려진다.

건강인중심주의를 예로 들어 살펴보았듯이 특권에는 아래와 같은 외적, 구조적 차원이 있다.

- 지배집단의 기준을 사회 구조에 통합함
- 무엇이 정상이고 무엇이 아닌지를 지배집단이 구성함
- 지배집단의 특권이 눈에 보이지 않음

지배집단의 기준을 사회 구조에 통합함. 4장에서 설명했듯이 억압은 여러 차원에서 늘 작동하는 뿌리 깊은 시스템이다. 이런 시스템때문에 개개인의 의사와는 무관하게 지배집단에는 자동으로 특권과 이익이 주어진다. 앞에서 여성참정권 운동가들에게 공감하는 남성이라도 남성에게 자동으로 투표권을 부여하는 남성중심 사회에서 이익을 누린다고 설명했듯이, 특권을 누리는 데 의도는 아무 영향을 미치지 않는다. 여성에게 투표권을 주지 말아야 한다는 생각에 반대하는 남성일지라도, 여성 평등을 위해 싸우는 남성일지라도, 여성에게 주어지지 않는 특권을 남성에게 자동으로 주는 사회에 살고 있음은 달라지지 않기 때문이다.

건강인중심주의도 마찬가지로, 신체 건강한 사람의 기본 권리로 당연히 생각되는 많은 것들(예를 들면 건물이나 교통수단을 이용할 수 있는 것)이 장애인에게는 당연한 것이 아니므로, 건강인의 특권이 된다. 이런 특권을 얻기 위해 뭘 할 필요도 없다. 특권을 받겠다고 동의할 필요도 없다. 그저 어떤 신체는 정상이고 어떤 신체는 정상이 아닌 것으로 정의하고 정상이 아닌 것의 가치를 낮게 보는 사회에 살기 때문에, 정상으로 정의되는 사람들(지배집단)은 저절로 이익을 누린다.

늘 이런 이익을 누렸기 때문에 자연스럽고 필연적이고 당연히 누릴 자격이 있는 것으로 보게 된다(아예 눈에 보이지 않을 때도 많지만).

지배집단의 기준이 구조에 통합된 예로 도시 설계를 생각해보자. 1990년대 이전에는 경계석 턱낮춤(인도와 도로 사이 경계가 경사로 이루어진 곳)이나 점자 블록(시각장애인을 인도하는 역할을 하는 표면이 오돌토돌한 블록)이라는 게 없었다. 건강인의 입장에서는 턱낮춤이 필요하다는 생각을 할 일이 없다. 그냥 걸어서 오르고 내릴 수 있기 때문이다. 그렇지만 이동성에 제약이 있는 사람이나 휠체어 등을 사용하는 사람의 입장에서는 턱낮춤이 없으면 접근성이 크게 나빠진다. 억압의 기본 요소가 지배집단과 소수화집단의 분리이기 때문에 장애가 있는 사람들은 자기 삶에 지대한 영향을 미치는 도시 계획이 이루어지는 '테이블'에 참석하지 못하고, 따라서 이들의 관점과 이익이 반영될 수가 없었다. 1990년 미국 장애인법(ADA)이 시행되면서 도시 계획 단계에 경계석 턱낮춤이 포함되게 되었다. 단순한 변화지만 장애인들의 물리적 환경에는 삶을 변화시킬 정도로 중대한 변화를 가져왔다.

하지만 미국 장애인법이 통과되기까지는, 장애인이나 이들과 뜻을 같이하는 사람들의 수십 년의 노력이 필요했다. 그 뒤에 턱낮춤이 장애인뿐 아니라 노인, 아기, 유모차를 미는 사람, 자전거 탄 사람 들에게도 유익하다는 것을 알게 되었다(하지만 여전히 장애인법을 철저히 강제하지는 않아서 아직도 접근이 불가능한 건물이 많다).

무엇이 정상이고 무엇이 아닌지를 지배집단이 구성함. 2장에서 섹스와 젠더의 예를 이용해서 '사회적 구성'의 개념을 도입했다. 능력 면에 있어서도 비슷한 사회적 구성이 이루어진다. 예를 들어 사람들 사이에 생물학적 차이가 있는 것은 사실이지만, 이 생물학적 차이의 의미는 구성된 것이다. 만약 내가 안경을 쓴다고 해보자. 시력이 어느 정도인 시점에, 안경이라는 사회적으로 받아들여지는 기술의 도움을 받는 상대적으로 사소한 신체적 차이에서, 학교에서 다른 아이들과 분리되어 교육을 받고 차별 금지 조항에 따라 보호를 받는 장애로 바뀌게 되나?

정상 신체라고 생각하는 것을 상상해보라. 그 신체를 자세히 묘사해보자.

젠더는?

인종은?

나이는?

키는?

키와 몸무게의 비율은?

걸을 수 있나? 수영할 수 있나? 어떻게 걷고 수영하나? 얼마나 오래?

볼 수 있나? 어느 정도 잘 볼 수 있나? 안경을 쓰나?

어느 정도 잘 들을 수 있나?

어떤 감정을 지니고 있나? 어떤 조건에서 감정을 드러내나? 젠더가 어떤 상황에서 어떤 감정을 드러내는지에 영향을 미치나? 이 사람의 감정으로 상상한 것들이 인종과 관련이 있나? 나이와는?

이런 질문들을 생각해보면서 이 신체가 '정상'이 아니라고 간주되기 시작하는 시점이 어디일지 판단해보라. '행동', '존재', '감정'의 범위에서 어느 지점에서 '정상' 신체를 넘어 '비정상' 또는 장애가 있는 신체가 되는가? 걷고 수영하고 보는 등 이 모든 걸 할 수 있지만 그래도 대부분 사람들과 '다르게' 한다면, 그래도 '정상'으로 간주되는가? 아니라면 왜일까? 이런 것들을 명확히 집어 말하기가 어렵다면, '정상'이라는 것이 사회적으로 구성되었기 때문에 그런 것이다. '정상'이란 주어진 장소와 시간에서 어떤 집단이 받아들일 만하다고 결정된 생각들의 자의적인 집합체 주위에 둘러진 선이다. 예를 들어 20세기 초에 북미 여러 지역에서 사람들이 '정신박약'이라는 범주로 분류되곤 했다. 혼외자녀를 낳은 여자, 부랑자, 이민자 등 '타자'로 생각되던 많은 사람들을 포함하는 광범위한 범주였다. 이렇게 분류된 사람들은 정신박약 기질을 후대에 물려주지 못하도록 강제로 (많은 경우에 알지도 못하고 동의하지도 않은 상태에서) 불임시술을 받았다(Grekul, Krahn, & Odynak, 2004; Kline, 2005). 오늘날 '정상'으로 간주되는 범주의 학습장애(난독증 등)가 20세기 초에는 비정상(정신박약)으로 분류되었다. 정상이 무엇인가에 대한, 사회적으로 구성된 생각에 따라 사람들의 삶의 경험은 크게 달라진다.

이런 사회적 구성이 매우 중대함을 알 수 있을 것이다. 우리가 정상으로 분류되느냐 비정상으로 분류되느냐에 따라 실제적 특권이 주어지거나 거부되기 때문이다. 이런 특권은 정의(어떤 특징이 어느 지점에서 정상에서 비정상으로 바뀌나?), 언어(정신박약이냐 난독증이냐 하는 분류), 구조(도시와 건물이 설계되는 방식), 사회 체제(강제 불임시술이나 분리 교육 등과 같은 법적 정책) 등에 깊숙이 자리하고 있다.

지배집단 구성원은 강력하지만 눈에 뜨이지 않는 미묘한 방식으로 장애인이 중요하지 않다는 메시지를 받는다. 학교, 주택, 직장 등 주요 사회제도 안에서 장애인들을 분리하면서 이런 메시지를 전달한다. 예를 들어 학교에서는 장애가 있는 학생이 일반 교실에 있으면 '정상' 학생들의 학습 속도가 느려지고 제약을 받는다는 이유로 분리가 합리화된다. 이런 합리화에는 신체가 건강한 사람은 장애가 있는 사람에게서 얻거나 배울 수 있는 것이 아무것도 없다는 생각이 담겨 있다.

교실이 어떻게 구성되어 있는지 생각해보자. 교사 한 명이 많게는 40명에 이르는 학생들의 요구를 충족시켜주어야 하고 보조교사 등의 도움을 받지 못하는 경우도 흔하다. 이런 식으로 되어 있으면 각 학생의 요구를 충족시키기가 실질적으로 불가능하다. 따라서 학생들이 서로 비슷비슷하고 순응적일수록 학급을 더 효율적으로 이끌 수 있게 된다. 학교가 (무수히 많은 조직방법 중에서 하필) 이런 식으로 조직되어 있기 때문에 장애가 있는 아이들을 '일반' 학급에서 내보내는 게 논리적으로 말이 된다.

'통합' 교육을 지지하는 사람들도 장애가 있는 아이들을 '돕기' 위해 그럴 때가 많다. 지식과 이익은 늘 비장애인에게서 장애인으로 흐른다고 가정한다. 여기에서 특권의 얄궂은 면 하나가 드러난다. 지배집단은 소수화집단이 가치 있다고 보지 않기 때문에 의미 있는 경험과 관계를 놓치게 된다. 이런 식의 합리화는 '일반' 교실이 동등한 기회가 주어지는 중립적 공간이고 이 교실 안의 학생들은 '정상'이라는 생각을 강화하여, 학교 교육이 특정 아이들이 학습하는 방식에 맞게 구성되었다는 사실을 은폐한다. '일반' '정상' '영재' '특수' 등의 꼬리표들이 (학교나 병원 같은) 사회적 제도에서 만들어지고 특권과 분리를 유지하는 기능을 하는 정책의 바탕이 된다.

특수교육에서 무(無)평가nonjudgmental로 분류되는 아이들은 청각장애아와 시각장애아 또는 뚜렷한 신체적·정신적 장애가 있어 의료 전문가에게 상태를 확인받고 학교에 온 아이들이다. 반면 평가judgmental 범주는 '학습장애' 또는 '정서 불안' 등 교사 개인의 주관적 평가에 따른 것이다. 학생들을 특수반에 넣거나 상급반 또는 영재반에 가려 넣는 평가들이 어느 정도 주관적일지 생각해보자. 표 5.1은 같은 특징(활동 정도 등)이 매우 다르게 해석되어 전혀 다른 결과로 이어질 수 있음을 보여준다.

표를 보면 과잉행동성이라고 인식되는 경우에는 학교에서 용인되지 않는 부정적인 특징들이 열거되어 있고, 활동적이라고 인식되는 경우에는 학교에서 환영받는 긍정적 특징들이 죽 따라 나온다. 이렇듯 판단에 따라 특수반으로 구분되는 아이들 가운데에는 인종적으로 소수화집단 아이들(흑인, 라티노, 원주민계 학생들)의 비율이 높다(Artiles & Trent, 1994; Fenning & Rose, 2007; O'Connor & Fernandez, 2006).

👆 잠깐 많은 선생님들이 아이들 각각을 개성 있는 존재로 바라보고 인종, 계급, 젠더와 무관하게 평가한다고 생각한다. 하지만 3장과 4장에서 설명했듯이, 상대방이나 자기 자신이 어떤 집단에 속하느냐에 따른 선입견이나 무의식적인 생각에서 벗어나 다른 사람을 평가하기란 불가능하다. 공정한 평가가 불가능하다는 뜻은 아니다. 그렇지만 집단 사이의 관계가 우리가 '보는 것'에 강력한 영향을 끼침을 부인해서는 안 된다는 이야기다.

아이에 대한 선입견에 따라 학교에서의 경험과 결과에 어떤 특징을 부여하게 되는지 보라. 유색인이나 원주민 학생들이 교사에게 문

|표 5.1| 아동 행동의 주관적 평가

부정적이고 비정상	긍정적이고 정상
과잉행동	활동적임
충동적	자발적
산만함	창의적
몽상에 잘 빠짐	상상력이 풍부함
집중도가 낮음	집중 범위가 넓은 포괄적 사고
예측하기 어려움	유연함
따지기 좋아함	독립적임
고집이 세고 짜증을 잘 냄	신념이 강하고 예민함
공격적	적극적
주의력 결핍 장애	독특함

• 출처: 토머스 암스트롱의 《주의력 결핍 장애 아동이라는 신화The Myth of the A.D.D. Child》(1997)에서

제적 특징을 보인다고 평가받을 가능성이 훨씬 더 높다(Harry, 2007; Harry & Klinger, 2006; Kunjufu, 2005). 이런 평가를 하는 교사가 속한 인구집단을 생각해보면(대다수가 백인 중간계층 여성이다), 지배문화가 정상 행동이 무엇인지를 결정하며, 행동을 평가하는 사람들도 지배집단에 속해 있음을 알 수 있다.

지배집단의 특권이 눈에 보이지 않음. 우리가 가려는 방향으로 흐르는 물살은 느껴지지 않는 것처럼 특권은 지니고 있을 때에는 생각

할 일이 없다. 지배집단에 속한 사람들은 억압 때문에 불이익을 당하는 게 아니라 이익을 얻기 때문에 소수화집단 구성원들의 경험을 쉽사리 무시하게 된다. 소수화집단과 (학교, 동네, 직장, 사교 모임 등이) 분리된 상태로 지내다 보면 소수화집단 구성원들의 경험을 모르고 살 수 있다. 학교나 주류 문화에서는 소수화집단의 경험에 대해 가르치지 않는다. 그러다 보니 지배집단에 속한 사람들은 억압을 보지 못한다. 구조적 장벽도 있지만 억압을 보지 못하도록 심리적·사회적으로도 투자가 이루어진다. 억압을 직시하고 인정하려면 지배집단에 속한 사람들에게 이익을 안겨주는 체제에 의문을 품어야 한다. 그렇기 때문에 억압을 인정하라는 압박에 저항하도록 심리적·사회적 투자가 이루어진다. 무슨 말이냐 하면, 지배집단에 속해 있을 때에는 특권이 있음을 지적당하는 게 좋을 리 없다. 그래서 특권 문제는 전형적으로 방어적이거나 회피적인 태도를 불러일으킨다. 물론 이렇게 하여 억압이 계속 유지된다. 지배집단은 특권을 인정하기를 거부하고, 그 문제를 제기하는 사람에게는 사회적 처벌이 주어진다.

다음은 비장애인이 일상적으로 당연하게 누리는 특권의 예다.

- 비장애인을 위한 스포츠 대회는 무수히 많지만 장애인 대회는 매우 드물다. 있더라도 '일반' 행사와 분리되어 이루어진다.
- 비장애인은 학문적 흥미에 따라 수업 과목을 택하지 어떤 건물에서 수업을 하느냐에 따라 정할 필요가 없다.
- 비장애인은 장을 볼 때나 동료 집에서 열리는 행사에 참석할 때, 친구들과 식사 약속이 있을 때 이동 계획을 정교하게 세울

필요가 없다. 건물에 경사로, 난간, 적절한 조명이 있는지 등을 생각할 필요가 없다.

- 비장애인은 '특수'라는 이름이 붙은 학급, 학교, 버스 등에 분리 수용되지 않는다.
- '속도를 더디게 하는' 일을 피하기 위해 분리가 당연하다고 합리화되는 일이 없다. 경쟁·개인주의·속도를 협력·인내·다양성보다 중시하는 사회적 패러다임 안에서는 비장애인이 우선시된다.

비장애인으로 정의되는 사람들은 이런 이익을 특권이 아니라 일상적 삶의 특징으로 느낄 것이다. 태어날 때부터 우월한 위치로 사회화되어 이런 위치를 '자연스럽다'고 내면화했기 때문이다. 이제 특권의 외적·구조적 차원이 내적인 태도와 어떻게 상호작용하는지 살펴보자.

● 특권의 내적 태도 차원

당신이 작고 폐쇄적인 공동체에서 평생 살아왔다고 상상해보자. 가족과 친구들 사이에서 대체로 행복하고 건강하게 살아왔다. 그런데 어느 날 공동체의 울타리가 열리고 더 넓은 바깥세상으로 나가 삶을 개척해나가야 하게 된다. 앞으로 펼쳐질 모험과 앞으로 보고 알게 될 모든 것을 생각하니 무척 흥분된다.

가장 가까운 도시로 가는 길에 점심을 먹으러 어떤 식당에 들렀는데 사람들이 쳐다보며 수군대는 게 느껴진다. 어떤 아이가 당신 머리를 가리키자 아이 엄마가 쉿 하며 못하게 한다. 다른 아이는 울음을 터뜨리며 엄마 치맛자락에 숨는다. 어떤 사람들은 친절하게 웃으며 자리에 앉게 거들어주는 반면, 어떤 사람은 고개를 돌리며 못 본 척한다. 종업원에게 메뉴판을 달라고 했더니 당신 뒤쪽 벽에 있는 메뉴를 가리키고는, 짜증스러운 한숨을 내쉬며 읽어줘야 하느냐고 묻는다. 당신은 고개를 돌리며 아니라고, 잘 읽을 수 있다고 말한다. 당신이 몸을 돌리자 사람들이 동정 또는 역겨움을 느끼는 듯 눈길을 돌린다. 그때 당신은 종업원의 뒷모습을 보고 종업원 뒤통수에 눈이 하나 더 있음을 깨닫는다. 놀라서 돌아보니 식당에 있는 사람 모두 뒤통수에 눈이 하나 더 있었다. 불편해져서 서둘러 식사를 마치고 값을 치른다. 종업원에게 거스름돈을 받으려고 손을 내밀었더니 종업원은 손이 닿는 게 싫은지 잔돈을 계산대 위에 올려놓는다.

　시내로 들어오자 똑같은 일이 계속된다. 어쩌다 눈이 둘인 사람들도 눈에 뜨이지만 대부분 낮은 지위의 일을 하고 고개를 푹 숙이고 있다. 시간이 지나면서 눈이 셋인 사람들이 당신을 비정상이라고 생각하고 낮추어 본다는 게 뚜렷해지고 당신의 수치감과 두려움은 점점 커진다. 의사라는 사람이 다가와서 '고쳐주겠다'고 제안한다. 세 번째 눈을 이식하는 수술은 돈이 많이 들고 위험하기는 하지만, 자기가 대학에서 주도하는 이식수술 연구의 실험대상자로 당신이 적합할 것 같다고 한다. 당신은 세 번째 눈을 갖고 싶지 않고 이대로도 평생 잘 지내왔고 그들이 말하는 '정상'이 되는 데에 관심이 없다고 의사에게 설명하려 하지만, 의사는 눈이 세 개가 되면 사회적으로 훨씬 나은 대접을 받고 삶의 질도 훨씬 좋아질 것이라고 주장한다. "정상이 되고 싶지 않은가요?" 의사가 묻는다. "그렇게 만들어줄 기술이 있는데 뭐 하러 쓸데없이 고통을 받습니까?"

당신은 얼른 그 자리를 떠나 쇼핑몰의 선글라스 가게로 들어간다. 십대 여자아이 세 명이 즐겁게 재잘거리며 유행하는 스타일의 선글라스를 써보고 있다. 당신에게는 뒤쪽의 렌즈가 필요 없지만 다른 사람들처럼 머리 뒤까지 감싸는 선글라스를 쓸 수는 있다. 세련된 '트리오' 선글라스를 보고 웃으며 집어 들었는데, 판매원이 다가와서는 그 선글라스를 가져가며 다정히 어깨를 두드리더니 '변형 트리오' 두 개를 내놓는다.

변형 안경은 투박하고 예쁘지 않아 쓰고 싶은 생각이 들지 않는다. 여자아이들이 재잘거리기를 멈추고 당신과 판매원이 하는 양을 지켜본다. 그 가운데 한 명이 이렇게 말하는 게 들린다. "아, 저런. 저런 모습으로 태어난다면 어떨까?" 그러자 다른 한 명이 목소리 높여 당신에게 묻는다. "무슨 일이 있었던 거예요?" 이제는 정말 화가 나서, 그 여자아이에게 아무 일도 없었다, 너무 무례한 것 아니냐고 대꾸한다. 여자아이는 충격을 받아 이렇게 대답한다. "뭐래, 그냥 물어본 건데. 그렇게 까칠하게 굴 것 없잖아요." 친구들도 고개를 끄덕인다. 판매원이 끼어들어 이렇게 말한다. "아무래도 그냥 가시는 게 좋겠어요." 십대 가운데 한 명이 휴대전화를 꺼내 당신 뒤통수 사진을 찍는다. 속이 상하고 울음을 터뜨릴 지경이 되어 가게 밖으로 나온다. 마지막으로 들은 말은 판매원의 이런 말이다. "저 사람 대체 여기

뭐 하러 온 거지?"

사람들과 더 마주치기 싫어 극장에서 연극을 한 편 보기로 한다. 표를 사자 안내원이 하얀색 지팡이를 주며 좌석으로 가려면 지팡이가 필요하다고 말한다. 물론 당신은 지팡이 없이 걸을 수 있지만 아마 다른 사람들에게 차이를 일러주는 구실을 하는 듯하다. 자리에 앉아 프로그램을 읽으려고 하지만 눈이 셋이라는 전제로 만들어진 프로그램이다. 당신과 당신 앞에 앉은 사람이 동시에 읽을 수 있도록 접혀 있다. 읽는 순서가 어떻게 되는지 알 수 없어 버벅대고 있자 옆에 앉은 눈 셋인 사람이 당신을 보고는 아주 크고 느릿느릿한 말투로 묻는다. "도와줄까요?" 모욕감을 느껴 못 들은 척 무시한다.

연극이 시작되었다. 한 인물의 삶을 묘사한 연극이었다. 당신이 자란 곳과 매우 비슷한 특수한 공동체에서 시작된다. 당신이 사랑하던 곳이지만, 눈 셋인 사람들의 시각에서 보면 아주 처량하고 우울한 장소로 그려진다. 주인공은 불운한 사고로 뒤통수의 눈을 잃은 인물이었다. 연극은 주인공이 자신의 '손상된 외모'를 받아들이는 분투의 과정을 들려준다. 한때는 잘생기고 재능 있고 장래가 창창한 젊은이였지만, 이제는 눈 셋인 사람들이 보기에 흉측한 외모이고 인생을 완전히 망친 것처럼 여겨지는 듯했다. 주연 배우는 실제로는 눈이 셋인데 눈 하나를 가리고 연기하고 있었다(나중에 이 배우는 눈이 둘인 사람을 "용감하고 감동적으로 연기했다"고 하여 상을 받는다).

연극이 끝나자 관중 대부분인 눈 셋인 사람들이 당신을 어떻게 생각할지 의식이 되어 서둘러 극장에서 나온다. 이제 자기 모습이 추하게 생각되어 고개를 푹 숙이고 집을 향해 걷는다. 내가 미친 건가 하는 생각이 들기 시작한다.

물론 이런 식으로 특권을 행사하는 '눈 셋인 사람들의 사회'는 존재하지 않지만 상상한 이야기를 통해 소수화집단 구성원들이 날마다 겪는 매우 실제적인 역학의 예를 살펴보았다. 이 역학에는 앞에서 이야기한 구조적·제도적 차원도 있고 아래에서 이야기할 내적 태도의 차원도 있다.

특권이 내적 태도에 미치는, 눈에 보이지 않는 영향으로는 이런 것들이 있다.

- 내가 속한 집단이 그 위치에 있을 권리가 있다는 생각
- 내 집단이 우월하다는 생각을 내면화함
- 소수화집단에 대해서 잘 모르기 때문에 겸허한 태도를 갖추지 못함
- 특권을 인식하지 못함

특권을 설명할 때 페기 매킨토시의 〈눈에 보이지 않는 배〉(1989)라는 중요한 글이 많이 인용된다. 이 글에서 매킨토시는 백인이라서 날마다 당연하게 누리는 특권 46개를 열거했다. 매킨토시의 목록은 백인의 눈에는 백인의 특권이 보이지 않는다는 사실을 보여주고 특권의 내적이고 태도와 관련된 중요한 면을 포착했다. 눈이 셋인 사람들 이야기에서처럼, 내적이고 태도와 관련된 특권의 요소를 다음 목록에서 볼 수 있다.

- 특권 집단은 소수화집단의 공간을 침범하면서 불편함을 느끼지 않는다.
- 특권 집단은 소수자의 경험을 대변해 말할 자격이 있다고 생각한다.
- 특권 집단은 스스로를 우월하다고 여기고 소수자들이 '고쳐지거나' 아니면 자기들에게 동화되어야 한다고 생각한다.
- 특권 집단은 소수화집단과 분리되어 사는 편을 좋아한다.

내가 속한 집단이 그 위치에 있을 권리가 있다는 생각. 이데올로기는 지배집단의 위치를 강화하는 강력한 수단이다. 지배집단이 사회 꼭대기에서 지배할 권리를 합리화하는 서로 연결된 핵심 이데올로기들이 있다.

첫째는 실력주의라는 믿음이다. 실력주의에서는 사람들의 성취가 오직 노력, 능력, 장점에 따른 결과라고 본다. 출발점은 중요하지 않고 일용노동자의 아들도 노력하기만 하면 빌 게이츠의 아들과 다를 바 없이 '성공'할 기회가 있다고 가정한다. 캐나다나 미국 같은 나라의 지배문화에는 실력주의 체제가 들어 있다. 이런 관점에서는 성공하지 못하는 사람은 그저 능력이 없거나 노력이 충분하지 않아서 그렇다고 한다.

둘째로 동등한 기회라는 이데올로기도 관련이 있다. 오늘날 개화된 세상에서는 사람들이 편견을 갖지 않고, 사회적 불평등은 과거의 이야기이며 모든 사람이 동등한 기회를 갖는다는 생각이다(이에 더해, 사회가 반대 방향으로 지나치게 나아가 '특별한' 권리와 정책 등을 통해 소수화집단에 부당하게 많은 특권을 안겨준다고 생각하는 지배집단 구성원들도 많다). 가끔 불공정한 개별 사건들이 일어날 수는 있지만, 이런 불평등도 '자수성가' 신화를 들어 반박할 수 있다. 곧 누구라도 "자기 장화 끈을 잡아당겨 자기를 끌어 올릴 수" 있다, 곧 노력과 바른 태도로 운명을 개선할 수 있다는 생각이다.

지배집단의 권리를 합리화하는 셋째 이데올로기는 개인주의다. 우리 모두는 독특하고 사회화의 힘에서 벗어나 있다는 생각이다. 개인주의적 생각에서는 어떤 집단에 속하느냐는 중요하지 않고 어떤 집단에 속한다고 해서 이익이 더 많거나 적지 않다. 개인주의 이데올로기는 지배집단과 소수화집단 사이의 측정 가능한 격차(교육, 건강, 소득, 순자산)는 결국 개인의 장점과 단점에 따른 것이라고 설명한다. 그러니까 꼭대기에 있는 사람은 뛰어나고 똑똑하고 열심히 일하기 때문에 그 자리에 있다는 말이다.

넷째 관련 이데올로기는 인간 본성에 대한 이데올로기다. 이런 말로 특권을 자연스러운 것으로 합리화한다. "인간 본성이 그런 거야. 누군가는 위에 있어야 하지." 또 문명화된 사회와 문명화되지 않은 사회를 대립시키는 근거가 된다. 이 이데올로기를 통해 보면 어떤 사회는 유전적 우수성, 문화적 우수성(혁신이나 끈기 같은 가치와 특징을 지님), 또 신적인 힘(미국의 '자명한 운명'이나 프로테스탄트 직업 윤리 같은 것) 등이 있어 더 '진보'되었다고 간주된다. '진보'된 사회이기 때문에 덜 진보된 사회를 '돕곤' 한다. '제1세계 대 제3세계' 같은 개념은 인간 사회에 순위를 매기고 이 순위를 합리화하는 방식의 예다. 과학과 종교가 오래전부터 이 이데올로기를 떠받치는 데 쓰였다. 예를 들면 여성이 남성보다 못한 것이 생물학적으로 당연하다는 주장을 과학이 뒷받침해주었고 종교는 그것이 '신의 뜻'이라고 확인하는 데 쓰였다.

"누군가는 위에 있어야 한다."는 등의 이데올로기는 이런 위계질서를 지지하기도 한다. 누군가가 위에 있어야 한다고 할 사람은 위에 있는 사람일지 아래에 있는 사람일지 생각해보라. 그래서 사실상 자연에 대한 생각과 문화에 대한 생각을 분리하기가 어렵기 때문에 비판적 사회정의에서는 "그 생각이 사실인가?"라는 질문 대신 "그 생각은 누구에게 도움이 되는가?"라는 질문을 던진다.

특권이 이데올로기로 합리화되면 지배집단은 자신들의 지배가 정상이고 그럴 만하다고 생각하게끔 사회화된다.

우월감의 내면화. 위의 예화에서, 눈이 셋인 사람들이 자기 신체가 당신의 것보다 더 낫고 더 매력적이고 더 정상이라고 생각하는 게 분명했다. 이 사람들과의 상호작용에서 드러났듯이 이들이 이 사회에서 '정상'으로 생각되는 모든 면을 정한다. 정상이 되는 기준에는 물리적 공간의 배열과 구성뿐 아니라 어떤 신체가 아름답고 바람직한가 등에 대한 가치도 포함된다.

지배집단 구성원(이 경우에는 비장애인으로 정의되는 사람들)이 특권이 어떻게 드러나는지를 알아채기란 매우 힘들다. 우리 환경이 모두 특권을 당연한 것으로 여기도록 구성되어 있기 때문이다. 위의 이야기에는 내면화된 우월감이 드러난 다음과 같은 사례들이 있었다.

- 장애인과 함께하는 경험은 가치가 없고 장애인의 경험에서 얻거나 배울 수 있는 것이 없다.(눈 셋인 사람들은 눈이 셋인 것이 더 낫다고 생각하고 눈이 둘인 사람을 '고쳐주고' 싶어 했다. 있는 그대로의 모습이 좋다고 말해도 그들은 자기들과 비슷해지는 게 더 낫다고 말하며 이를 당연히 여긴다.)
- 비장애인은 자기가 장애인의 경험을 이해하고, 대변하고, 장애인을 대신해 발언할 수 있다고 생각한다.(이야기 속의 연극 작가와 제작자는 눈 둘인 사람을 재현하면서 눈 셋인 사람이 눈이 둘인 '척'하기만 하면 그들의 경험을 이해하고 재현할 수 있다고 믿었다. 연극 대본은 부정적 고정관념을 강화했을 뿐인데도, 다른 눈 셋인 사람들이 주연 배우에게 상을 주어 이런 생각을 재확인했다.)

이런 식으로 지배적 위치에 있는 사람들은 스스로를 우월하게 묘사하고 우월성을 확인하고 뒷받침하는 이야기들을 하게 된다. 소수화집단의 관점에 대해서는 관심이 없고, 있더라도 지배집단의 관점에서 감동적인 이야기를 만들어낼 때에나 적당히 한계가 있는 관심만을 둔다.

작가이자 블로거 하데어 코플리-우즈는 보통 비장애인들이 들려주는 이런 편협한 '감동적인' 이야기들을 가지고 '장애 빙고'(2010)를 만들었다(표 5.2). 이 빙고 표는, 이런 이야기들을 장애인의 눈으로 보면 어떨지 지배문화에 속한 사람들이 볼 수 있도록 거울 역할을 한다.

최근의 예로, 2010년 밴쿠버 올림픽 때 이런 장애인이 등장하는 '감동적인 이야기'가 사람들 입에 오르내린 적이 있다. 모굴스키에

|표 5.2 | 장애 빙고

신체장애가 있는 우리는 아주 짜증나고 불쾌한 말을 많이 듣는다. 이럴 때 벌떡 일어나서 "빙고!"라고 외칠 수 있으면 얼마나 좋을까. 이런 말들이 워낙 방대하고 다양해서, 참고용으로 범주별로 나누어 묶었다.

흔한 짜증스러운 무시	젠체하며 낮추어 봄	충격적으로 멍청한 조언	한층 더 짜증스러운 무시	대놓고 하는 혐오
어떻게 너처럼 어린 애가 이런 문제가 있니/이동보조장치를 사용하니/진통제를 투여하다니!	어디든 걸어서 가지 않아도 되니 좋겠다!	나 아는 사람도 그 병인데! [팬파이프/페스토/아로마테라피/기치료/악마의 주술]을 써서 나았어.	왜 그러는 거야? 왜 그런 걸 차고 있어?	뚱뚱한 건 장애가 아니야!
장애가 있는 것처럼 '보이지/행동하지' 않는구나!	글쎄, 난 아프지 않아서.	운동을 열심히 하면 좋아질 거야!	네 배우자/부모/룸 친구는 성인인가 봐!	이 주차구역이 경로용이어야 하는데!
정말 그런 장애가 있는 것 맞아? 정말로 [이동보조장치/보청기/안내견]이 필요해?	[아주 천천히 말함]	자유 공간 너 참 용감하구나!	누구나 일종의 장애가 있는 셈이지!	정말 …가 있다면 …를 할 수 있을 리가 없지.
하지만 아주 '말을/걷기를/쓰기를/생각을' 잘하는데!	휠체어 타고 가다 과속 딱지 떼지 않게 조심해! 하하하.	부정적 태도를 버리고 신에게 귀의하면 나을 거야.	섹스는 어떻게 하니?	[네 병]이 있는 사람들이 짐이 되어서 세금이 올라가는 거야.
우리 개한테도 그런 조끼가 있으면 좋겠어. 그럼 어디라도 데리고 갈 수 있을 테니까!	나도 항상 그렇게 앉아 있으면 좋겠어!	그 약 먹을 필요 없어. 거대 제약회사의 속임에 넘어가는 거라고.	아 그래. 나도 [아무 상관 없는 것]이 있어서 그게 얼마나 힘든지 잘 알아!	[이동보조장치]를 이용한다는 건 병이 널 이기도록 굴복하는 거야!

• 출처: http://haddayr.livejournal.com/608357.html?thread=7199077

서 금메달을 딴 캐나다 선수 알렉산드르 빌로도가 뇌성마비가 있는 형 프레데릭에게서 많은 자극과 용기를 받았다는 이야기다. 이 이야기는 알렉산드르를 영웅으로 보이게 하고 안 그래도 올림픽 메달리스트지만 더욱 뛰어나고 특별한 존재로 비치게 한다. 또 사람들이 알렉산드르의 성공에 열광하도록 하는 역할도 한다. 알렉산드르를 성원하는 것은 형 프레데릭을 성원하는 것이기도 하며 이렇게 해서 장애인에 대한 우리의 공감을 드러내게 된다. 뇌성마비가 있는 형은 영웅적인 올림픽 메달리스트 동생 이야기를 더욱 확장하기 위해서 곁들여질 뿐이다. 이 이야기가 '감동적이다'라고 하는 것은 비장애인이 우월하다는 생각을 강화하며 동시에 한 인간으로서 프레데릭을 부인하는 일이다. 프레데릭은 알렉산드르를 위해 이야기를 풍부하게 하는 소품이 된다.

주류 문화에서 장애인에 대한 '감동적인' 이야기를 들려주는 방식이 지배집단의 우위를 떠받치고 있음을 주의 깊게 보자(예로 "제리의 아이들"이 나오는 제리 루이스의 근육위축증협회 모금을 위한 텔레톤이나 장애를 극복하기 위해 영웅적으로 분투하는 배우 크리스토퍼 리브의 이야기가 소비되는 방식).

'감동'이라는 말을 한번 생각해보자. 장애가 있는 사람 이야기가 왜 비장애인에게 감동을 줄까? 장애가 있는 사람이 (비장애인이 장애의 본질이라고 생각하는) 비극과 고통을 극복하는 것으로 비쳐질 때에만 그 이야기가 감동적이라고 한다. 장애를 극복하지 못하는 사람의 이야기를 할 때에는, 그 사람의 살고자 하는 의지와 용기에서 감동을 얻는다. 이런 이야기들은 신체의 다양성(사회적으로 '정상'이라고 구성된 것과 다른 모든 것)은 바람직하지 않다는 생각을 전달하고 강화한다. 아무도 원하지 않을 끔찍하고 비극적인 상태이고 가능하다면 어떤 희생을 치르고라도 '고쳐야' 하는 것으로 본다. 이 상태를 고칠 수 없다면 살아보아야 소용이 없다고 생각한다. 그렇다면 이 상태를 '극복'하는 유일한 방법은 '긍정적으로 바라보고' 즐겁게 여기려고 애쓰는 것뿐이다. 장애가 없어서 얼마나 '다행'인지 생각한 적이 있다면 (아니면 다른 사람에게 그렇단 말을 들은 적이 있다면) 여기에 내포된 장애에 대한 생각은 어떤 것인지 곰곰이 생각해보자.

장애의 '극복'이라는 이런 담론들은 장애의 본질 자체를 감춘다. 장애는 '치료'를 통해 떨쳐버릴 수 있는 외적인 조건이 아니다. 장애가 있는 사람들은 날마다 특권의 구조, 정상성의 정의, 비장애인의 내면화된 우월감을 헤쳐 나가야 한다. 장애인은 기본적으로 이런 항해 과정을 겪으며 자라므로 장애는 장애인의 경험과 정체성에서 (물론 유일요소는 아니지만) 중심요소다. 장애가 혁신적인 관점, 통찰, 기회를 주기 때문에 장애를 기꺼이 포용하는 장애인도 많다.

감동을 주는 이야기들이 장애인을 어떤 위치에 놓는지에 더해, 이런 이야기들을 하는 사람들에게는 어떤 효과가 있는지도 생각해보자. 우리가 특수아동들을 위해 일하는 사람들을 칭찬하곤 하듯이, 비장애인들은 감동적인 이야기를 하고 또 하면서 자기들의 선량함, 선행, 우월성을 확인한다. 안타깝지만 이런 우월감이 우리 자신과 다른 사람들에 대한 오해를 불러일으킨다.

제한적 시각 때문에 겸허함이 부족함. 지배집단은 억압을 가장 잘 이해하지 못하지만 현 상태를 유지하려고 할 가능성은 가장 큰 데다, 규칙을 정하는 위치에 있기도 하다. 그래서 규칙은 계속 지배집단에 이익이 되게 만들어진다. 게다가, 억압을 방지하려는 의도로 규칙을 제정할 때조차도, 소수화집단은 지배집단에 도전하거나 다른 관점을 제시할 수 있을 만큼 다수가 협의 테이블에 앉기가 힘들다. 자동으로 특권을 누리다 보니 생겨난 오만함 때문에 지배집단은 자기가 소수화집단의 말을 들어보았건 아니건 이들을 대변할 수 있다고 느낀다(소수화집단에 아무 관심이 없는 경우도 많지만). 심지어 지배집단 구성원이 소수화집단을 대변하는 게 더 정당하다고 느낄 수도 있다. 자기들은 '객관적'이고 '특수한 이익에 따라' 행동하지 않는다고 여기기 때문이다.

3장에서 사회화에 대해 이야기하면서 '코드 바꾸기'라는 개념이 나왔었다. 우리가 다른 사람들과 맺는 관계가 깊이 내면화되어 있어 그 사이에서 아무렇지도 않게 기어를 변속할 수 있다는 말이다. 예를 들면 상사에게 이야기할 때에는 겸허한 태도가 필요하고 친구들과 이야기할 때에는 그럴 필요가 없다는 걸 안다. 또 직장동료들에게는 이야기하지 않을 비밀을 애인에게는 밝힐 수 있다. 사회적 권력의 차원을 고려해보면, 소수화집단을 대할 때에는 내면화된 지배가 기본 모드가 된다고 할 수 있다. 소수화집단과의 관계에서 자기가 어느 위치에 있는지가 내면화되어 있어서 무의식적으로 우월한 위치에서 상호작용하게 된다. 우월하다는 생각이 태어나면서부터 심어져 강화되었으므로 그렇다는 사실을 거의 의식하지도 못한다. 게다가 다른 사람을 대할 때 차이를 두면 잘못이라고 배워왔기 때문에 스스로에게 우월감이 있다는 사실을 부인하게 된다.

그렇지만 지배집단과 소수화집단의 상호작용은 내면화된 우월감에 기반하고 있어 지배집단 구성원 사이의 상호작용과는 다름이 입증되었다(Bonilla-Silva, 2006; Myers, 2003; Picca & Feagin, 2007). 소수화집단에 대한 실제 태도와 지배집단에서 이 상호작용을 어떻게 생각하는지가 일치하지 않는다는 사실이 연구를 통해 되풀이해 확인되었다. 2장에서 이야기한 이력서 연구를 떠올려보라(Dovidio et al., 2005; Greenwald & Krieger, 2006). 인식하지도 못하고, 그런 행동을 한다는 것을 부인하더라도 실제로 효과가 나타난다. 사실상 의식하지 못하고 부인하기 때문에 지속될 가능성이 더욱 높아진다.

지배집단은 특권을 보지 못함. 위에서 이야기한 역학의 여러 부분이 지배집단이 특권을 보지 못하게 하기도 하지만, 또 학자들이 "허가받은 무지" 또는 "의도적 무지"라고 부르는 현상도 있다(Dei, Karumanchery, & Karumanchery-Luik, 2004). 지배집단 구성원들이 사회에 불평등이 존재한다는 무수한 증거들을 모를 수 있도록 해주는 역학을 가리키는 말이다. 많은 지배집단 구성원들이 자기는 그저 소수화집단을 모를 뿐이라고 순진무구함을 내세우지만, 사실 알려고 하면 얼마든지 알 수 있다. 그래서 '의도적 무지'라는 용어를 쓴다. 소수화집단은 늘 지배집단이 자기네 경험을 보고 이해하게 만들려고 하지만, 지배집단은 적극적으로 저항하며 받아들이지 않으려고 하곤 한다. 보통 아래와 같은 식으로 부인하고 저항한다.

- 불평등을 '입증'하기 위해 더 많은 자료가 필요하다고 한다. ("이 통계가 언제 발표되었나요? 지난 10년 사이에 상황이 많이 달라졌다고 생각합니다.")
- 공부도 하지 않았으면서 억압을 경험하는 사람이나 이 분야 전문가들과 논쟁할 자격이 있다고 생각한다. ("장애가 사회적으로 구성되었다는 말에 동의하지 않습니다.")
- 반례나 예외를 든다. ("하지만 루스벨트는 장애가 있는데도 대통령이 되었지 않나요!")
- 물길을 돌림. ("진정한 억압은 계급입니다. 계급 불평등을 없애면 다른 억압들은 사라질 것입니다.")
- 위협 ("협력하지 않으면 발전할 수 없습니다.")
- 방어적 태도 ("내가 장애인 차별을 한다는 말입니까? 우리 숙모도 장애인이에요!")
- 연구결과를 부인하고 개인적·일화적 예를 들어 불평등이 별것 아닌 듯 취급해버린다. ("우리 반에 휠체어 탄 아이가 있었어요. 다들 그 아이를 좋아하고 아무도 휠체어에 신경 쓰지 않았어요.")

사회의 지배 이데올로기 전체가 의도적 무지를 지원한다. 실력주의, 동등한 기회, 개인주의, 위에 설명한 인간 본성 등이 '물살'을 부인하고 사회가 공정하다고 주장하는 역할을 한다.

알기를 거부하는 방식 가운데 가장 미묘하지만 강력한 것은 무관심일 것이다. 내면화된 우월감 때문에 소수화집단이 가치 있다고 여기지 않고 따라서 무관심하게 된다. 가치가 있다고 여긴다면 찾아가 배우려고 할 것이다. 예를 들어 우리는 돈 많고 유명한 사람들을 직접 알지는 않지만 이 사람들이 중요하다고 생각하기 때문에 이 사람들의 삶에 대해 궁금해하고 일부러 시간을 들여 알려고 한다.

● 특권에 대한 지배집단의 흔한 오해

흔한 오해들을 읽어나갈 때 여러분 자신이 일원으로서 특권을 경험하는 지배집단을 떠올려보면 도움이 된다. 아래에서 이야기하는 역학을 지배집단 구성원으로서 자신의 경험에 대입해보자.

"나는 개인적으로 차별한 일이 없으니 이익을 누리지도 않는다."
지배집단에 속한 사람 가운데 소수화집단이 억압받는 사실을 인정하는 사람들도 있지만 이들도 억압에 대해서는 일부밖에 보지 못한다. 소수화집단을 높은 위치에서 바라보고 있다는 사실은 깨닫지 못하고, 스스로를 중립적이라고 여긴다. 어쩌면 이들이 아래에 있다는 걸 인식하기는 하지만 그래도 자기 자신은 높은 곳이 아니라 지상에 있을 뿐이라고 생각해서, 소수화집단을 우리가 있는 곳으로 끌어올리기만 하면 좋아질 것이라고 생각한다. 소수화집단을 억압하여 우리가 높은 위치로 올라간다는 사실을 인식하지 못하는 것이다. 소수화집단이 적게 가지기 때문에 우리는 많이 가질 수밖에 없다. 특권이라는 개념은 지배집단이 실제로는 소수화집단을 억압함으로 인해 더 높은 위치에 있게 된다는 사실을 드러내어 기준점이 중립적이라는 생각에 도전한다. 사용되는 언어를 들여다보아도 이런 현실을 알 수 있다. 소수화집단이 권리를 인정받지 못한다, 혜택을 누리지 못한다는 말은 흔히 하지만, 지배집단의 권리나 혜택이 지나치다고 말하는 경우는 없다.

"사회적·제도적 권력을 느끼지 못하는데 어째서 권력을 지녔다고 하나." 지배집단 구성원은 힘을 느끼지 못한다 하더라도 특권을 누릴 수 있다. 지배집단의 사회적·제도적 권력과 특권을 그냥 정상으로 여기게 되어서 의식조차 못하는 것이다. 그렇지만 보통 우리는 당연히 여겨지는 것은 권력이라고 하지 않고 어떤 힘이 느껴져야 권력이라고 생각한다. 예를 들어 인종 특권을 생각해보면, 어떤 백인이 살면서 어떤 곤경을 겪는다면 자기는 인종적 특권이 없다고 생각하기 쉽다. 인종 문제에 대해 이야기할 때 백인 노동자들이 자기들은 아무 사회적 권력을 누리지 못한다고 반발하는 일이 많다. 백인 노동자들은 불안정한 일자리에서 장시간 힘든 일을 하고 지치고 무기력한 상태로 집에 돌아온다. 자기에게 사회적 권력이 있다고 생각하기 힘들다. 집단의 권력을 인식하기 위해서는 정상상태가 무엇인지, 무엇이 당연히 여겨지는지를 인식해야 한다. 이 노동자들은 실제로 계급주의에 맞서 분투하고 있지만, 인종주의 때문에 분투하지는 않는다. 같은 일을 하는 유색인이라면 계급주의와 인종주의 둘 다와 싸워야 할 것이다. 사실 유색인(과 여성)은 과거에는 이런 일을 할 수도 없었다. 따라서 우리가 느끼는 권력이 다른 사람들이 느끼고 반응하는 것과 반드시 일치하지는 않고, 우리가 느끼는 사회적·제도적 구조와도 다를 수 있다.

"소수화집단에 속한 사람이 이끄는 집단에는 억압이 없다." 우리는 종종 이런 질문을 받는다. "우리 학장은 여성이니까 우리 학부에는 성차별주의가 있을 수가 없지 않나요?" 신분^{rank}과 지위^{status}는 구분해야 한다(Nieto et al., 2010). 신분은 (인종, 계급, 젠더, 성적 지향, 능력, 나이 등에 따라) 사회집단 어디에 속하느냐를 가리키는 것이라 일시적이지 않고 삶의 모든 면에 영향을 미친다. 지위는 일시적 위치나 일을 가리키고 상황과 관련이 있다(예: 세상에서 가장 부유한 여성 가운데 한 명인 오프라 윈프리가 직장에서 나오면 택시를 잡을 수가 없다는 유명한 이야기). 학장이 여성이더라도 자기 자리를 지키려면 남성의 규준과 가치를 실천해야 하고 자기 아래에 있는 남성들의 무의식적인 성차별주의를 겪어야 한다.

라티노 사장은 자기 아래 백인들보다 지위가 높아도 자기 고용인들의 (종종 무의식적인) 인종주의를 겪어야 한다. 지도자 위치에 있는 여성과 유색인은 백인보다 더 면밀한 관찰과 비판의 대상이 된다는 연구가 있다(Elsass & Graves, 1997; Williams, 1992). 특히 유색인은 능력으로 그 지위에 올랐다기보다는 특별대우를 받아서 그렇게 되었다고 간주되기 일쑤고, 편견이 있고 차별을 하고 '문제를 일으킨다'고 비칠 때가 많다(Bonilla-Silva, 2006; Calliste, 1996; Pierce, 2003). 바꾸어 말하면, '그저 한 인간'이며 시각이 중립적이고 편견이 없다고 생각된다는 점이 지배집단의 특권 가운데 하나다.

"어떤 사회집단의 일원으로서 억압을 받고 있으면 다른 사회집단의 일원으로 주어지는 특권을 누릴 수 없다." 여러 사회집단에 동시에 속하게 되는 현실을 일컫는 용어로 교차성intersectionality이라는 것이 있다. 앞에서 이야기했듯이 자기가 속한 집단 가운데 몇은 지배적이고 몇은 아닐 수 있다. 예를 들어 여성으로 억압받지만 백인이라 우월한 위치에 있는 사람이 있을 수 있다. 장애인이라 억압받지만 남성이라 우월할 수 있다. 성차별주의를 생각해보자. 모든 여성이 성차별주의를 경험하지만 다른 사회집단 정체성이 어떻게 교차하는지에 따라 서로 다르게 경험할 수 있다.

여성의 경험은 이성애자냐 레즈비언이냐에 따라 크게 다르다. 더나아가 이성애자인데 장애인이라고 해보자. 어쩌면 이슬람교도일 수도 있다. 장애인이고, 동양인이고, 이슬람교도이고, 영어가 모국어가 아닐 수 있다. 이 사람의 경험은 젠더만으로 결정되지 않고 신체 능력과 인종, 종교, 성적 정체성에도 영향을 받는다. 그러니 우리는 삶의 한 축에서 억압을 받으며 다른 축에서는 특권을 경험할 수 있다. 교차성 분석은 다양한 사회집단 정체성이 서로 어떻게 상호작용하는지를 생각하게 한다.

또 억압의 여러 형태가 서로 합쳐지며 소수화집단의 억압 경험을 복합적으로 만들 수 있다는 점도 있다. 주스 리너도의 작업(2004, 2009)에서 빌려온 아래 예에서 인종주의가 건강인중심주의와 교차하여 이런 형태의 억압을 생성할 수 있음을 살펴보자.

• 유색인 여성, 토착민 여성, 장애 여성은 스스로의 신체에 대한

주체적 권리를 부인당하고 강제 불임시술을 받았다.

- 지능 검사와 우생학(인종 개량주의)이 흑인, 라티노, 토착민이 유전적으로 열등하다는 생각을 구성한다.
- 동양계가 다른 유색인보다 영리하다는 생각이 경쟁적 위계질서를 형성하고 지능이 유전적이라는 인종주의적 관념을 강화한다.

아래 르로이 무어 주니어의 삶도 억압의 교차를 보여준다.

✲ 르로이 무어 주니어(1967년생)

 작가이자 활동가 르로이 무어는 미국과 캐나다를 비롯한 세계 여러 곳에서 장애, 인종, 섹슈얼리티의 교차, 장애인에 대한 경찰의 폭력 등을 주제로 강연을 한다. 무어는 대중문화 속의 흑인 장애인 화가와 음악가에 대한 글을 많이 썼다. 장애인 소수자 권익옹호협회 설립자이자 미국 장애소수자연합 회원이다. 공동체 운동 웹진인 〈푸어 매거진〉에 정기적으로 기고한다. 또 샌프란시스코의 아트 퍼포먼스 〈유효하지 않은 죄: 비가시성 앞에서 부끄러움 없이 아름다움을 주장하다〉에도 참여했다. 이 프로젝트는 장애 예술가들이 아름다움과 섹슈얼리티의 규준에 도전하는 대화 공간이 되었다. 무어는 또 캘리포니아 버클리 KPFA 라디오 FM 94.1의 장애 라디오 집단 푸싱 리미츠의 초기 멤버이며 세계 힙합 음악가들의 작품을 모으고 확산하는 국제적 프로젝트 크립합 네이션의 설립자이기도 하다. 지금은 크립합 네이션에 관한 책을 쓰고 있으며, 에밋 스로어와 함께 장애인에 대한 경찰 폭력을 다룬 다큐멘터리 영화를 제작해 크립합 믹스테이프 CD에 부록으로 실으려 작업 중이다.

- 사진 출처: http://www.future-link.com/407LEROYFMOOREJR.HTML

특권의 역학은 사회화 과정과 우리 머릿속에 깊이 뿌리박고 있다. 특권 시스템의 겉으로 드러난 부분을 확인하고 그것을 멈추거나 폐지한다고 해서 이 체계를 끝낼 수는 없다. 물론 몇몇 형태의 특권은 그렇게 할 수 있을 것이다. 건물 설계 방식을 바꾸어 접근을 쉽게 하거나, 누가 범죄에 연루되었을 가능성이 높으냐에 관한 가정을 의문시할 수 있다(인종 프로파일링*을 줄여나간다). 그렇지만 특권의 많은 부분은 주위 사람들과의 관계에서 나 자신을 어떻게 보느냐, 이들과 어떻게 상호작용하느냐 하는 정체성과 성품 자체와 밀접하게 연결되어 있다.

총리와 내각이 등장하는 첫머리의 예화로 돌아가 보면 여기에서도 깊이 내면화된 생각이 드러나는 것을 볼 수 있다. 남자들은 여자들의 행동을 제한해야 한다고 생각한다. 언제 어디든 마음껏 돌아다니는 것을 남자의 권리로 본다. 문제를 일으키는 것이 자기들이 속한 남성 집단인데도 자신의 권리를 제한하려 하면 모욕감을 느낀다. 여자들은 일상적으로 자기 행동을 신경 쓰고 제한해야 한다는 사실을 인식하지 못한다. 얄궂은 것은 여성 집단이 그런 제약을 받는 까닭이 남성 집단의 행동 패턴 때문이라는 점이다. 이 상황에서는 여자가 자유롭게 다닐 수 있도록 남자가 여자에게 특권을 '넘겨줘야 한다'고 하는 식으로 간단하게 문제가 해결될 수 없다. 매우 복잡한 역학이 엮여 있기 때문에 그러기가 힘들고 실현가능성이 거의 없다. 이

---

* 흑인을 일단 범죄자로 간주하고 불심검문하거나 9.11 테러 이후 중동인에 대한 보안검색을 강화하는 등 인종을 기반으로 용의자를 단속하는 수사기법이다.(옮긴이)

런 상황에서 여자가 아니라 남자의 행동을 제한하는 것이 이치에 닿고 합리적이라고 할지라도, 남자가 특권을 포기한다는 생각은 도무지 가당치 않게 들린다. 지배가 내면화되어 있으니 당연히 총리의 제안에 적극적으로 저항할 것이다. 이제 총리는 여성의 '특별한 권리'를 추구하고 편견을 가진 사람으로 비추어진다. 다시 말해 이제 총리는 '여성' 총리가 되었고 만인을 대표하거나 규칙을 준수하는 사람으로 여겨지지 않는다. 깊은 차원에서 이데올로기, 제도, 행동이 변해야 남성 내각의 특권에 도전할 수 있다.

🗣 토론해볼 문제

1. 이 책에서는 특권이 운, 우연, 자연스런 산물이 아니라고 주장한다. 그렇다면 무엇이라고 할 수 있나?
2. 건강인중심주의의 '외적 구조적' 차원이란 무엇인가? 책에서 예로 든 것 말고 다른 구체적 예를 찾아보자. '내적인 태도'의 차원은 어떤 것인가? 구체적 예를 찾아보자.
3. 다른 억압(예를 들면 성차별주의, 이성애주의, 계급차별, 인종주의 등)의 외적 구조적 차원과 내적 태도 차원을 알아보자.

🗣 확장 활동

1. 생각하면 불편해지는 특권이 있는지 생각해보자. 이 특권을 생각하면 왜 불편한지 스스로에게 설명하는 편지를 써보자.
2. 1) '장애 빙고'를 보자. 나와 같은 소수화집단 일원과 함께, 지

배집단이 가정하는 것들에 대한 빙고 표를 만들어보자(소수화집단에 속해 있지 않다면 장애가 있는 사람들에 대해 지금까지 듣고 배워온 태도와 가정을 검토해서 적어보자).

2) 집에서 숙제로 영화, 텔레비전 프로그램, 텔레비전 광고 등을 어떤 집단이 어떻게 재현되는지에 집중하며 보자. 빙고 표에서 몇 개나 체크할 수 있는지 본다.

3) 다시 교실에서 숙제를 하며 알게 된 것을 이야기한다. 어떤 패턴이 드러나나? 거의 (또는 전혀) 나타나지 않는 집단이 있나? 만약 있다면 여기에 어떤 의미가 있을까?

3. 르로이 무어 주니어(147쪽)의 글, 시, 퍼포먼스에 대해 알아보자. 르로이 무어의 작업이 교차성 개념을 어떻게 보여주는지 글로 써보자.

6

보이지 않는 억압

"나는 너의 노예"

●● 　　이 장에서는 성차별주의라는 특정 억압을 추적하여 우리 생각, 시각, 견해가 대중문화 안에서 지속적으로 전달되는, 서로 맞물린 사회적 메시지의 산물임을 살펴보려 한다. 이렇게 서로 엮인 메시지가 억압을 보지 못하게 하는 장막이 되고 억압을 정상화하는 핵심 역할을 함을 설명한다.

2004년, 세계에서 돈을 가장 잘 버는 연예인으로 손꼽히는 브리트니 스피어스는 케빈 페더라인이라는 무명 댄서와 결혼했다. 브리트니의 결혼이 충격을 준 까닭이 몇 가지 있었다. 브리트니가 나이가 꽤 어렸고(결혼 당시 스물둘이었다), 아홉 달 전에 다른 사람과 결혼했었고(이 결혼은 예식 55시간 뒤에 취소되었다), 케빈을 안 지 몇 달 되지도 않았다. 케빈과 브리트니가 만나 약혼했을 때 케빈의 여자친구 셰어 잭슨은 케빈과 사이에서 두 번째 아이를 임신 중이었다. 케빈과 브리트니의 결혼식은 "품격이 없다 unclassy"고 언론에서 조롱을 당했다. 신부 들러리들은 등 뒤에 '아가씨들'이라고 적힌 분홍 트레이닝

복을 입었고 신랑 들러리들은 등에 '포주들'이라 적힌 흰 트레이닝복을 입었으며 음식으로 치킨 윙과 립이 나왔고 음료는 돈을 내고 먹어야 했다. 아니 팝스타의 사생활을 낱낱이 파헤치는 이런 저급 타블로이드 기사와 비판적 사회정의가 무슨 관련이 있다는 걸까, 하는 궁금증이 들 것이다.

사회화는 우리의 수면 아래 생각을 형성한다. 이런 생각들은 무수히 많은 제도가 지닌 힘의 결과물이고, 미디어와 대중문화는 가장 강력한 힘 가운데 하나다. 이 장에서는 미디어와 대중문화에서 성차별주의라는 특정 억압을 추적해서 객관적으로 보이는 생각, 관점, 견해가 서로 맞물리며 이어지는 사회적 메시지의 산물임을 살피려고 한다. 이런 메시지들은 억압이 눈에 보이지 않게 하고 억압을 정상으로 만드는 역할도 한다.

오늘날 여성은 투표권이 있고 그밖에 법이 보장하는 무수한 권리를 누리므로, 여성의 억압은 과거의 일이라고 말할 사람도 많다. 그렇지만 성차별주의는 억압이 시간에 따라 어떻게 적응하였는지, 문화의 '물' 안에서 헤엄칠 때에는 왜 보기 힘든지에 대한 적절한 예가 될 수 있다.

제도란 무엇인가

제도라는 말은 사람들의 정치적·사회적 삶을 지배하는 법률, 관습, 실천, 조직 등 확립된 큰 규모의 체제를 일컫는다. 제도는 사회의 규범과 기준을 만들고 강화한다. 예를 들면 결혼과 가족, 종교, 교육, 군대, 감옥, 정부, 법, 대중매체, 기업 같은 것이 있다.

비판적 이론의 관점에서, 제도는 사회에서 1차적 사회화의 힘으로 작용한다. 우리가 일상생활 속에서 어떻게 행동하는지는 제도가 정한다. 예를 들어서 학교가 학생들을 통제하는 방식을 생각해보자. 학교는 출석 일수를 정하고, 무엇을 어떻게 공부할지를 정하고, 좋거나 나쁜 행동을 정의하고 그에 따라 학생들에게 상을 주거나 벌을 주고, 어떤 기념일을 어떻게 축하할지 정하고, 복장, 놀이, 윗사람을 대하는 방식과 언어 등을 규정한다. 그러니까 학교 안에서 교과목만 가르치는 것은 아니다.

제도는 지배문화의 기준, 가치, 정의, 언어, 정책, 이데올로기를 생산·유통·유지한다. 이런 일은 문화의 '물' 아래에서뿐 아니라 위에서도 이루어진다. 제도는 주어진 사회의 더 큰 역학(이익, 권력관계, 두려움)과 직접 연결되어 있고 이를 반영한다.

제도에 대해 비판적으로 생각하려면 개인의 경험을 넘어 큰 그림을 그려야 한다. 제도들이 집합적으로 만들어내는 서로 얽힌 결과물과 사회에 미치는 영향을 생각해보아야 한다.

● 오늘날 성차별주의의 예

오늘날의 억압을 이해하기 힘든 까닭 가운데 하나는 대개 현재보다는 과거에 억압이 훨씬 두드러졌기 때문이다. 예를 들어 여성에게 투표권을 주지 않고, 흑인을 노예로 삼거나 원주민들이 기숙학교에 다니도록 강제하는 것 등은 누구나 쉽게 받아들일 수 있는 억압의 사례다. 우리는 보통 전체 그림이 아니라 분리된 어떤 사건이나 과거로부터의 변화에 주목하기 때문에 억압을 보기가 점점 어려워진다. 여성에게 투표권이 생기면(또는 노예 해방이 이루어지거나 기숙학교가 사라지면) 억압이 종식되었다고 생각하게 된다. 억압은 시간에 따라 적응하고 변하면서도 전체적으로 불평등한 결과를 유지할 수 있음을 알아야 한다.

성차별주의의 구체적 사례를 찾아보자. 아래 통계는 현재 나타나는 성차별주의를 이해하려면 전체 결과를 살펴보는 게 중요하다는 점을 보여준다.

세계를 통틀어서,

- 전 세계에 강제노동, 노예노동, 강제매춘에 시달리는 성인과 아동이 1천2백3십만 명 정도로 추정된다. 인신매매 희생자 가운데 80퍼센트는 여성이다(U.S. Department of State, 2007).
- 여성은 성노동자로 일하고, 노동 착취 공장에서 봉제 등의 일, 새우껍질 까기, 양탄자 짜기, 면화 따기, 광물 캐기, 쌀 수확 등에 종사하고 집에서 가사노동을 한다. 도저히 갚을 수 없는 빚에 매여 있어 어떤 권리도 없고 보호도 받지 못한 채로 천하고 단순하고 힘든 노동에 장시간 시달린다(U.S. Department of State, 2010).
- 여성에 대한 폭력은 세계에서 가장 흔하면서도 가장 인식이 덜

되어 있는 인권 침해다. 여성 셋 가운데 한 명이 폭력을 겪는다 (United Nations Population Fund, n.d.; Watts & Zimmerman, 2002). 세계 인구를 최소로 잡으면 3십억 정도가 여성인데(Nation Master, 2005), 그렇다면 약 10억 명의 여성이 폭력을 겪는다는 말이 된다.

- 여성 인신매매(인간을 불법적으로 거래하여 현대적 형태의 노예제를 유지하는 범죄)에 의한 강제노동과 강제매춘 등의 폭력이 만연하다(Watts & Zimmerman, 2002; World Health Organization, 2009).
- 여성에 대한 폭력 가운데 가장 흔한 것은 성폭력이다. 전쟁 중에는 강간이 흔하다. '전쟁 강간'이라 불리는(MacKinnon, 1994) 비인간적인 범죄다(Copelon, 2000).
- 1994년 르완다 인종학살에서 100일 동안 최대 5십만 명의 여성이 강간을 당했다고 추정된다(Surf Survivors Fund, n.d.).
- 1992년 크로아티아와 보스니아 여성들이 강간/살인 캠프에서 강간, 윤간을 당했다(Allen, 1996).

전쟁 강간은 비인간적인 범죄로 생각되고 여성 인신매매는 북미보다 개발도상국에서 흔한 일이지만 여성에 대한 폭력 범죄나 다른 형태의 착취는 개발도상국에서만 일어나는 것은 아니다. 북미 여성들의 삶에서도 여러 형태로 성차별이 일어난다.

- 미국 여성 네 명 가운데 한 명이 살면서 가정폭력을 경험하고, 여섯 명 가운데 한 명은 강간을 당한다. 1년으로 따지면 약 3십

만 명이다(Tjaden & Thoennes, 2006).

- 캐나다의 성폭력 가운데 경찰에 신고가 접수되는 것은 10퍼센트 미만이다(Statistics Canada, 2006b).

- 캐나다 여성 가운데 51퍼센트가 신체적·성적 폭력을 경험한 적이 최소 한 번 이상 있다. 캐나다 여자 대학생 다섯 명 중 네 명은 데이트 폭력을 경험한 적이 있다. 장애가 있는 여성의 83퍼센트는 살면서 성폭력을 겪는다(SACHA, n.d.).

- 미국에서 해마다 약 1백3십만 명의 여성이 파트너에게 폭력을 당한다(NCADV, 2007).

- 여성은 능력 이하의 일을 할 때가 많고 엄청나게 많은 수가 가정에서 무보수로 일하는 노동력이다. 집 밖에서 일을 할 때에도 최저임금 노동직에 종사하는 경우가 상대적으로 많다(Sussman & Tabi, 2004).

- 북미 여성은 같은 일을 하는 남성 임금의 평균 65~80%를 받는다(Statistics Canada, 2010; U.S. Bureau of Labor Statistics, 2010).

- 여성의 기대수명이 남성보다 길기 때문에 노인 인구 가운데에도 여성이 훨씬 많고 따라서 노인 학대의 희생자가 될 가능성도 높다(Hightower, 2002; Straka & Montminy, 2006).

이 통계를 통해 북미에서도 강간, 성폭력, 여성에 대한 폭력이 매우 빈번할 뿐 아니라 많은 사람들이 폭력이 얼마나 심각하고 만연한지 인식하지 못하고 있음을 알 수 있다. 성폭력의 직접 경험에 더해, 우리가 여성에 대한 폭력을 간접적으로 지원하고 있을 수도 있다. 예를 들어 여성 노동 착취를 통해 생산된 옷, 장신구, 생활용품들을 소비한다든가 하는 식으로 말이다.

성차별을 보기 힘든 까닭은 무엇인가

세계적, 지역적 차원에서 여성에 대한 폭력이 이 정도인데 어떻게 많은 사람들이 그게 존재하지 않는다고 쉽게 부인하게 되는 걸까? 주류 문화에서 여성의 억압이 전 세계 모든 여성들에게 영향을 미치는 보편적 체제가 아니라 개발도상국이나 가난한 국가의 문제로 여겨지게 만드는 까닭은 뭘까? 여성에 대한 폭력, 특히 유색인 여성·가난한 여성·장애 여성에 대한 폭력은 어디에나 있기 때문에, 당연히 여겨지고 실질적으로 눈에 보이지 않음을 이해하려면 사회화 제도, 문화의 상호연결을 파악하는 연습이 필요하다.

성차별을 보기 어려운 까닭에는 여러 가지가 있다. 첫째, 지배문화가 개인에게 초점을 맞추기 때문에 집단 차원의 패턴이 가려진다. 억압을 (참정권이나 재생산에 대한 권리 등) 독립된 사건으로 보거나 한 여성에 대한 극단적인 폭력 사례로 보면 큰 패턴을 볼 수 없게 된다. 극단적인 사례(예: '명예를 회복하기 위해' 코가 잘린 여성, 지하실에 수년 동안 감금당하고 아버지/학대자의 아이를 낳아야 했던 여성)와 나란히 놓으면 일상적이고 지속적인 성차별은 눈에 보이지 않게 된다. 억압을 나쁜 사람 몇몇이 행하는 개별적 행동으로 정의하면 사회제도가 성차별을 조직하고 유지하는 일상적 방법이 은폐된다. 이에 더해 개별

사건을 감싸는 침묵도 있기 때문에 성폭력은 더욱 잘 드러나지 않게
된다.

둘째로, 기업이 생산하는 대중문화가 광고, 학교 커리큘럼 지원,
대중매체(예: 인터넷) 등의 여러 진입경로를 통해 우리 삶 전체를 지
배하는 제도가 되었다. 예를 들면 기업이 생산하는 장난감은 고정된
젠더 역학을 강화하여 여자아이들은 여성성(양육, 돌봄, 아름다움과 관
련된 놀이 등)을, 남자아이들은 남성성(공격성, 폭력성, 신체활동과 관련
된 놀이)을 기르게 사회화된다. 장난감 가게 진열대 사이를 돌아다녀
보면 여성성과 남성성의 정의가 넓어지기는커녕 오히려 좁아졌음을
느낄 것이다. 장난감이나 대중매체에서 재현되는 남자의 근육은 더
욱 과장되고, 감정의 범위는 더 좁아지고(분노라는 감정만 약간 다양화
되는 정도), 비디오게임 등 남자아이들의 폭력적 게임이 점점 사실주
의적으로 발전한다(Morrison & Halton, 2009; Pope, Olivardia, Gruber,
& Borowiecki, 1999). 반면 여자아이들 장난감이나 이미지는 더욱 수
동적이 되어, 여자아이들은 주로 외모 가꾸기나 집안일 등을 주제로
놀게 된다.

기업 문화는 남성성을 지배, 감정 절제, 강인함, 정서적 애착을 갖
지 않음 등으로 재현하면서, 여성성은 수동성, 다정함 등 남자들에게
매력적인 것들로 제시한다. 이렇게 하여 성차별이 아주 어릴 때부터
아이들의 대중문화에 자연스럽게 자리한다.

이와 동시에 기업의 광고가 개인주의와 자유로운 선택이라는 생
각을 확산한다. 기업 문화에 따르면 우리는 기업의 제품(그리고 광고
에서 제품과 연관시키는 라이프스타일)을 통해 우리의 개성과 선택의 자

유를 드러낼 수 있다고 한다. 따라서 기업 문화는 성차별주의를 우리에게 팔고 계속 강화하면서, 한편으로 그것의 존재를 부인한다.

셋째로, '서양'은 문명화된 자유로운 곳이라, 문명화되지 않고 후진적인 '동양' 등과 대조적이라는 이데올로기가 일상의 성차별을 은폐한다. 예를 들어 '이슬람교도 여성'은 억압받는 여성의 원형이 되어 북미(이슬람교도 여성이 존재하지 않는다고 가정되는 곳)의 자유로워 보이는 여성과 매우 대조적인 위치를 차지한다. 실제로 많은 여학생들이 자신의 사회화 과정에 성차별이 영향을 미치지 않는다고 주장하며 근거로 이슬람교도 여성처럼 진정 억압받는 여성이 있다는 예를 들곤 한다(Sensoy & DiAngelo, 2006). 무슬림 여성을 이런 식으로 보면서 자신과 반대되는 상으로 생각하는 것이다. 아래 목록에서 어느 쪽이 '서양' 여성과 연관되고 어느 쪽이 무슬림 여성에 대한 고정관념과 연관되는지 생각해보자.

현대적/원시적
적극적/수동적
개인/집단
근면/나태
예쁨/추함
개방/은폐
자유/제약

이슬람교도이면서 동시에 서양인인 여성도 있을 수 있다. 하지만 이런 이분법적 사고는 두 정체성을 대립항으로 만들어 정체성이 복잡하게 교차한다는 사실을 보지 못하게 한다. 사회적 정체성의 복잡성을 볼 수 있는 교육을 받지 않았기 때문에 더 깊이 공부하지 않고는 성차별주의 같은 사회적 억압을 아주 단순한 차원 이상으로 이해할 수가 없다. 단순화된 설명으로는 인종이나 계급 등 다른 사회적 위치가 성차별주의와 더불어 여성의 경험을 결정하는 지점을 설명할 수가 없다. 그렇기 때문에 이런 이분법은 인종주의, 계급주의 등 다른 형태의 억압도 강화하는 역할을 한다.

기업이 이윤을 위해 고정된 성역할을 축소하기보다 강화하는 한편, 또 우리는 자유로운 나라에 살고 있다고 믿게끔 사회화된다. 우리나라가 다른 나라보다 정상이고 건강하고 더 낫게 비춰진다(예를 들어 우리는 쇼핑몰에 있는 체인점에서 노출이 심한 옷이건 아니건 마음껏 골라 입을 수 있고 브랜드를 선택함으로써 개성을 표출할 수 있다고 생각하는 반면, '그들'은 온몸을 가리는 똑같이 생긴 옷을 입어야만 한다는 식으로). 서양이 아닌 '다른 곳'에서 백인이 아닌 사람들에게 일어나는 성차별의 사례에 관심이 돌려지는 한편, '이곳'의 성차별 사례는 대체로 과거의 일로만 여겨진다. 이렇게 하여 우리 주위에 있는 성차별주의의 패턴과 결과는 감추어진다. 그렇다면 현재의 성차별 패턴이 정상인 양 만들어지는 곳이 어디인지 살펴보자.

● 광고에서의 성차별 담론

많은 사람들이 이제 여성들도 스포츠를 즐길 수 있다고 하고 학교에서도 체육 활동이 중요시된다. 그렇지만 무엇이 강조되는지는 남학생과 여학생 사이에 차이가 있다. 학교에서 여학생 운동부에 대한 지원은 많지 않고, 있다고 하더라도 여성의 운동은 대체로 그다지 중요하지 않게 여겨진다. 여학생들은 열심히 운동을 해도 프로리그 등으로 진출할 수가 없기 때문이다. 텔레비전 뉴스를 보아도 남자팀 경기 결과는 날마다 보도하지만 여자팀 경기 결과는 그러지 않는다(물론 남자팀에는 '남자'라는 말을 붙이지 않고 그냥 '팀'이라고 한다.)

여자 스포츠는 주류 문화에서 중요하게 다루어지지 않는다. 다이어트나 피트니스 산업 혹은 남성향 '오락'인 란제리 풋볼 리그(LFL)(매력적인 외모의 여성 운동선수들이 속옷 차림으로 '진짜' 풋볼 경기를 하는 리그다) 같은 것에서만 중요하게 여겨진다. 올림픽 대회 동안에는 잠깐 여성 운동선수에 대한 관심이 높아지지만, 그래도 올림픽 마지막 경기는(US 오픈이나 윔블던 같은 대회도 마찬가지다) 언제나 남자 경기다.

스포츠에 관심이 높은 여자아이들이 사춘기를 맞으면, 이성애 성향을 확고히 하라는(남자에게 관심을 표하고 '여성적'인 면을 개발하라는 등) 압박을 새로이 받는다. 광고에서 여자 운동선수의 이성애 성향과 젠더 정상성을 확립한 사례로, 캐나다 아이스하키 선수 헤일리 위켄하이저를 들 수 있다. 헤일리 위켄하이저는 올림픽 메달 네 차례, 세계 선수권 대회 메달을 일곱 차례 가져가는 대단한 성취를 이룬 선수다. 그렇지만 여자 하키 선수는 여성적이지 않다는 고정관념이, 모든 여자 운동선수들한테 그렇듯 위켄하이저에게도 덧씌워 있었다. 아무리 뛰어난 신체 능력과 기술을 가졌더라도 전통적 여성성이 부족한 점은 문제시된다.

2010년 올림픽 대회 이후에 위켄하이저는 베티크로커* 광고에 등장했다. 이 광고에서는 위켄하이저가 가정적인 배경 안에 있다. 부엌에서 남편과 아이와 함께 앉아 '햄버거 헬퍼'를 먹는다. 위켄하이저는 자기도 바쁜 엄마라 부엌에서 저녁식사를 준비하는 데 많은 시간을 들이고 싶지는 않다고 말한다.

이 광고가 결혼과 가족이라는 제도와 관련해 사회적으로 구성된 성역할을 얼마나 손쉽게 강화하는지 보라. 광고를 보는 사람에게 위켄하이저를 전형적 핵가족 안의 '나와 다를 바 없는 엄마'로서 자신과 동일시하라고 요구하면서, 위켄하이저와 운동 능력을 분리한다. 위켄하이저의 이성애 성향과 가족이 요구하는 전통적 책임을 받아들인다는 사실이 확인된다(남편과 아들을 위해 요리를 한다는 게 당연시된다). 운동경기에서 최고의 성취를 이룬 운동선수이거나 말거나, 여자로서 집에 와서 식구들을 위해 저녁 밥상을 차려야 한다는 말이다.

건강에 신경을 쓰는 운동선수가 자기가 섭취할 가능성이 낮은 인스턴트식품 광고에 출현하는 까닭은 여자 하키에 대한 지원과도 연관이 있을 것이다. 프로 남자 하키 선수 가운데 가장 돈을 많이 버는 선수 10위까지가 시즌당 8백만~1천만 미국 달러를 받는다(플레

* 베이킹 믹스나 즉석식품 등을 판매하는 미국 제너럴밀스사의 브랜드(옮긴이)

이오프에 진출했을 때 받는 보너스는 별도다). 캐나다에서 새로 만들어진 (2010년에 처음 선수 선발을 했다) 프로 여자 하키 리그에는 미국과 캐나다의 올림픽 대표급 선수들이 들어갔다. 그렇지만 헤일리 위켄하이저의 말에 따르면, 이들 여자 하키 리그 선수들은 세계 정상급인데도 아무 보수도 받지 못하고, 여행비나 빙상 이용료 등만 지원을 받을 뿐 장비도 제 돈으로 사야 한다고 한다(Canadian Press, 2010). 위켄하이저가 남자였다면 가장 뛰어난 선수로서 최고 금액으로 계약할 수 있었을 것이다. 그러니 여자 선수들은 운동을 계속하려면 광고 출연이나 유럽 리그 진출 등에 기댈 수밖에 없는 실정이다.

아이들은 학교에서 한 해에 180일 동안 6시간씩을 보내지만, 미디어는 날마다 접한다. 2010년 카이저 가족 연구소 보고에 따르면 8~18세 사이의 아이들이 하루에 약 7.5시간, 일주일에 7일을 비디오게임, 텔레비전, 음악, 책 등 매체에 소비한다(Rideout, Foehr, & Roberts, 2010). '광고 없는 아동기 캠페인'에서는 이렇게 이야기한다. "2~11세 사이의 아이들이 1년에 텔레비전에서만 최소 2만5천 건의 광고를 본다. 프로그램 안의 제품 간접 광고(PPL)는 제외한 수치다. 또 인터넷, 휴대전화, mp3 플레이어, 비디오게임, 스쿨버스를 통해, 심지어 학교 안에서도 광고에 노출된다."(n.d., p. 2; Federal Trade Commission, 2007도 참조) 그렇지만 학생들과 광고의 힘에 대해 토론을 해보면 이렇게 말하는 아이들이 많다. "광고에는 관심 없어요. 저한테는 아무 영향도 안 미쳐요."

광고는 수십억 달러 규모의 거대 산업이고 치밀한 연구를 바탕으로 한다. 광고에는 우연한 요소란 없다. 단 한순간만 쳐다보더라도 영향을 미치도록 철저하게 설계된 것이다. 이는 미디어와 대중문화가 특정 종류의 사람과 관계를 정상인 듯 그려 성차별주의와 남성중심주의를 공고하게 하는 역할을 하기 때문에 매우 중요한 사실이다. 이런 (특정) 여자들이 정해진 (특정) 행동을 하는 것을 되풀이해서 보다 보면, 이런 여자와 관계가 정상으로 (이상적으로) 여겨지게 된다.

광고에서는 실제로 모든 것이 젠더화되어 남성과 여성을 엄격히 분리하고, 사회에서의 역할을 확고히 하고, 중립적이고 개인적으로 보이는 소비자의 '선택'을 좌우한다. 음식 광고를 통해서도 여성과 남성의 분리가 강화된다. 광고에서 여자들은 아이스티를 마시고 요거트, 샐러드, 초콜릿, 케이크를 먹고, 남자들은 맥주를 마시고 피자, 햄버거, 베이컨 등 붉은 고기를 먹는다. 냄새도 마찬가지다. 여자와 남자의 머리카락은 생물학적으로 차이가 없지만 남자와 여자가 같은 샴푸를 쓰는 법은 없다. 샴푸를 남성용 또는 여성용으로 만드는 기준은 무엇인가? 냄새다. 과일과 꽃 냄새는 여성용, 소나무향과 머스크 등 '거친 야생'과 관련이 있는 냄새는 남성용이다.

알코올과 담배 광고에도 젠더의 구분이 강하게 나타난다. 말보로, 윈스턴, 카멜 등은 가장 많이 팔리는 브랜드인데, 이들 담배 광고는 전통적으로 강하게 남성 지향적이다. 힘이 세고 남성성이 넘치는 남자가 말을 타거나 픽업트럭을 운전하는 이미지를 묘사한다. 그렇지만 남자뿐 아니라 여자도 이들 브랜드의 담배를 피운다. 반면 버지니아 슬림은 여성을 대상으로 집중적으로 광고하는데, 그래서 남자들은 대체로 버지니아 슬림은 피우지 않는다. 담배는 담배일 뿐이지만, 이 제품이 여성과 연관이 되어 있기 때문에 남자는 소비하지 않게 된다.

무엇이 무엇과 연관되고 우리 행동에 어떤 영향을 미치는가를 보면 힘의 방향을 짐작할 수 있다. 소수화집단은 지배집단을 모방할 수 있다. 더 높은 지위의 집단을 모방하면 높은 지위를 획득할 수 있기 때문이다. 그렇지만 지배집단은 소수화집단을 모방하지 않는다. 낮은 지위를 모방하면 지위가 낮아지기 때문이다. 여자는 치마와 바지 둘 다를 입지만 남자는 치마를 입지 않는 것도 마찬가지다(하위문화 가운데 남자가 킬트를 입는 사례가 있기는 하지만, 킬트를 입을 수 있는 까닭은 전통과 전투 등과의 연관을 통해 남성화되어 있기 때문이다). 남자가 '코스모폴리탄' 같은 '과일맛' 칵테일을 주문하려면 비웃음을 살 각오를 해야 한다(과일은 여성을 상징하는 것으로 젠더화되어 있다). 성역할, 불균등한 권력, 마케팅 등이 얼마나 강력하게 우리의 일상적인 '선택'을 좌우하는지를 보여주는 사례다.

● 영화에서의 성차별 담론

사람들은 넓은 문화권 안에서 같은 사회화 과정을 거치기 때문에 익숙한 캐릭터의 원형이나 플롯 등이 어떤 감정, 이야기의 요소, 플롯의 긴장감 등을 쉽게 전달하는 효과적 방법으로 쓰일 수 있다. 예를 들어 연출가가 '공부를 열심히 하는 여자'라는 생각을 전달하고 싶다면, 이 인물을 안경을 쓰고 갈색 머리에 보수적인 옷을 입은 사람으로 시각적으로 설정하여 쉽게 표현할 수 있다.

또 슬래셔 영화를 볼 때에는, 어떤 여자들이 살해당할지, 누가 죽지 않을지(딱 한 명만 살아남는다) 초반부터 알 수 있다. 죽는 여자들은 성적으로 분방하고 머리가 좋지 않고 따라서 '죽어도 싼' 인물들이다. 이런 차이가 옷차림, 행동, 음악 등의 기호를 통해 단숨에 전달된다. 관객은 이런 기표들을 반복해서 보았기 때문에 캐릭터 유형을 바로 파악한다. 이런 과정이 여자들의 말로와 응분의 결과를 정상으로 만든다. 여자가 '무얼 받을 자격이 있느냐'는 늘 남자와의 관계에 달려 있다. 나쁜 여자는 남자에게 죽임을 당하고, 좋은 여자는 '남자를 얻는다.' 게다가 슬래셔 영화에서 죽는 여자들은 성적인 면이 매우 강조되어 있기 때문에 이들에 대한 폭력도 성적이다. 이런 줄거리가 반복되면서 이런 역할이나 여자들이 맞는 결과가 정상이고 당연한 것이 되고, 우리 의식의 '표면 아래에서' 이런 생각들이 강화된다.

> ✏️ **기표**
>
> 구체적이고 문화적인 의미를 전달하는 기호나 상징. 기표는 그 의미를 구성하는 더 큰 담론들과 연결되어 있다.

　　로맨스 영화('칙 플릭chick flick'이라고 불리기도 한다)의 하위 장르에 많이 나오는 또 다른 전형적인 캐릭터와 플롯이 있다. 보통 전래동화의 이야기 전개를 따라간다. 주인공은 자기 삶의 어떤 상황 때문에 일종의 은유적 '코마' 상태에 있는 젊은 여성이다. 그 상황이란 병자를 돌봐야 한다거나(〈잉글리시 페이션트The English Patient〉〈웨딩플래너The Wedding Planner〉〈다잉 영Dying Young〉), 일을 무엇보다도 우선시하거나(〈27번의 결혼 리허설27 Dresses〉〈프로포즈The Proposal〉〈10일 안에 남자 친구에게 차이는 법How to Lose a Guy in 10 Days〉), 자기 일이나 학업에 너무 몰두해 있어 자기가 얼마나 '겉과 안 모두' 멋진 사람인지 모르고 자기를 '꾸미거나' '자기 자신을 있는 그대로 받아들이지' 못하는 경우(〈미스

에이전트Miss Congeniality〉〈나의 그리스식 웨딩My Big Fat Greek Wedding〉〈로맨틱
홀리데이The Holiday〉〈브리짓 존스의 일기Bridget Jones's Diary〉) 등이다.

이런 코마 상태에 있는 여주인공에게 친구들(또는 언니나 게이 남자
친구 등)이 사람도 많이 만나고, 새로운 시도를 하고, 기회를 놓치지
말고, 헤어스타일이나 화장을 바꾸라고 조언하곤 한다. 여주인공은
직장에서 잘나가고 가족들과도 잘 지내고 친한 친구들이 있어도 완
벽한 왕자님이 없는 상태가 문제라고 여겨진다. 완벽한 남자를 만나
기 전에는 여주인공이 그다지 아름답고 매력적
이지 않고 충만한 삶을 누리지 않는 것으로 그
려진다. 우연히 이상적인 왕자를 만나도 그 사
람이 바로 '그 사람'이라는 걸 깨닫지 못할 때
가 많다. 왕자가 여주인공을 코마 상태에서 깨
어나게 해야 삶이 완성된다. 코마 상태에서 깨
어난 여주인공은 더 아름다워지는데, 헤어스타
일과 화장 등을 '개선'하고 부드러운 조명을 비
추어 그 사실을 관객에게 전달한다.

〈프리티 우먼Pretty Woman〉이나 〈러브 인 맨
하탄Maid in Manhattan〉 같은 주류 영화(성형 등을 주제로 하는 리얼리티
TV 프로그램도 마찬가지다)는 여자가 인종이나 계급 지위를 넘어서 전
통적 여성성의 개념에 스스로를 일치시키는 게 중요하다는 생각을
보편화한다. 완벽한 왕자님이 이런 변화를 도와주고, 그 남자를 통해
여자는 더 나은 삶과 자존감, 더 좋은 옷 등을 갖게 된다. 이런 영화
들은 여자는 남자 없이는 본질적으로 불완전하다는 이데올로기를 공

> 👄 **잠깐** 인종주의적 농담을 들으면 자기
> 도 모르게 웃게 되는 것처럼, 우리가 성차
> 별주의를 재생산하는 영화를 재미있게 볼
> 수도 있다. 사실 이런 서사들이 당연시되
> 고 있기 때문에 성차별적이라고 인식하지
> 못할 가능성이 높다. 그렇지만 어떤 서사가
> 와 닿을수록 (특히 여성의 경우에) 비판적
> 으로 생각하고 그 영향에 저항하는 게 중요
> 하다. 내면화된 억압을 떠올려보고 소수화
> 집단이 지배 이데올로기와 결탁하는 일이
> 많음을 생각해보자. 따라서 사회적으로 구
> 성된 텍스트는 아무리 인기가 있고 재미있
> 더라도 비판적 분석에서 면제될 수 없다.

고히 한다. 이러한 영화들에서 남자들은 여자가 성취를 이루고 자아를 찾을 수 있도록 해줄 뿐 아니라 이성애적 결혼과 중상류층의 소비생활을 하도록 해 사회적 지위도 높여준다.

● 뮤직비디오에서의 성차별 담론

대중문화 가운데에서 특히 뮤직비디오를 보면, 미디어에서 엄격한 젠더 구분이 심하게 강조되어 성차별적 메시지를 피한다는 것이 실질적으로 불가능함을 알 수 있다. 여기에서는 성이라는 주제나 점잖은 체하는 도덕관으로 회귀하는 것에 초점을 맞추려는 것은 아니고, 대중문화에 줄기차게 나타나는 젠더에 따른 지배와 복종의 서사를 짚어보려 한다. 점점 어린 여자아이들이 성적으로 대상화되고 여성의 가치를 전적으로 육체로 환원하는 것도 걱정스럽다. 여성의 가치는 남성에게 얼마나 매력적으로 비치는지, 얼마나 남성을 기쁘게 하는지에 전적으로 달려 있다는 메시지가 여자아이들에게 끝없이 전달된다.

오늘날과 같은 뮤직비디오는 상대적으로 새로운 현상이지만(MTV는 1981년, 머치뮤직은 1984년에 방송을 시작했다), 성차별주의를 표준으로 만드는 데 특히 강력한 영향을 미친다. 지배문화의 관점에서는 뮤직비디오가 통념을 위반하는 것으로 비칠 수 있지만(예를 들어 케이티 페리의 "I kissed a girl and I liked it", 브리트니 스피어스의 "If you seek Amy"[F-U-C-K me], 또는 레이디 가가나 크리스티나 아길레라가 목에 개목줄을 묶고 네 발로 기는 것 등), 이런 내용은 사실 남자가 정의한 고전적 포르노의 수사(修辭)를 여자들이 고스란히 답습하는 것이다. 이들 뮤직비디오의 각본가나 연출이나 모두 남자다.

다이앤 레빈과 진 킬번(2008), 게일 다인스(2010), 섯 잴리(2007, 2009), 칭 선과 미겔 피커(2008), 로버트 젠슨(2007) 등 많은 연구자들이 대중문화와 포르노 문화 사이의 경계가 사라졌음을 파헤쳤는데 이런 현상이 뮤직비디오에서 특히 뚜렷이 나타난다. 뮤직비디오를 통해 포르노그래피 서사가 젊은이들의 일상세계와 합해졌다. 여성 포르노 스타가 뮤직비디오에 출연하는 일이 드물지 않고(주류 영화도 마찬가지다. 아카데미 수상 감독 스티븐 소더버그가 포르노 스타 사샤 그레이에게 자기 영화의 배역을 맡긴 적이 있다) 포르노 감독인 그레고리 다크가 브리트니 스피어스의 뮤직비디오를 감독하기도 했다. 헬스클럽이나 신부 축하파티에서 폴 댄스나 랩 댄스 수업을 하기도 하고, 젊은 여성들이 음모를 모두 제거하는 유행도 있는데(사춘기 이전 모습처럼 보이도록) 모두 포르노그래피에서 시작된 것이다.

포르노그래피는 엄격한 젠더 구분의 가장 폭력적인 면을 확대한다. 포르노에서는 여성의 육체를 잔인하게 다루고 정서적으로 비하한다. 이는 특히 인터넷에서 흔히 볼 수 있는 아마추어나 '리얼리티' 포르노에서 두드러지는데, 남자들이 점점 무감각해져 자극을 얻기 위해 더 강렬한 이미지를 추구하면서 이런 특성이 표준이 되었다(Dines, 2010; Jensen, 2007).

포르노그래피를 뮤직비디오와 대중문화와 연결 짓는 것은 지나치다고 여길 수도 있을 것이다. 그렇지만 2006년에 세계 포르노 산업이 960억 달러 규모에 다다랐음을 생각해보자(Dines, 2010). 한 해에 1만3천 편의 포르노 영화가 배포되고(미국영화협회 웹사이트에 따르면 그 해 할리우드 영화는 약 600편이 개봉되었다) 포르노 인터넷 페이지 수가 4억2천만에 달하고 포르노 웹사이트가 4백2십만 개, 검색 엔진에서 포르노 검색요청이 하루에 6천8백만 건에 이른다(Dines, 2010). 포르노 사이트인 라이브-재스민의 방문자수는 BBC 온라인, CNN, 뉴욕타임스 사이트를 훨씬 넘어서 가장 인기 있는 사이트인 구글, 페이스북, 크레이그리스트 바로 다음 순위를 기록했다(Alexa, 2010). 많은 사람들이 원하든 원치 않든 포르노그래피를 광고하는 스팸 메시지를 받는다. 게다가 온라인 포르노그래피 소비자 가운데 가장 큰 비율을 차지하는 연령층이 12~17세 아이들임을 생각해보자. 실제로 아예 아이들을 주 고객층으로 삼아 포켓몬 등 어린이들이 좋아하는 유명 캐릭터 이름을 웹사이트에 이용하는 포르노 사이트도 많다. 이런 방법으로 아이들이 일찍 포르노에 노출되도록 꼬드긴다(Gomez, 2007).

포르노는 대중문화 어디에나 있고 청소년의 삶에서 점점 큰 비중을 차지한다. 포르노에는 여성혐오에 더해 유색인을 비하하는 인종주의 담론도 극단적으로 드러나곤 한다. 그렇지만 포르노는 어디에나 있으면서 어디에도 없다고 할 수 있다. 포르노를 소비한다고 대놓고 말하는 사람은 많지 않다. 그렇기 때문에 포르노에 대해 불편함을 느끼든 애착을 느끼든 그걸 떠나서 섹슈얼리티를 형성하고 여성혐오, 인종주의, 계급차별을 강화하는 포르노의 힘에 대해 깊이 있게 생각해보아야 한다.

남성을 지배적이고 공격적이고 여성의 신체를 통제하는 모습으로 재현하려면 여성을 순종적이고 남성의 모든 욕망을 충족시키고 기분을 맞추어주는 모습으로 재현해야 한다. 포르노그래피의 서사가 여자를 '고통 받는 창녀'나 '멍청한 매춘부'(Dines, 2010, pp. xxxxi)가 아니라 생각, 감정, 나름의 욕망이 있는 인간으로 인정한다면, 포르노를 보는 사람이 포르노의 기본 요소인 여성에게 가해지는 고통, 상처, 굴욕을 참기 어려워진다(Dines, 2010; Jensen, 2007; Sun & Picker, 2008). 그렇지만 이런 서사에 익숙해지다 보면 남자가 여자를 폭력적으로 대하는 모습을 직접 보더라도, 성차별적 이데올로기가 생물학적 역할, 개인의 선택, 서로의 욕망에 따른 자연스러운 결과라고 합리화하게 된다.

많은 뮤직비디오가 빤한 캐릭터와 플롯을 따르고 치어리더, 여학생, 스트리퍼, 매춘부 등이 필수요소로 등장한다. 핍쇼, 섹스 클럽, 섹스 파티가 주요 배경이고, 반쯤 벗은 여자의 몸 위에 돈이 던져진다(넬리의 "Tip Drill" 뮤직비디오는 이런 수사의 전형을 보여준다. 넬리가 여자의 엉덩이 사이를 신용카드로 긁는다). 뮤직비디오에는 유색인 여성이 특히 저열하게 나온다. 흑인 여성은 매춘부로 묘사되고 '엉덩이'로 축소되며, 동양이나 라틴계 여성은 존재하지 않는 것이나 다름없다.

MTV 광고 중에 G스트링 팬티를 입은 여자의 드러난 엉덩이에 뜨거운 인두로 MTV 로고 낙인을 찍자 살이 타서 연기가 나는 장면이 있었다. 어떤 남성도(흑인이고 노예 해방 이전 시대의 노예를 재현하는 경우가 아니라면) 가축처럼 고통스러운 낙인을 받는 모습으로 그려지지는 않을 것이다. 얄궂게도 여성의 섹슈얼리티를 이렇게 묘사하는 것이 여성의 힘, 통제력, 해방을 나타내는 것처럼 포장된다. 그렇다면 여성의 힘, 통제력, 해방이 남성에 대한 성적 복종과 분리될 수 없는 듯 묘사되는 것이 어떤 의미인지 생각해보자.

되풀이해서 주입되는 상투적인 설정들은 언제든, 어느 누구와든, 몇 명하고든 섹스를 할 수 있는 이상적 여자의 이미지를 구성한다. 낯선 사람의 시선이나 손길을 받기 좋아하고 대상화되고자 하는 사람, 굴욕과 학대를 즐기는 사람, 실제 권력은 없고 성적 매력이라는 허상과 순간적인 '힘'밖에는 없는 사람이다. 뮤직비디오와 포르노그래피의 유사성은 그대로 지나쳐버리기 어려운 수준이다. 영화, 비디오, 포르노그래피, 광고 등에서 반복되면서 고정된 성역할이 정상이고 자연스러운 것으로 여겨져 이와 다른 현실은 상상하기도 어려워진다. 포르노그래피의 요소가 주류 문화로 넘어오면서 섹슈얼리티는 더욱 편협하게 정의되고 우리는 자유로워지는 게 아니라 오히려 속박된다.

이런 뮤직비디오 또한 선택이 아니냐고 할 수도 있다. 여자들이 이런 연기를 하겠다고 선택했고, 우리는 보기 싫으면 보지 않을 수 있는 것이라고. 그렇지만 누구나 자기 뮤직비디오의 이야기 전개를 선택할 수 있다고 한다면, 왜 가장 인기 있는 팝스타인 브리트니 스피어스, 크리스티나 아길레라, 레이디 가가, 리한나, 케이티 페리 등이 모두 같은 이야기를 선택하는 걸까? 남자가 지배하는 산업계에서 다른 선택을 한다면 어떤 대가를 치르게 될까? 또 우리가 뮤직비디오를 볼지 말지 선택할 수 있다고 하지만, 사실 어디에나 있기 때문에 피하기가 어렵다. 어쩌면 "나는 뮤직비디오를 재미있게 보더라도 진지하게 받아들이지는 않는다"고 말할 수도 있을 것이다. 그럴 수도 있겠지만 '오락'을 위해 여자에게 뜨거운 인두로 낙인을 찍는 것을 진지하게 받아들이지 않는다는 게 대체 무슨 의미일까? 상업 문화가 힙합을 전유해 인종주의나 계급차별에 대한 비판은 쏙 빼고 여성혐오와 흑인과 도시 생활에 대한 최악의 고정관념으로 가득 채워 되파는 것을 진지하게 받아들이지 않는다(혹은 의식하지 않는다)는 것이 어떤 뜻일까? 우리가 이런 현상을 진지하게 생각하지 않기 때문에 억압적 권력이 유지되는 것은 아닐까?

아무튼 심층적 차원에서는 누구나 이런 이미지에 영향을 받는다. 사회화의 영향에서 완전히 벗어난 사람은 없다. 마케팅을 하는 사람들은 우리 무의식에 더욱 효과적으로 파고드는 방법을 찾는 연구에 수십억 달러를 투자한다. 어린이들을 대상으로 한 광고에 2000년대 초에는 해마다 150억 달러가 들어갔고(Linn, 2004) 현재는 170억 규모로 늘었다. 1980년대 1억 달러에 비해 엄청난 증가다(Crane & Kazmi, 2010). 교실이나 회의실에 들어갈 일이 있으면 주위를 한번 둘러보라. 여러분이 옷, 머리모양, 액세서리, 생활양식 등에서 한 선택이 주위 사람들과 어떻게 다른가? 어디에서 물건을 사고 어떤 브랜드를 고르나? 주변 다른 사람들이 이용하는 장소나 브랜드와 얼마나 다른가? 뮤직비디오나 포르노에 나오는 여성들도 다른 선택을 할 수 있고, 우리도 안 보려면 안 볼 수 있고, 보더라도 영향을 받지 않을 수 있다는 주장은 순진한 것일 수밖에 없다.

첫머리에서 이야기한 브리트니 스피어스의 사례로 돌아가, 브리트니 스피어스의 결혼식을 둘러싼 가십과 소란을 성차별주의의 렌즈를 통해 다시 해석해보자. 브리트니의 결혼식 이야기에는 대중문화가 젠더 역할을 표준화해 불평등을 은폐하는 사례를 보여주는 여러 층위가 있다. 신랑 들러리의 웃옷에 적힌 '포주들'이라는 말을 떠올려보자. 포주의 이미지는 여러 인종의 아름다운 여자들 중심에 있는 지배적인 남자다. 포주가 거느린 여자들은 포주나 포주가 데려오는 어떤 남자들과도 어울릴 준비가 되어 있고 기꺼이 그렇게 한다. 무얼 시켜도 순순히 따르고 당연히 명령을 받들고 관심을 받으려고 다른 여자들과 경쟁한다. 포주 캐릭터는 전에는 불법 도색 잡지나 영화에서나 볼 수 있었지만 이제는 주류 문화로 건너와 대중문화에서도 종종 볼 수 있다. WWE의 '호 트레인'*, 휴 헤프너**의 '리얼리티' 쇼 〈더 걸스 넥스트 도어The Girls Next Door〉를 비롯해 무수한 뮤직비디오와 텔레비전 프로그램, 바, 클럽, 파티 문화에도 등장한다. 브리트니의 선택은 독특한 취향과 창의성을 드러내는 게 아니라 사회 전반에 유통되는 문화 담론을 고스란히 답습한 것이다.

포주 캐릭터는 남자가 여자를 지배하는 것에 대한 궁극적 상징이자 더 큰 사회에서 작동하는 역학과 궤를 같이한다. 섹시한 포즈의 행복한 매춘부들이 등장하는 뮤직비디오의 화려한 장면들과 대조적으로 현실은 매우 가혹하다. 미국 여자아이들이 매춘을 시작하는 평균 나이는 12~13세다(Shared Hope International, 2009). 조련사들이 야생동물을 길들일 때 그렇게 하듯이(실제로 이 여성들을 포주의 '경주

---

* WWE 프로레슬러 '갓파더' 찰스 라이트가 포주 복장을 하고 '호 트레인'이라는 여자들을 거느리고 등장하곤 했다.(옮긴이)

** 〈플레이보이〉 잡지 창업주. 〈더 걸스 넥스트 도어〉는 '플레이보이 맨션'에 사는 휴 헤프너의 여자친구들이 등장하는 쇼다.(옮긴이)

마들·stable'이라고 부른다), 포주는 여자들을 통제하기 위해 '무너뜨리고' 착취하고 이들의 노동에서 이윤을 얻으면서 이들이 가난하고 의존적인 상태에서 벗어나지 못하도록 한다. 매춘부들은 포주가 이들을 통제하려고 사용하는 일상적 폭력에 노출되어 있고, 성 매수자들에게 폭력을 당할 위험도 당연히 있다. 2004년 여성 매춘부가 살해당하는 빈도가 십만 명 가운데 229명으로 추정되었는데, 남성 택시운전사(이 직업도 살인 위험이 평균보다 높은 직업이다)는 십만 명 가운데 29명이었다(Potterat et al., 2004). 매춘부는 어떤 나이가 되면(또는 어떤 '상태'가 되면) 쓸모가 없어 버려진다. 성매매를 통해 수백만 명의 여성과 아이들이 노예화된다. 이 여성과 아이들이 스스로 노예가 된 것이 아니다. 포주 노릇을 하는 이들(주로 남성)에 의해 그렇게 되었다. 주류 문화에서 포주 캐릭터가 멋있게 포장되어 젊은 여성이 신랑 들러리에게 그런 이름표를 붙이고 싶은 지경이 된다면, 성차별주의는 완전히 당연한 것이 되고 만다. 그래서 폭력과 착취가 이루어지는 토대가 중립적이고 눈에 보이지 않는 재미있는 농담거리로 여겨지게 된 것이다.

레이철 로이드의 삶(176쪽)은 매춘이 여성의 삶에 미치는 영향이 어떠한지, 이에 맞설 수 있는지를 보여주는 예다.

교차성. 당연하지만 성차별주의가 다른 종류의 억압과 동떨어져 있지는 않다. 여자라고 누구나 같은 성차별 경험을 겪는 것도 아니다. 브리트니 스피어스의 결혼식에 대한 대중의 반응에서 볼 수 있듯 계급과 인종의 역학도 섞인다. 포주의 전형적 이미지는 거칠고 무식한 흑인으로 다른 여성(백인이건 유색인이건)을 '소유'하며 보통 마약중독자이고 거리에서 먹고살 수밖에 없는 사람이다(상류층 남성에 봉사하는 여성은 거리에서 일하지 않고 보통 '고급 콜걸' 또는 '에스코트'라고 불린다). 브리트니 스피어스 결혼식에는 정형화된 포주 이미지에 더해 치킨윙, 립, 돈 받는 바 등 남부 흑인이나 '하층 계급' 고정관념과 관련된 요소들이 있다. 사람들이 결혼식에 보인 반응은 이런 인종과 계급 전형을 마주했을 때 떠올리는 경멸감을 보여주기도 한다. 대중의 비웃음에서 계급이 단순히 돈 문제만이 아님을 뚜렷이 알 수 있다.

여러분은 왜 이 일을 가지고 이렇게 법석인가 생각할지 모르겠다. 브리트니는 이미 이혼한 지 오래고 결혼식도 그저 장난스러운 농담일 뿐인데 너무 심각하게 구는 게 아닌가 생각할 수도 있다. 하지만 그러면 이 결혼식의 상징적 힘을 놓치는 것이다. 결혼식의 요소들이, 시대가 변하면서 성차별주의가 어떻게 변화하고 남자와 여자 사이의 억압 관계가 어떻게 문화 속에서 정상이고 당연한 것으로 만들어지는지 보여주었다. 그렇지만 어떤 제도 안에서든 여성은 불평등한 지위를 차지하며 젠더에 따른 폭력은 세계적인 현상이다. 이런 것을 누가 어떤 관점에서 진지하게 바라보아야 할까? 이런 폭력과 부당함이 사소한 것으로 치부되고 재미의 영역으로 다뤄진다면 누가 이익을 보는가? 여성이 이익을 얻지 않는다는 것은 분명하다.

이 장에서는 대중문화에 나타난 성차별이라는 특정 형태의 억압을 추적하고, 성차별주의를 정상으로 만들고 눈에 보이지 않게 하고 심지어 바람직한 것으로 만드는 이데올로기와 담론, 시장의 이익을 살펴보았다. 대중문화에서 다른 억압들도 추적하면 어떤 것이 드러날까? 그러니까 인종에 관한 어떤 이데올로기가 대중문화에서 통용되며 인종주의를 당연하고 별것 아닌 것처럼 보이게 만드나? 흑인과 라틴계를 지속적으로 범죄와 연관시킨다든가 하여, 유색인을 억압받을 수밖에 없는 위치에 놓아 인종주의를 합리화하는 이데올로기는 어떤 것일까? 사회 계급에 관해서는 어떤 이데올로기가 통용되나? 예를 들면 가난한 노동계급 게스트들이 거친 행동을 보여주는 〈제리 스프링어 쇼Jerry Springer Show〉나 가난한 사람들이 웃옷도 갖춰 입지 않은 채로 수갑을 차고 끌려가는 모습을 되풀이해 보여주는 〈캅스Cops〉와 같은 '리얼리티' 프로그램에서는? 미디어의 이런 재현을 통해 계급차별주의와 인종주의가 어떻게 강화되는가? 아시아계 인물은 미디어에서 쿵푸 고수나 기크geek*를 빼면 거의 없다는 것에서 어떤 메시지를 얻을 수 있나? 비판적 사회정의에 대한 인식을 발전시키면 이런 담론들을 볼 수 있게 되고, 따라서 저항할 기회도 생긴다.

👥 토론해볼 문제

1. 이 책에서 억압은 눈에 잘 보이지 않는다고 한다. 왜 그런지 토론해보자.

2. 사회집단 하나를 골라 이 집단이 광고, 뮤직비디오, 영화, 잡지, 더 넓은 대중문화에서 어떻게 재현되는지 묘사해보자. 확장활동으로, 이 집단이 미디어 말고 다양한 사회제도에서 어떻게 재현되는지 자료를 모아볼 수도 있다(어떤 집단이 재현되지 않는다는 사실도 의미가 있음을 기억하자).

3. 이 책에서는 성차별주의를 알아채기 힘든 까닭 세 가지를 들었다. 패턴보다 개인에 초점을 맞추는 것, 기업 문화의 영향, 문명 사회와 문명화되지 않은 사회를 대립시키는 이데올로기 등. 이 세 가지가 무엇인지, 어떻게 작동하는지 자기 말로 설명해보자.

👥 확장 활동

1. 더 큰 그림보다 개인이나 이슈에 초점을 맞추는 지배문화의 패턴이 억압을 알아채기 힘들게 한다고 이 책에서는 주장한다. 소

* 컴퓨터 등 특정 분야에 푹 빠져 있어 사회성이 떨어지는 사람(옮긴이)

수화집단에서 '성공'했다고 여겨지는 유명한 개인을 찾아보자 (예: 〈블라인드 사이드〉라는 영화로 제작된 미식축구 선수 마이클 오어). 이 개인에 대한 재현에서 (집단 차원의) 억압이 은폐되는 방식에 대해 목록을 만들어보자. 한 사람에게 집중하다 보면 무엇을 보지 못하게 되는가?

2. '평균 가정'을 묘사하는 광고에 어떤 정보가 들어 있는지 기록해보자. 평균 가정의 구성은 어떠한가? 직업은 무엇인가? 가족 구성원 각각이 어떤 종류의 활동을 하나? 대중문화 어디에서 이런 '평균 가정'을 보았는지 전부 적어보자. 인종, 계급, 젠더, 능력, 섹슈얼리티 등에 있어 무엇이 정상인지 어떻게 전달하는가? 평균 가정의 존재가 어떻게 일종의 '거울 자아'로 기능하는가?

3. 데이비드 시걸과 니나 알바레스의 다큐멘터리 영화 〈아주 어린 아이들Very Young Girls (2007)〉을 보자. 청소년들의 성매매 현실을 폭로한 영화다(http://www.gems-girls.org). 기자가 되어 이 문제를 조사한다고 상상해보자. 176쪽에 나온 레이첼 로이드와 GEMS 말고 다른 반(反)성매매 활동가나 조직을 둘 이상 조사해보자. 알게 된 사실을 토대로 이 문제를 대중이나 주변 사람들에게 포스터, 스텐실아트, 기사문, 그래프, 짧은 공익광고 (3~5분 길이) 등의 방식으로 전달해보자.

인종주의

"전 정말 운이 좋았죠. 백인만 사는 동네에서 자랐고 제가 다닌 학교도
학생들이 대부분 백인이어서 인종주의를 전혀 경험하지 않았어요.
부모님은 제게 모든 사람이 동등하다고 가르쳤고요."

●●   이 장에서는 인종주의라는 특정 억압에 대해 깊이
있게 파고든다. 북미에서 인종주의는 제도적 권력과 권위에 의
해 의도적 또는 비의도적으로 지탱되며, 백인에게 유리하고 유색
인에게 불리하게 적용되는 백인의 인종적·문화적 편견과 차별로
정의된다. 경제·정치·사회·문화의 구조·행위·신념을 살펴보면
서 여러 방면으로 인종주의의 예를 들어보겠다. 또 교차성이라는
개념을 다시 살펴보고, 인종주의에 대한 깊이 있는 이해가 다른
억압을 깊이 이해하는 시발점이 될 수 있음을 생각해보려 한다.

이 장에서는 인종주의라는 특정 억압에 더 자세한 이론적 틀을 적
용해보려 한다. 시작하기 전에 먼저 짚어두어야 할 것이 있는데, 인
종은 시대에 따라 경계가 이동하고 변하는 매우 복잡한 사회정치적
체계라는 점이다. '백인'과 '유색인'은 칼로 자르듯 나눌 수 있는 게

아니고, 해당 집단 안에도 시대마다 지배사회가 부여한 다양한 역할에 따라 다양한 차이가 있고 복잡한 층위가 나타난다. 예를 들어 아시아인과 흑인은 둘 다 유색인이지만 지배사회가 각 집단에 부여한 역할이 다르기 때문에 인종주의 경험도 크게 다르다. 다민족인도 마찬가지다. '유색인'이라는 용어를 쓰지 않으려는 사람들도 있다. 집단 사이의 매우 복잡한 역학을 뭉뚱그리고 다민족인의 경험을 적절히 다루지 못하는 용어이기 때문이다. 그렇지만 이 용어가 백인이 유색인 집단에 속한다고 간주되는 사람들을 지배하는 전반적인 역학을 표현하는 데 널리 쓰이기 때문에 입문 단계에서 우리도 이 용어를 사용하려고 한다. 북미에서 광범위하고 사회적으로 널리 알려져 있는 인종적 위계를 지칭하기 위한 용어로서 말이다. 그러니까 백인과 유색인이라고 말할 때는 북미 사회 전반에서 집단 층위에서 일어나는 역학을 가리키는 일반용어로 사용하는 것이다.

인종주의는 사회에서 가장 민감한 쟁점 가운데 하나이고 논쟁하기도 매우 힘든데 그 까닭은 몇 가지가 있다. 일단 인종주의가 무엇이고 어떻게 작동하는지 현재 제대로 교육이 이루어지지 않는다. 인종주의를 논할 생산적 언어가 없다. 인종주의를 유지하는 데 제도적·경제적 이익이 걸려 있다. 개인주의와 '컬러블라인드니스' 같은 이데올로기의 영향이 있다. 사람들은 시야를 (넓히기보다) 유지하는 '상식적' 견해에 정서적인 애착을 갖는다. 이런 어려운 점들을 극복하기 위해 다음과 같은 점을 염두에 두기로 하자.

• 강한 의견과 지적인 지식은 다르다.

- 동의와 이해는 다르다. 인종주의 같은 복잡한 사회-제도적 역학에 대해 이야기할 때에는 "동의하지 않는다"는 말이 실제로는 "이해 못 한다"는 뜻일 수도 있음을 생각해보자.
- 우리에게 이익이 되는 억압을 부인하는 데에는 우리의 깊은 이해관계가 얽혀 있다.
- 우리에게 해가 되는 억압을 부인하는 것에도 이해관계가 걸려 있을 수 있다. 예를 들어 유색인이 인종주의의 존재를 부인하고 기존 구조를 지지할 수도 있다. 그러하더라도 이런 일이 집단 차원에서는 유색인이 아니라 백인에게 이익이 된다.
- 인종주의는 개인의 의도를 넘어서 집합적 집단 차원으로 나아간다.
- 억압을 인식하지 못하더라도 억압은 존재한다.
- (백인이건, 유색인이건, 다민족인이건) 각자의 인종적 위치가 인종주의를 인식하는 데 큰 영향을 미친다. 말하자면 인종적 특권의 '물살'을 거슬러 헤엄치고 있다면 더 인식하기가 쉽지만 물살을 타고 있다면 더 알기 어렵다.
- 현재 지닌 시각을 넓히기보다 유지하는 데 노력을 들인다면 지적·정서적으로 성장하기 힘들다.

우리가 여기에서 설명하는 인종주의의 역학이 유색인들에게는 낯설지 않을 것이다. 그렇지만 유색인들도 이 논의를 통해 지배문화에서는 종종 알아채기 힘든 일상적 경험을 표현할 언어와 이론적 틀을 얻을 수 있을 것이다.

● 인종이란 무엇인가

인종주의를 이해하려면 먼저 인종 자체에 대한 개념을 살펴보아야겠다. 대부분 사람들이 인종을 생물학적 개념으로 생각한다. 다시 말해 인종 사이에 유전적 차이가 있어 섹슈얼리티, 운동 능력, 수학 능력 등의 성향에 차이가 있다고 본다. 인종을 생물학적인 관점으로 보면 사회 안에서 통용되는 분리를 자연스럽게 받아들이기 쉽다. 하지만 인종은 젠더나 장애처럼 사회적으로 구성된 것이다(Brzuzy, 1997; López, 2000; Weber, 2010). 머리카락 질감이나 눈 색깔 등 눈에 보이는 차이는 겉모습일 뿐이고 지리적 적응의 결과이지 생물학적 차이가 아니다(Cavalli-Sforza, Menozzi, & Piazza, 1994). 그렇지만 사회적 개념으로서의 인종은 더욱 심오한 의미를 띠며 삶의 모든 면에 영향을 미친다. 어디에서 살고 싶은지, 어떤 학교에 다니고 싶은지, 누구랑 어울리고 누구랑 결혼할 것인지, 어떤 직업을 택할 것인지, 심지어 기대수명이 얼마인지에도 영향을 끼친다(Adelman, 2003; Johnson & Shapiro, 2003).

인종은 비교적 현대적인 관념이라고 할 수 있다(Gossett, 1997). 인류가 생겨난 뒤 다른 종으로 진화할 만큼 많은 시간이 흐르지 않았기 때문에, 인간은 지구상에 있는 종 가운데에서 같은 종 안의 유전적 유사성이 특히 큰 종이다. 인종에 따른 차이라고 하는 외적 특징들, 곧 피부색 같은 것으로 내적 차이를 가늠할 수는 없다(Cooper, Kaufman, & Ward, 2003). 인종적 차이와 유전에 대한 뿌리 깊은 생각에 도전하려면, 과거에 사회와 자원을 인종에 따라 편성하는 데 이용되던 인종학에 어떤 사회적 자원이 투자되었는지 알 필요가 있다.

● 미국 내 인종의 사회적 구성

고대 사회에는 사람을 흔히 종교나 계급에 따라 구분하기는 했으나 인종에 따라 나누지는 않았다. 미국이 건국되었을 때에는 종교나 계급을 벗어난 자유와 평등이 매우 급진적이고 혁신적인 생각이었다. 그런 한편 미국의 경제는 아프리카 사람들을 노예화하고 북아메리카 원주민을 몰아내고 학살함으로써 유지될 수 있었다. 이런 일들의 정당화는 엄청난 경제적 이익이 걸려 있는 일이었다. 평등이라는 고귀한 이데올로기와 인종 학살과 노예제라는 잔혹한 현실 사이의 긴장을 해소하기 위해 (노예 수백 명을 소유했던) 토머스 제퍼슨 등은 과학에 기댔다. 제퍼슨은 인종 간에는 자연적 차이가 있다고 '암시'하며 과학으로 그것을 밝히라고 주문했다(Jefferson, 1787/2002). 이런 사회적·정치적 이해관계가 인종학을 탄생시켰다(예를 들어 1800년대 초중반에는 두개골을 측정하여 자연에 인종적 위계질서가 있음을 입증하려 했다). 이런 연구들이 이루어지면서 한 세기도 채 지나기 전에 인종 간에 차이가 있다는 제퍼슨의 암시는 보편적·과학적 '사실'로 확립되었다(Stepan, 1982).

생물학적 토대가 전혀 마련되지 않은 때에도 인종은 실질적으로 중대한 의미를 지닌 사회적 개념으로 발달했다. 1600년대 말에는 백인이라는 단어가 처음으로 식민지 법에 등장했다. 1790년에는 인구조사에서 사람들에게 인종을 명시하도록 했고, 1825년에는 혈통을 측정해 '인디언'으로 분류할지 말지를 결정했다. 1800년대 말부터 20세기 초까지 많은 이주민이 몰려오면서 '백인'이라는 개념은 점점 더 확고해졌다(Gossett, 1997; Ignatiev, 1995; Jacobson, 1998).

1865년에 노예제는 폐지되었지만 인종에 따른 법적 차별과 폭력은 계속되었기 때문에 '백인'이라는 개념은 여전히 중요했다. 시민권 등의 권리를 얻기 위해서는 법적으로 백인으로 분류되어야만 했다. 이 권리를 얻고자 하는 개인은 자신에 대한 분류가 잘못되었다고 이의를 제기하고 백인으로 재분류되게 해달라고 청원을 넣었다. 그러니 법정이 누가 백인이고 누가 아닌지를 결정하는 위치에 놓이게 되었다. 1923년 법원에서는 백인들의 공통된 이해를 기준으로 백인인지 아닌지 판단한다는 기준을 밝혔다. 그러니까 원래 백인으로 간주되는 사람들이 누가 백인인지를 결정한다는 말이다(Tehranian, 2000).

유럽 이민자들은 처음에는 민족이나 계급적 지위에 따라 구분되었지만, 시간이 흐르면서 백인으로 통합되었다. 예를 들어 과거에는 아일랜드, 이탈리아, 유대인 이민자들은 백인이라고 간주되지 않았지만, 지배문화에 통합되면서 백인이 '되었다'(Brodkin, 1998; Ignatiev, 1995; Jacobson, 1998; Roediger, 1999). 인종 문제를 연구하는 학자 셔릴 해리스(1993)는 백인이 누리는 사회적·경제적 이익을 드러내기 위해 "백인이라는 재산"이라는 표현을 만들어냈다. 백인으로 간주되고 말고가 단순히 인종을 구분하는 문제가 아니라는 현실을 드러내는 문구다. '백인'은 다른 사람은 누리지 못하는 법적·정치적·경제적·사회적 권리와 특권을 부여받은 사회적·제도적 지위이며 정체성이다.

● 캐나다 내 인종의 사회적 구성

캐나다도 미국처럼 유럽인들이 오기 전 수천 년 동안 이 지역에 살아온 원주민을 학살하고 몰아내고 세운 나라다(Dickason, 2002; Thobani, 2007). 15세기 유럽인이 처음 발을 디뎠을 때, 캐나다에서는 원주민들이 이 지역 전체에 퍼져 잘 발달된 사회·정치·경제 구조를 갖추고 번성하고 있었다. 오늘날 캐나다에서는 원주민 민족을 퍼스트 네이션스, 이누이트, 메티스 이렇게 주로 셋으로 나눈다. 2006년 인구조사에서 스스로를 원주민이라고 밝힌 사람이 1백만 명이었다. 캐나다 총인구에서 4퍼센트 정도를 차지한다(Statistics Canada, 2006a).

식민화 과정에서 여러 원주민 사회와, 프랑스와 영국 식민 권력 사이에 매우 복잡한 관계가 있었다. 식민주의자들이 원주민을 몰아내거나 학살한 경우도 있고, 공존을 모색한 경우도 있었다. 식민화 전략에는 정부나 종교단체가 '야만적 인디언'들을 교화하고 식민사회에 동화될 수 있도록 하는 '문명화' 과정도 포함되어 있었다(Milloy, 2000). 1857년의 점진적 문명화 법Gradual Civilization Act이 중요한 역할을 했고 기숙학교 등의 방법이 동원되었다(Haig-Brown, 1998; Hare, 2007). 기숙학교의 가장 큰 목적은 원주민 아이들을 '문명화'하는 것이었다. 1800년대 후반 7~15세 원주민 아이들은 의무적으로 기숙학교에 다녀야 했다. 강제로 집에서 분리시켜 기숙학교에 입학시키고 원주민 언어 사용을 금지하고 처벌했으며 기독교로 개종하도록 강요하고 오랫동안 가족들을 만나지 못하게 했다. 신체적·성적·정서적 학대도 흔했다. 학생 사망률이 50퍼센트를 넘는 학교도 있었다(Milloy, 1999). 1960년대가 되어서는 대부분 문을 닫았지만, 1996년까지 남아 있던 학교도 있다(AFN, n.d.). 이 일로 인한 심리적 상처가 아직까지도 원주민 공동체의 집단기억에 남아 있고, 이 일 때문에 원주민 공동체의 세대 사이에 단절이 생기기도 했다. 기숙학교의 역사와 영향을 연구하는 학자들은 기숙학교로 인한 트라우마가 원주민의 알코올중독, 약물중독, 자살률과 밀접한 연관이 있다고 주장한다(Haskell & Randall, 2009; Kirmayer & Valaskakis, 2009).

미국에서 성립되고 전파된 인종학은 캐나다 정부 정책에도 받아들여졌다. 흑인과 원주민을 노예로 삼고(Winks, 1971/1997) 중국 노동자들에게는 시민권을 주지 않았으며(Li, 1988; Mar, 2010), 극단적 혐오주의자 집단이 오늘날까지도 판을 친다(Lund, 2006). 하지만 1970년대 이후로는 캐나다에서 다문화주의 정책을 중심으로 인종적 다양성에 대처하려 한다. 미국의 '인종의 도가니melting pot' 이데올로기가 캐나다에는 잘 맞지 않았다. 캐나다를 건국한 두 민족(프랑스와 영국)이 동화하도록 압력을 가하게 되기 때문이기도 했다. 그러자면 2개 국어를 공용어로 삼은 제도도 폐지해야 하는데 퀘벡 주가 가만히 있지 않을 것이었다. (퀘벡이 탈퇴하는 것을 막으면서) 캐나다 연방을 유지하려면 캐나다를 관용적이고 다원적, 다문화 사회로 그리는 이데올로기가 필요했다. 그래서 ('도가니' 대신) '모자이크'가 캐나다의 인종적·민족적 다양성을 묘사하는 지배적 이미지가 되었다(Joshee, 1995, 2004). 1985년 보수당 정권이 캐나다 다문화주의 보존과 강화법을 통과시켰다. 캐나다 사회의 모든 집단(식민지배자인 영국과 프랑스 민족, 원주민, 다양한 이민자 사회 등)이 동등한 지위를 갖는다는 생각을 드높이는 한편 구조적 불평등은 방치하는 정책이었다.

인종주의란 무엇인가

인종주의란 한 인종집단이 다른 집단을 지배하는 억압의 한 형태다. 미국과 캐나다에서 백인은 지배집단이고 유색인은 소수화집단이다. 따라서 북미의 인종주의란 제도적 권력과 권위에 의해 의도적 또는 비의도적으로 지탱되며 백인에게 유리하고 유색인에게 불리하게 적용되는 백인의 인종적·문화적 편견과 차별이다(Hilliard, 1992). 다른 나라는 사회·정치·역사의 배경이 다르므로 인종에 따른 지배집단과 소수화집단도 다를 것이다. 여기에서는 미국과 캐나다를 배경으로 한 인종주의에 한해서 이야기하도록 하겠다.

✋ **잠깐** 지금 우리는 개인 차원이 아니라 집단 차원의 인종주의를 이야기하고 있음을 잊지 말자. 집단 차원에서 우리는 모두 지배문화의 물살 속에서 헤엄친다. 북미에서 백인이라면 이 물살을 타고 헤엄치고, 유색인이라면 거스르게 되어 있다. 인종에 대한 집단 차원의 현실은 이렇지만 이것에 개개인이 어떻게 반응하는지는 서로 다를 수 있다.

인종주의는 어떤 날에는 백인에게, 어떤 날에는 유색인에게 이익이 되는 식으로 양방향으로 유동적으로 움직이지 않는다. 백인과 유색인 사이 권력의 방향은 미국과 캐나다 사회에 역사적, 전통적으로 깊이 뿌리박고 있고 그것이 당연시되고 있다(Henry & Tator, 2006; James, 2007; Wise, 2005). 인종주의가 인종적 편견, 차별과 구분되는 핵심 요소는, 차별적 행동을 체계적이고 광범위하게 지지하는 제도적 권력과 권위가 역사적으로 축적되고 지속적으로 발휘된다는 점이다. 유색인도 백인에 대해 편견을 갖고 차별을 할 수 있지만, 유색인은 이런 차별과 편견을 뒷받침해 인종주의로 바꿀 만한 사회적·제도적 권력이 없다. 유색인의 백인에 대한 편견이 미치는 영향은 일시적이고 상황에 따른 것이다. 유색인은 또 자기가 속한 집단이나 다른 유색인 집단에 대해 편견을 갖고 차별을 할 수도 있는데, 이들의 편견과 차별은 자기를 더욱 낮추고 백인의 이익에 봉사하는 인종주의 체제를 강화하는 효과밖에는 없다. 비판적 사회정의의 관점에서, 인종주의란 사회적·제도적으로 백인의 권력과 특권을 유지하는 체제를 가리킨다.

> **인종주의**
> 제도적 권력과 권위에 의해 의도적 또는 비의도적으로 지탱되며 백인에게 유리하고 유색인에게 불리하게 적용되는 백인의 인종적·문화적 편견과 차별. 인종주의는 백인과 유색인 사이에 특권, 자원, 권력의 불평등한 분배를 체계화하고 영속화하는 경제·정치·사회·제도적 실천과 관념을 포함한다.

● 인종주의를 이해하는 데 두 가지 걸림돌

지배사회는 인종주의가 몇몇 나쁜 사람들이 하는 비열한 행동이라고 가르친다. 이런 행동을 하는 사람을 인종주의자라고 하고, 나머지 사람은 인종주의자가 아니라고 한다. 그러면 개인은 인종주의자이거나 인종주의자가 아니라는 이분법적 사고로 인종주의가 구성된다(Trepagnier, 2010). 앞에서 말했듯이 이것 아니면 저것이라는 이분법에 따른다면 사회적 역학이 서로 구분되고 겹치지 않는 두 범주에 놓인다. 젠더 이분법에서처럼 인종주의 이분법의 양쪽 항도 누구나 쉽게 채울 수 있을 것이다. 이 담론에 따르면, 인종주의자라면 무식하고, 편견이 있고, 비열하고, 또 나이가 많고 남부 출신이고 픽업 트럭을 운전할(노동계급) 가능성이 높다. 인종주의자가 아니라면, 친절하고, 의도도 선하고, 열려 있고, 진보적이고 "몸에 편견이라고는 하나도 없다." 오늘날에는 대부분 사람들이 이항대립에서 어느 쪽이 '옳은' 쪽인지 안다. 그렇지만 이런 구분은 허위다. 모든 사람들은 편견을 지니고 있다. 인종적 분리가 심한 사회에서는 특히 인종적 편견이 강하다.

이런 이분법의 첫 번째 문제는 옳지 않은 구분이라는 것이다. 인종주의는 특정한 상황에서만 일어나고 특정한 (나쁜) 사람들만 행한다는 생각을 강화한다. 물론 인종주의는 비열하고 무지하고 폭력적인 개인의 행동을 통해서 드러난다. 그렇지만 개별 사건에만 초점을 맞춰 사회 전체를 아우르는 시스템으로 보지 않는다면 인종주의에 맞서기 위해 필요한, 개인의 또는 개인 사이의, 문화적·역사적·구조적 분석이 어려워진다.

두 번째 문제는 이런 시각이 우리 행동에 영향을 미친다는 점이다. 내가 백인으로서 인종주의를 이분법적으로 생각하고 나 자신이 '인종주의자가 아닌' 쪽에 있다고 생각한다면, 나는 어떤 행동도 할 필요가 없다. 인종주의자가 아니기 때문이다. 따라서 인종주의는 내 문제가 아닌 것이 된다. 나와 상관없는 일이고 내가 해야 할 일도 없다. 지배집단의 일원인 내가 인종주의에 대해 비판적으로 사고하는 기술을 익힐 일도 없고 내 지위를 이용해 인종적 불평등에 맞설 일도 없게 된다. 뿐만 아니라 인종주의를 이쪽 아니면 저쪽 구도로 생각하는 나에게 누가 인종주의적 생각이나 감정이 있다고 한다면, 그는 내가 이분법에서 '잘못된' 쪽에 있다고 지적한 셈이 된다. 그러면 나는 온 힘을 다해 사실은 그렇지 않다고 부인하고 거부하려 하지 어떤 인종주의적인 생각이 어떻게 드러났는지를 파악하려고 하지는 않을 것이다. 여러분이 백인인데 인종주의적인 면을 지적당한다면(어떤 농담이나 가정을 했는데 누군가가 인종적으로 문제가 있는 말이라고 지적했을 수 있다) 방어적인 태도를 취하기 쉽다. 이런 방어적 태도야말로 인종주의에 대한 우리의 이해가 이분법적임을 드러내는 것이다. 다른 사람의 지적이 우리가 무언가 나쁜 짓을 했으며 따라서 나쁜 사람이라는 비난으로 들리는 것이다. 인종주의에 대한 생각의 기본 틀인 이런 이분법과(Trepagnier, 2010) 이에 따른 방어적 태도가 이해를 넓혀나가는 데 가장 큰 걸림돌이 된다.

유색인이라고 하더라도 다음과 같은 여러 복잡한 이유들로 인종주의를 부인하려 할 수 있다. 인종주의를 이분법적으로 생각하도록 사회화되었다. 유색인이 백인과 다를 바 없는 '인종주의자'라고 생각하도록 사회화되었다. 인종주의를 염두에 두지 않아야 사회를 지배하는 역학을 어떻게든 헤쳐 나갈 수 있다. 자신은 주류 사회에서 어느 정도 성공을 거두었기 때문에 소수화집단 구성원이라도 조금 더 노력하기만 하면 된다고 생각할 수도 있다. 다른 인종집단과는 다른 '이민자 경험'이 있을 수도 있다. 미국이나 캐나다에서 자라지 않아서 '내면화된 인종적 억압'이라는 무게를 모를 수도 있다. 백인들이 내가 속한 인종집단, 피부색, 사회계층에 따른 표현 등 나의 정체성을 편하게 받아들인다 등등. 그렇지만 이런 식으로 부인하게 되면 대가가 따른다. 자신의 문화적 뿌리와 단절되고 다른 소수화 인종집단과 분리되게 된다. 그리고 궁극적으로는 지배집단에게 이득이 된다.

인종주의자이거나 인종주의자가 아니라는 이분법에 따를 때 이데올로기는 억압을 유지하는 역할을 한다. 특히 개인주의 이데올로기가 이런 기능을 한다. 5장에서 개인주의에 대해 간단히 이야기했지만 조금 더 깊이 들어가 보자. 개인주의는 우리 각자가 독특한 개인이며 인종, 계급, 젠더 등이 우리가 기회를 얻는 데 별 영향을 미치지 않는다는 개념을 만들어내고 전달하고 재생산하고 강화하는 서사다. 여기에서 긴장과 충돌이 일어난다. 우리 제도는 모든 시민이 동등하다는 개념을 기반으로 정당성을 확보하지만, 우리 각자는 자연스럽거나 자발적이거나 임의적이지 않은 방식으로 삶의 기회에 지대한 영향을 미치는, 서로 다른 인종·젠더·계급 등의 위치에 있기 때문이다. 인종, 계급, 젠더를 넘어 균등한 기회가 주어진다는 것은 사실이 아니다(Flax, 1998). 개인주의는 개인의 성공에 본질적 장애라는 것은 없고 실패는 사회 구조가 아닌 개인의 성품 탓이라고 주장해 이런 긴장을 잠재운다. 개인주의 이데올로기는 인종은 상관이 없다고 말한다. 개인주의는 특히 다음과 같은 방식으로 인종주의를 은폐한다(DiAngelo, 2010).

- 인종의 중요성과 백인의 유리함을 부인
- 여러 세대에 걸쳐 집단적 부를 축적해옴을 은폐
- 우리 현재 위치의 역사적 맥락을 부인
- 제도와 사회적 삶의 구조를 거시적으로 분석하지 못하게 함
- 집단적 사회화와 지배문화(미디어, 교육, 종교 등)의 힘이 우리 시

각과 이데올로기를 형성함을 부인

- 인종에 전혀 개의하지 않는다colorblindness는 허구적 느낌을 내세움
- 노력만으로 성공할 수 있다는 실력사회의 신화를 재생산

여기에서 일반적 의미의 개인주의에 대해 이야기하는 것은 아님을 분명히 하자. 다만 인종문제에서 개인주의를 내세우면 인종 간의 이해가 어려워지고 백인의 삶에서 인종이나 인종주의 문제가 부각되지 못한다고 말하는 것이다. 뿐만 아니라 실상 한 개인으로 간주되는 것은 지배집단만 누릴 수 있는 특권이다. 다시 말하자면 유색인은 언제나 '인종'의 관점에서 비춰지는 반면('흑인 남성', '원주민 감독' 등), 백인은 인종으로 정의되는 일이 드물다('남성', '감독' 등으로 명시된다). 따라서 백인은 '그냥 사람'으로 사회에 존재할 수 있지만 유색인은 늘 인종집단의 일부로 인식된다(DiAngelo, 2010; Dyer, 1997). 그러다 보니 백인은 자기 자신은 객관적이지만 유색인은 '특수하거나' 편견에 찬 이익과 목표를 추구한다고 생각하게 된다.

물론 유색인에게는 스스로를 개인으로 보는 것이 매우 다른 작용을 한다. 개인은 개인일 뿐이라는 주장이, 백인에게는 인종에 어떤 의미가 있음을 인정하지 않기 위한 전략일 때가 많지만, 유색인에게는 늘 인종의 관점에서 바라보이는 것을 피하기 위한 전략일 수 있다. 지배사회에서 유색인의 개인성을 인정하지 않기 때문에, 인종주의에 도전하고 끊임없는 인종 정체성 부여에 반발하는 방편으로 개인주의를 내세울 수도 있다. 백인과 유색인의 사회적, 제도적 위치가

다르기 때문에 이데올로기가 작용하는 방식도 다르다.

따라서 특정 형태의 억압에 도전하려면 처한 위치에 따라 다른 방법을 취해야 한다. 지배집단에 속한 사람이라면 개인으로 자신을 파악하는 습관을 버리고 집단의 역사와 사회화를 살펴야 한다. 소수화집단에 속한 사람이라면 개인의 복잡성을 주장해야 한다. 그러니까 사회가 소수화집단 정체성에만 초점을 맞추고 개인성을 부인하는 것에 도전해야 한다는 말이다.

● 오늘날의 인종주의

사람들의 생각과 달리 오늘날 사회가 인종주의를 벗어난 사회는 아니다. 사회 모든 제도에 백인과 유색인을 가르는 인종적 불평등이 존재한다. 몇몇 사회제도 안에서 인종주의가 어떻게 펼쳐지는지 간단하게 예를 들어보자.

✋ **잠깐** 인종적 불평등은 찾아보기 어렵고 부인되기 일쑤지만, 인종적 불평등이 삶의 질 전반에 미치는 영향은 정부기관(캐나다 통계청, 미국 인구조사국, 유엔 등), 대학(UCLA 민권 프로젝트, 메트로폴리스 프로젝트 등), 비영리단체(캐나다 정책 대안센터, 캐나다 반인종주의 교육 연구 협회, NAACP, 반명예훼손 연맹 등) 여러 기관의 기록에 폭넓게 나타난다.

건강 국제연합 세계 국가 삶의 질 지표(인간개발지수, HDI) 순위에 따르면, 북미 원주민은 전체 인구와 비교했을 때 HDI 지수가 낮았다(Mikkonen & Raphael, 2010).

미국 전체 인구 HDI : 세계 7위

캐나다 전체 인구 HDI : 세계 8위

미국 인디언/알래스카 원주민 HDI : 세계 31위

캐나다 원주민 HDI : 세계 33위

미국 인구의 출생시 기대수명은 아래와 같다(Arias, 2010).

백인 남성 : 75세

백인 여성 : 80세

흑인 남성 : 69세

흑인 여성 : 76세

캐나다 소수화집단은 빈곤율이 높고(19퍼센트이고 백인은 10퍼센트) 수입이 상대적으로 낮다(흑인과 백인의 임금 격차가 19퍼센트). 이런 차이 때문에 고혈압, 비만, 흡연, 알코올 소비, 약물남용, 인종주의와 착취로 인한 우울증 등 만성 질환 발병률도 높아진다(Rodney & Copeland, 2009).

경제 2008년 미국 인구 집단별 빈곤율(미국 인구조사국, 발행 연도 없음)은 다음과 같다.

백인 : 8.6%

아시아계 : 11.8%

히스패닉 : 23.2%

흑인 : 24.7%

1996년 캐나다 인구조사에서는 인구 구성에 따른 빈곤율이 이렇게 나타났다(Jackson, 2001)

전체 빈곤율 : 21%
가시적 소수 인종집단 빈곤율 : 38%

노동 연령 이민자들이 캐나다 평균보다 더 높은 자격 조건을 갖추고 있는데도(25~34세 이민자 35퍼센트가 대학 졸업자인 반면 인구 평균은 26퍼센트다) 적절한 일자리를 찾는 데 어려움을 겪는다(Jackson, 2001).

2006년 미국에서 가계 수입 중앙값은 아래와 같았다(Grad　n, 2008).

흑인 가구 : 35,629달러
라티노 가구 : 38,600달러
백인 가구 : 60,000달러

형사 처벌　2008년 국제 교도소 연구센터 보고에 따르면(Walmsley, 2009), 세계 평균 수감률은 십만 명 가운데 145명이다. 미국이 가장 높다. 십만 명 가운데 756명이 복역 중이다. 캐나다는 십만 명당 116명이 교도소에 있다. 인종과 젠더에 따라 나누면 미국에서 감옥에 있는 사람 수는 이렇다(West, 2010).

백인 남성 : 십만 명당 708명

히스패닉 남성 : 십만 명당 1,822명

흑인 남성 : 십만 명당 4,749명

미국에서 복역 중인 2백2십만 명 가운데 흑인이 9십만 명이다. 이 비율에 따르면 2007년에 태어난 흑인 남자 세 명 가운데 한 명은 평생 한 번은 교도소 신세가 된다. 2005년에 히스패닉 인구가 미국 주립과 연방 교도소 인구의 20퍼센트를 차지해서 1990년부터 43퍼센트나 증가했다. 이 비율에 따르면 2007년에 태어난 히스패닉 남자 여섯 명 가운데 한 명은 일생 중 언젠가 감옥에 들어가게 된다고 말할 수 있다(Mauer & King, 2007). 2005년 미국 사법부 보고에 따르면 경찰에게 검문과 차 수색을 당할 가능성이 흑인이 백인에 비해 세 배 높았지만, 차 수색을 당했을 때 불법 물품이 나올 가능성은 백인이 네 배 더 높았다(Wise, 2008).

캐나다에서는 원주민의 형무소 인구 비율이 지나치게 높다. 원주민이 전체 인구의 4퍼센트 미만이지만 지방 형무소 수감자의 17퍼센트, 연방 형무소 수감자의 13퍼센트에 이른다(Statistics Canada, 1996).

이런 차이는 자료를 설명하는 데 이론이 어떤 역할을 하는지 떠올리게 한다는 점에서 중요하다. 1장에서 이론은 우리가 보는 것을 이해하는 방식이라고 설명했던 것이 생각날 것이다. 인종적 차이를 어떻게 설명하면 좋을지 잠깐 생각해보자. 우리의 설명에서 우리가 의미를 만들어내는 틀이 드러나고 이것이 인종에 대한 깊이 있는 지식으로 들어가는 주요 진입로가 되기 때문에 중요하다. 이런 통계 자료를 문화 결핍 이론으로 설명할 수도 있다(곧 유색인 공동체 문화에 문제가 있어 이런 차이가 나타난다는 것). 그러나 문화 결핍 이론은 인종주의 사회에서 분투하는 유색인들에게 책임이 있다고 하면서 더 큰 구조적 장벽은 가린다. 문화 결핍 이론에 따르면 지배문화가 인종주의 종식을 위해 어떤 역할을 해야 할 필요도 없다.

역사적, 제도적, 문화적 인종주의를 생각하면 아주 다른 설명이 나온다. 복역 중인 유색인 가운데 돈이 없고 낙후된 학교에 다녔고, 건강관리도 제대로 받을 수 없었고, 과거로부터 부를 축적할 수 있는 수단도 없었으며, 누구나 똑같은 출발점에서 시작할 수 있도록 해야 할 주요 제도 안에서 불평등한 대접을 받은 사람은 아주 많다(Alexander, 2010; Kozol, 1991). 이런 통계는 제도적 인종주의의 사례이지 책임감 없는 개인이나 문화적 결함의 사례가 아니다.

우리가 어떤 문제를 설명(또는 이론화)하는 방식에 따라 이 문제에 어떻게 반응하느냐가 달라진다. 폭력적이고 범죄 성향이 있는 사람들의 문제로 보면, 형무소를 더 짓고 이들을 감시할 더 정교한 방법을 고안할 것이다. 실제로는 지난 30년 동안 범죄가 줄어들었는데도 미국에서는 이 관점을 택했고, 더 많은 교정시설이 들어서고 더 많은 유색인을 감금해서, 현재 미국이 세계에서 수감자가 가장 많은 나라가 되었다. 그 가운데 흑인과 라티노가 차지하는 비율은 인구 전체에서 차지하는 비율과 견주어보았을 때 지나치게 높다(Alexander, 2010). 그렇지만 이 문제를 구조적 인종주의의 문제로 보면, 학교에 대한 지원 방식을 바꾸고 모든 가족이 의료와 사회복지 혜택을 누릴 수 있게 하고 인종 프로파일링을 줄이고 부가 소수의 손에 집중되도록 하는 정책을 바꾸어야 한다.

미국이나 캐나다나 모두 유색인의 노동에 힘입어 세워진 나라다. 원주민들은 노예화되고, 병력으로 차출되고, 초기 식민주의자들이 땅을 탐사하는 것을 도왔다. 노예가 된 흑인들의 노동이 면화, 담배, 설탕, 커피 등 고수익 농작물 산업의 동력이 되었다. 남북 전쟁 이후 교통 기간 시설이 된 철도를 건설하는 고된 노동에는 중국과 일본 노동자들이 동원되었다. 이런 노동에 금전적 보상은 거의 주어지지 않았고, 부도 공도 이들에게 돌려지지는 않았다.

이런 일들은 불평등했던 과거의 일이라고 생각할 수도 있다. 하지만 오늘날 인종 사이의 노동 분업을 한번 생각해보자. 우리가 먹을 과일을 따는 사람, 집이나 호텔, 사무실 등을 청소하는 사람, 집에서 아기나 노인을 돌보는 일을 하는 사람, 할인매장 등에 아주 싼값에 공급되는 옷을 만드는 사람은 누구일까? 힘들고 임금이 낮고 보상이 작은 일은 여전히 유색인이 주로 도맡아 한다(Marable, Ness & Wilson, 2006; Sharma, 2002).

오늘날에는 과거에 행해졌던 노골적이고 의도적인 인종주의를 막기 위한 장치가 생기기는 했지만 인종주의는 새롭고 변화된 방식으로 여전히 작동한다. 컬러블라인드 인종주의라는 것이 이런 적응의 한 예다. 인종을 인식하지 않는 척하면 인종주의가 사라진다는 (혹은 이미 사라졌다는) 생각이다. 1960년대 민권운동과 마틴 루터 킹의 "나에게는 꿈이 있습니다"라는 연설에서 비롯된 생각이다. 마틴 루터 킹의 연설은 지배문화에서 인종주의가 새롭게 변모하기 시작한 전환점을 상징한다. 연설 이전에는 백인들이 인종적 편견이나 인종적 우위를 불편해하지 않고 인정했다. 그런데 민권운동이 뿌리 내리고 시민권 보장 법률이 통과되자 주류 문화에도 뚜렷한 변화가 일어났다. 백인이 인종적 편견을 대놓고 드러내는 것이 더 이상 용인되지 않게 된 것이다.

당연하지만 백인의 인종주의는 사라지지 않았다. 다만 공공장소에서 좀 더 조심스러워졌을 뿐이다(Picca & Feagin, 2007). 지배문화는 언젠가는 피부색이 아니라 인격에 따라 평가받는 날이 오리라는 마틴 루터 킹의 연설 일부를 받아들여 인종주의의 해법으로 '컬러블라인드니스'라는 개념을 주창하기 시작했다. 마틴 루터 킹은 "일자리와 자유를 위한 워싱턴 행진"이라는, 경제 정의를 촉구하는 행사에서 이 연설을 했다. 킹 목사는 빈곤을 몰아내자는 주제를 들고 이 행사에 참석했지만, 오늘날 당시 킹 목사가 어떤 명분을 내세웠는지 아는 사람은 거의 없다(Bonilla-Silva, 2006).

컬러블라인드니스가 이론으로는 그럴듯하게 들리지만 실제로는 문제가 많다. 다른 사람의 인종이 눈에 실제로 보이고, 그 인종이 의미를 띠기 때문이다. 사회에 유포된 인종주의적 메시지를 받지 않는 사람은 없다. 우리 주위 어디에나 있다(Bonilla-Silva, 2001; Leonardo, 2004). 이런 메시지 가운데 일부는 노골적이기도 하지만(인종주의적 농담 등) 대부분은 훨씬 미묘하고 눈에 보이지 않고 특히 백인은 느끼지 못한다는 것을 알아야 한다. 2장에서 이야기한 사회화를 다시 떠올려보자. 우리는 인종을 매우 어린 나이에 알게 되지만 우리가 배우는 것의 대부분은 의식의 수면 아래에 있고(빙산처럼) 컬러블라인드 이데올로기 때문에 무의식적 생각에 접근하기도 어렵다. 컬러블라인드라는 개념은 인종주의에 맞서는 좋은 의도에서 시작된 전략이지만 실질적으로는 인종주의의 현실을 부인해 인종주의를 유지하는 역할을 했다.

의식의 수면 아래에 무엇이 있는지 파악하려면 아래의 생각 실험을 한번 해보자.

살면서 나와 다른 인종집단에 속한 사람이 있다는 것을 언제 알게 되었나?(대부분 유색인은 '언제나' 의식하고 있다고 생각하는 반면 백인은 다섯 살 정도 되었을 때에는 알았다고 하는 경우가 대부분이다) 나와 다른 인종집단에 속하는 사람의 존재를 인식하게 되었을 때, 그 사람들은 어디에 살았나? 이웃이 아니라면 어떤 동네에 살았나? '좋은' 동네인가, '나쁜' 동네인가? 그 동네에서 어떤 이미지를 떠올렸나? 어떤 풍경과 냄새? 그곳에서는 어떤 일이 벌어진다고 생각했나? 그런 생각은 어디에서 왔을까? 그 동네에 간다고 하면 좋은 소리를 들었는가, 아니면 가지 말라는 주의를 들었는가? 만약 '좋다'고 생각되는 학교에 다녔다면, 어째서 좋은 학교였나? 어떤 학교를 '나쁜' 학교로 만드는 것은 무엇인가? 누가 '나쁜' 학교에 다니나? 여러분이 사는 동네의 학교가 인종에 따라 구분되어 있다면, 어느 학교가 더 좋다거나 나쁘다거나 혹은 동등하다고 생각되었나? 왜 인종에 따라 다른 학교에 다녔나? 동네가 달랐기 때문이라면, 왜 다른 동네에 살았나? 부모나 교사가 "모든 사람은 피부색과 상관없이 평등

🔎 **관점 확인** 이 질문들이 여러분이 자란 문화적 맥락에는 적용되지 않는다면 이렇게 해보자. 인종 차이를 어떻게 배웠는지 짚어보는 질문들로 바꾸어본다. 예를 들면, 나라 밖에 사는 인종집단에 속한 사람이나, 우리나라 안에 있지만 나와 다른 민족집단에 속한 사람을 어떻게 보는지에 대한 질문 같은 것이다. 사회경제적 계급을 고려하며 이런 질문들을 생각해보자. 계급의 차이가 내가 어디에 사는지, 사회 내에서 어떤 '자리'를 차지하는지에 대한 인식에 어떤 영향을 미쳤나? 백인성을 전 지구적 현상으로 생각해보자. 백인이라는 것이 어떤 의미라고 배웠나? 백인이 아닌 인종집단에 속한 것이 어떤 의미라고 배웠나?

하다"고 말했더라도, 피부색이 다른 사람들과는 다른 동네에 살았다면 이런 모순에서 어떤 메시지를 받았을까? 인종적으로 분리된 동네에 살았거나 그런 학교에 다녔다면 이런 불일치성을 어떻게든 납득해야 했을 것이다. 다시 말해, 인종에 따라 나뉘어 살면서 모든 사람은 동등하다고 말하는 것은 어떤 의미를 지니는가? 나뉘어 사는 현실이 다르지 않다는 말보다 더 강력한 메시지를 전달한다. 분리는 실천으로 나타나고 통합이라는 말은 그렇지 않기 때문이다.

● 백인의 인종적 우월성이라는 역학

백인은 개인의 의도나 생각이 어떻든 간에 끊임없이 백인이 유색인보다 낫고 중요하다는 메시지를 받는다(Fine, 1997). 이런 메시지는 여러 층위에서 작동하며 다양한 방식으로 전달된다. 예를 들면, 역사 교과서 등 역사적 재현에서의 백인 중심성, 미디어와 광고에서의 백인 중심성(2009년 〈보그〉 잡지 표지에는 "내일의 세계 톱 모델"이라는 표제가 실렸는데 표지에 나온 여자 모두 백인이었다), 교사·역할 모델·영웅 모두 백인임, '좋은' 동네나 학교, 선호 지역의 인종 구성 등을 일상적으로 이야기함, 인기 텔레비전 쇼는 뉴욕처럼 인종 구성이 다양한 지역을 배경으로 하더라도 모두 백인인 친구들이 중심임(〈프렌즈〉, 〈자인필드〉, 〈섹스 앤드 더 시티〉, 〈가십 걸〉), 아담과 이브 등 성서에 나오는 주요 인물들과 신도 백인으로 묘사하는 종교화, 백인이 사는 지역에 일어나는 범죄는 '충격적'이라고 하는 뉴스 진행자, 대부분 백인의 삶에 유색인이 부재하는 것에 대해 상실감을 느끼지 않음 등. 이런 것들은 백인인 것이 훨씬 낫다고 말해주는 명시적(직접적) 메시지라기보다는 암묵적(간접적)인 메시지다. 이런 메시지를 파악하고 전부 차단하려고 노력할 수는 있겠지만, 집단적으로 쉴 새 없이 날아들기 때문에 실질적으로 저항하기가 불가능하다. 백인이 유색인보다 본질적으로 낫다는 생각을 겉으로는 거부할 수 있지만 의식의 수면 아래에서 백인의 우월성이라는 메시지를 내면화하는 것을 피할 수는 없다. 주류 문화 어디에나 스며들어 있는 메시지이기 때문이다.

> ✋ **잠깐** 모든 메시지가 암묵적(표면 아래에 있음)인 것은 아니다. 우리 주위에는 다른 인종에 대해 직접적으로 언급하고 농담을 하는 사람들도 있다.

인종 분리가 심해지는 현상을 예로 들어 좀 더 자세히 살펴보자. 백인이 같은 인종끼리 모여 사는 정도가 가장 심한 인종집단이고(Johnson & Shapiro, 2003), 또 백인은 원한다면 따로 떨어져 생활하는 쪽을 택할 수 있는 경제적 지위에 있을 가능성도 높다(어쩔 수 없이 그런 경우가 아니라). 미국의 인종 분리 상황은 인종 통합 이전으로 돌아가는 지경이다. 학교나 주거지의 인종 분리가 줄어드는 게 아니라 오히려 뚜렷해지고 있다(Frankenberg et al., 2003). 사실 인종이 섞여 있지 않다는 게 백인들에게는 '좋은' 학교나 동네를 정의하는 요인일 때가 많다. '좋은 학교'나 '좋은 동네'는 '백인'을 의미하는 암시적인 표현이고, 대도시 슬럼은 '비(非)백인', 즉 별로 좋지 않은 것을 암시한다(Johnson & Shapiro, 2003). 이렇듯 백인들은 분리를 선호하면서도 자기들은 인종을 인식하지 않고(컬러블라인드) 인종은 전혀 중요하지 않다고 공언한다(Bonilla-Silva, 2006). 백인들과 유색인들이 섞여 산다 해도(도시 안의 하층민 주거지역을 제외

하면 드문 일이다) 미디어에서 재현되는 이미지나 학교에서 전달되는 정보 등 문화의 여러 다른 층위에서는 분리가 일어난다(학교 자체에서 분리가 일어날 때도 많다). 백인들은 분리되어 백인이 지배하는 사회에서 살기를 선호하기 때문에 인종주의에 대해 제대로 된 정보를 거의 얻지 못하고, 따라서 비판적으로 사고할 기반도 마련되지 않는다(DiAngelo, 2006).

정형화된 미디어의 재현도 유색인에 대해 제대로 이해하지 못하게 함으로써 인종 분리를 강화하는 결과를 낳는다. 영화가 우리의 세계관에 심오한 영향을 미친다는 것은 잘 알 것이다. 남성성과 여성성, 섹슈얼리티, 욕망, 모험, 로맨스, 가족, 사랑, 갈등 등의 개념이 영화 속 이야기를 통해 전달된다. 가까이에 아이가 있으면(어리게는 두 살부터) 영화가 아이의 관심사, 상상, 놀이에 영향을 끼치는 모습을 볼 수 있다. 주류 영화의 연출가와 각본가 대부분이 백인이고 주로 중상류층 출신임을 생각해보자.

세계에서 지금까지 가장 많은 수익을 올린 영화 10위까지 모두 감독이 백인 남자다(Box Office Mojo, 2010). 제임스 캐머런(《아바타》, 《타이타닉》), 피터 잭슨(《반지의 제왕》, 《왕의 귀환》), 고어 버빈스키(《캐리비안의 해적 : 망자의 함》, 《캐리비안의 해적 : 세상의 끝에서》), 리 언크리치(《토이 스토리 3》), 팀 버튼(《이상한 나라의 앨리스》), 크리스토퍼 놀런(《다크 나이트》), 크리스 컬럼버스(《해리 포터와 마법사의 돌》), 데이비드 예이츠(《해리 포터와 불사조 기사단》). 50위까지 보면, 감독은 전부 다 남자고, 46편의 감독은 백인이었다. 사회 전반 어디에든 인종 분리가 행해지기 때문에 이 사람들이 유색인과 함께 학교에 다니거나 가까이 살거나 교사나 상사가 유색인이었거나 같이 일하거나 했을 가능성은 매우 낮다. 따라서 다른 인종집단에 속한 사람과 의미 있고 평등한 관계를 맺었을 가능성도 낮다. 그런데 이 사람들이 사회의 '문화를 짓는 작가들'이다. 이들의 꿈, 욕망, '타자'의 개념이 그대로 우리 것이 된다. 이런 균질한 특권 집단이 실질적으로 우리의 이야기 전부를 하고 있다는 사실이 어떤 의미일지 생각해보자.

제이 실버힐스의 생애와 활동은 할리우드에서 유색인이 인종주의에 맞서며 겪는 어려움의 예를 보여준다.

제이 실버힐스(1919–1980)

실버힐스는 레슬링, 라크로스, 복싱 대회 등에 출전한 뛰어난 선수이고 라크로스 캐나다 국가대표 팀으로도 활약하다가 연기 쪽으로 진로를 돌렸다. 토착민 배우들이 대체로 그렇듯 실버힐스도 초기에는 그냥 '인디언'으로 단역에 출연했다. 그러다가 론 레인저와 콤비를 이루는 톤토 역을 맡아 많은 사람들의 기억에 남았다. "토착민의 엉클 톰"이라 불리는 톤토라는 인물을 연기하기가 쉬운 일은 아니었다. 그렇지만 이 역을 맡으면서 텔레비전 드라마에서 주연을 맡은 최초의 아메리카 원주민 배우가 되었다.

다른 소수자 배우들처럼 실버힐스도 자기에게 요구된 정형화된 인물 연기에서 벗어나기가 어렵다고 느꼈다. 실버힐스는 미디어에서 아메리카 원주민이 묘사되는 방식을 개선하려고 싸운 활동가이기도 했다. 할리우드의 토착민 재현에 문제가 많다는 것을 깊이 인식하는 한편, 현역 토착민 배우들이 자기 자신이 출연하는 영화나 텔레비전 쇼에 영향을 미칠 수 있다고 믿었다. 1966년에는 영화, 연극, 텔레비전에 출연하고 싶어 하는 원주민 배우 지망생들이 무료로 수업을 받을 수 있는 '인디언 배우 워크숍' 설립에 참여했다.

• 출처: http://projects.latimes.com/hollywood/star-walk/jay-silverheels/

누구나 문화(안경 비유에서 '안경테'에 해당하는 부분) 안에서 같은 사회화 과정을 겪기 때문에 줄거리를 쉽게 효과적으로 전달하기 위해 친숙한 이미지를 쓰게 된다. 예를 들어 백인 교사가 용감하게도 '시내' 학교에서 교편을 잡고 아이들에게 이 교사가 아니라면 배울 수 없었을 소중한 교훈을 전해준다는 이야기를 영화로 만들려는 감독이 있다고 해보자. 감독은 아마도 카메라로, 낡고 그래피티로 뒤덮인 주택과 아파트 등이 늘어선 거리를 훑고, 길모퉁이에 흑인, 라티노, 동남아시아인 등이 어울려 있는 모습을 비출 것이다. 관객은 이런 연상 관계를 전에 여러 차례 보았기 때문에 바로 우리가 '위험한' 동네에 있다는 것을 알아차리게 되고 이렇게 배경이 만들어진다. 백인 남성 감독은 유색인과 이들이 사는 동네를 편협하고 제한적이고 전형적인 방식으로 되풀이해서 묘사한다. 백인들은 대부분 다른 인종집단에 속한 사람과 친분이 많지 않기 때문에 이런 이미지를 통해 유색인을 이해하고 따라서 긍정적인 '우리'와 부정적인 '그들'이라는 생각은 더욱 강화된다.

백인은 영화에서 다양한 역을 맡을 뿐 아니라 지배사회에서 가치 있다고 간주되는 상황이나 장소 거의 어디에서나(예: 대학, 정치, 행정, 예술 행사, 대중잡지, 아카데미 상 등) 자기들의 이미지를 본다. 백인이 인종적으로 어울리지 않는 곳에 있는 듯한 경험을 하는 일은 매우 드물 뿐 아니라 일시적이고 얼마든지 피할 수 있는 일이다. 이렇듯 인종적 소속감과 '옳음'의 인식이 깊이 내면화되고 당연하게 여겨진다.

지배집단과 소수화집단의 관계에서 핵심 역학은 소수화집단을 다르다고 정의하고 지배집단에는 아무 이름을 붙이지 않는 것이다. 이렇게 이름을 붙이고 안 붙이는 역학을 통해 인종은 백인에게는 없고 유색인에게만 있는 것이 된다. 백인은 유색인이 있을 때에만 인종을 인식하고 백인들로만 이루어진 공간은 중립적이고 비인종적이라고 본다. 백인들에게는 인종 분리가 '정상'이고 특이하지 않게 생각되기 때문에 인종이나 인종주의에 대해 생각할 일도 없다. 반대로 유색인은 일상생활을 하면서도 늘 인종의 '표지'를 달고 다녀야 한다. 유색인이 하루를 버티기 위해 져야 하는 심리적 짐은 힘겨울 때가 많지만 백인은 이런 짐을 질 필요가 없다. 인종은 유색인이 생각해야 하는 것, '그들'에게 일어나는 것이 된다. 그래서 백인은 다른 일에 훨씬 많은 에너지를 쏟게 되고 인종 문제처럼 골치 아프고 불편한 이슈에 관심을 쏟을 에너지는 없다.

● 내면화된 인종적 억압의 역학

백인이 명시적으로나 암묵적으로나 자기 가치에 대해 받는 메시지를 유색인도 마찬가지로 받는다(Mullaly, 2002; Tatum, 1997). 그러니까 유색인도 무수한 방식으로 백인인 것이 유색인인 것보다 낮다는 메시지를 받는다는 말이다. 백인 부모들이 아이들에게 모든 사람은 동등하다고 말하면서 백인 동네에 살고 싶어 함으로써 엇갈리는 메시지를 보내는 것처럼 유색인 아이들도 이중의 메시지를 받는다. 부모는 아이에게 착하고 강하고 아름답다고 말할지라도, 주위 사회에서는 유색인이라 가치가 떨어진다는 메시지를 전하는 것이다.

유색인이 의식적으로나 무의식적으로, 미디어, 교육, 의학, 과학 등 사회의 모든 면에서 부정적으로 재현되거나 보이지 않는다는 사실을 받아들일 때 인종적 억압이 내면화된다. 자기의 가치가 낮다고 생각하게 되고 이런 생각이 패배적 행동이나 자기가 속한 인종집단이나 다른 비백인 집단과 거리를 두는 행동으로 나타나기도 한다. 다양한 인종집단이 내면화된 억압을 경험하는 방식에는 중대한 차이가 있을 수 있지만 전체적으로 유색인 집단들은 이런 일들을 겪는다.

- 역사적 폭력과 계속되는 위협
- 문화가 파괴, 식민화, 희석, '이국적'인 것으로 됨
- 서로를, 또 지배문화로부터 분할, 분리, 고립시킴
- 심리적, 신체적 안전을 확보하고 자원을 얻으려면 행동을 바꾸어야 함
- 개인의 행동을 '집단' 기준으로 재정의해 개성을 부인하고 집단의 일부로(때로는 집단에 대한 예외로) 봄
- 지배집단의 오랜 억압으로 인한 결과가 이들의 탓으로 돌려지고, 이 결과가 지속적 억압을 정당화하는 데 쓰임

지배문화의 메시지를 내면화하고 받아들이다 보면 자멸적 악순환이 일어날 수 있다. 카터 우드슨은 1933년에 내면화된 인종적 억압의 역학을 이런 말로 절절하게 표현했다.

어떤 사람의 생각을 통제할 수 있다면 그 사람의 행동에 대해 걱정할

필요가 없다. 그 사람이 무얼 생각할지 결정할 수 있다면 어떻게 할지 걱정할 필요가 없다. 어떤 사람이 스스로 열등하다고 생각하도록 만들 수 있다면 열등한 지위에 있도록 강제하지 않아도 스스로 그렇게 될 것이다. 어떤 사람이 자기가 추방되어 마땅한 사람이라고 생각하게 만들 수 있다면, 그 사람한테 뒷문으로 나가라고 명령하지 않아도 스스로 나갈 것이고, 뒷문이 없다면 그 사람은 당연히 뒷문을 만들어달라고 요구하게 된다. (p. xiii)

우드슨은 억압의 한층 심층적이고 고통스러운 역학을 이야기한다. 사람들이 자기가 사회에서 차지하는 위치를 마땅하다고 생각하게 되면 외부의 압력이 필요가 없다. 아래에서 이야기할 여러 중요한 연구들을 통해서도 알 수 있겠지만 내면화는 아주 어린 나이에 일어난다. 한편 유색인은 늘 내면화된 인종적 억압에 저항하면서 저항 때문에 위험한 대가를 치러야 했음을 알아두어야 한다. 저항은 역사적으로 유색인에 대한 폭력을 합리화하는 데 이용되었다.

클로드 스틸(1997)은 내면화된 인종적 억압의 힘을 보여주는 "고정관념 위협"을 연구했다. 고정관념 위협은 자기가 속한 인종집단에 대한 고정관념 때문에 부정적 평가를 받으리라는 걱정인데, 이 걱정 때문에 수행이 나빠지고 따라서 고정관념이 강화된다. 주류 문화에는 흑인이 백인이나 다른 인종집단보다 지능이 낮다는 강한 고정관념이 있다. 스틸과 동료들은 이 고정관념이 시험 성적에 어떤 영향을 미치는지 실험해보았다. 이런 고정관념으로 위협을 가하기만 해도 흑인 학생들의 수행이 나빠짐이 드러났다. 흑인 학생들에게 흑인은 시험 성적이 나쁜 경향이 있다고 말해주고 시험을 치렀을 때에는 점수가 더 낮았다. 이런 고정관념을 언급하지 않으면 더 좋은 결과가 나왔다.

스틸의 연구에 비추어, 학교에서 백인과 다른 유색인 집단(특히 흑인, 라티노, 토착민) 사이 결과물의 '성취도 차이' 등에 얼마나 많은 관심이 쏠리는지 생각해보자. 이런 차이가 공식적으로나 비공식적으로 유전이나 교육을 중요시하지 않는 열등한 문화 탓으로 설명되는 일이 얼마나 잦은지 보자. 유색인 학생들은 늘 능력에 대한 걱정이나 부정적 가정 등에 둘러싸여 있다. 이런 고정관념이 그냥 '자기 머리' 안에만 있는 것이 아님을 명심해야 한다. 백인들도 이런 고정관념을 갖고 있어 백인이 유색인을 평가할 때 영향을 미친다(Bertrand & Mullainathan, 2004; Picca & Feagin, 2007). 예를 들어, 유치원부터 고등학교까지 교사의 90%를 차지하는 백인 교사는(Picower, 2009) 유색인 학생을 평가하는 영향력 있는 지위에 있다. 따라서 스틸의 연구는 내면화된 억압과 내면화된 우월의 관계를 잘 짚어냈다고 할 수 있다.

심리학자 케네스 클락과 메이미 클락(1950)의 연구에서도 내면화된 인종적 억압의 아주 적절한 사례가 드러났다. 클락 부부는 인형을 가지고 인종에 대한 아이들의 태도를 연구했다. 클락 부부는 연구 결과를 바탕으로 1954년 미국에서 있었던 브라운 대 교육위원회 재판과 관련된 케이스 가운데 하나인 브릭스 대 엘리엇 케이스에서 전문가 증언을 했고, 이 재판에서 학교의 강제 인종 분리는 불법이라는 판결이 이루어졌다. 클락 부부는 흑인 아이들이 흑인 인형보다 백인 인형을 가지고 놀기를 좋아할 때가 많고, 사람 그림에 자기 피부색깔로 칠해보라고 했을 때에는 실제 피부색보다 약간 더 밝은 색을 고르는 경향이 있음을 밝혔다. 흑인 아이들은 또 백인 인형은 착하고 예쁘지만 흑인 인형은 나쁘고 못생겼다고 묘사하기도 했다. 클락 부부는 이런 결과를 아이들이 인종주의를 내면화했다는 증거로 법정에 제시했다. 얼 워런 대법원장은 이런 의견을 내놓았다. "[일부 아이들을] 비슷한 나이와 자질을 지닌 다른 아이들과 오직 인종 때문에 분리하면 사회에서 자기 위치에 대한 열등의식을 갖게 될 수 있고 이런 생각은 마음과 정신에 치유할 수 없는 상처를 입힌다."(Brown v. Board of Education, 1954) 미국 학교들이 민권운동 이전 시대의 인종 분리 상태로 돌아가는 이때 이 말을 다시 되새겨야 할 것이다.

2005년 아프리카계 미국인 십대 키리 데이비스가 클락 부부의 실험을 되풀이해 50년 동안 흑인 아이들의 태도가 어떻게 달라졌는지 보려 했다. 〈나 같은 여자아이A Girl Like Me〉라는 다큐멘터리에서 데이비스가 인터뷰한 아이 21명 가운데 15명(71%)이 1940년 아이들과 같은 이유로 백인 인형을 더 좋아했다. 백인 인형은 '착하고' 흑인 인형은 '나쁘다'는 것이다. 아이들은 '순진무구'하고 인종적 메시지를 받아들이지 않는다고 흔히 생각하지만 연구에 따르면 모든 인종의 아이들이 어리게는 세 살부터 백인이 흑인보다 우월하다는 사회적 메시지를 내면화한 것으로 나타난다(Doyle & Aboud, 1995; VanAusdale & Feagin, 2001). 그리하여 백인 아이들은 내면화된 인종적 우월감을 갖게 되고, 유색인은 내면화된 인종적 열등감을 갖게 된다. 내면화된 인종적 열등감은 삶의 모든 면을 파괴할 정도의 영향을 미친다.

내면화된 인종적 억압의 작용에 대해 간략하게 살펴보았는데, 그렇다고 해서 인종주의의 희생자에게도 책임이 있다는 의미는 결코 아니다. 백인의 인종주의와 우월주의가 유색인에게 파괴적 영향을 미친다는 사실을 강조하기 위한 것이었다.

● 인종주의와 교차성

인종주의를 일반적 용어로 이야기했지만 계급, 젠더, 섹슈얼리티, 능력 등에 따라 어떤 사회집단에 속하느냐가 인종 경험에 큰 영향을 미친다. 예를 들어 제2세대 여성주의*의 중대한 한계로 지적되는 것이, 이 운동이 '여성'을 공통의 경험과 관심사를 지닌 일치된 집단인 것처럼 다루었다는 점이다. 사실 대체로 1960년대 여성 운동의 최전선에 섰던 여성을 백인 중산층 여성이라고 생각한다(Frankenberg, 1993; Moraga & Anzaldúa, 1981). 이들의 관심사는 여러 주요 영역에서 다른 집단 여성의 것과 달랐다. 예를 들어 백인 중산층 여성은 가정의 예속을 떨치고 직업을 갖고자 했지만, 유색인 여성은 오래전부터 집 밖에서 일해 왔다. 유색인 여성은 경제적, 사회적 조건을 개선해 집에 있으면서 아이들을 키우더라도 게으르고 나쁜 엄마 취급을 받지 않는 편을 더 선호했을 것이다.

---

* Second Wave Feminism. 미국에서 1960년대 초에 시작된 여성주의 운동의 한 시기로 가족, 직장, 재생산권 등까지 논의를 확장했다.(옮긴이)

억압받는 위치와 특권적 위치를 동시에 차지할 수 있으며 이 위치들이 복잡한 방식으로 교차한다는 현실을 인식하기 위해 교차성이라는 용어를 쓴다(Collins, 2000; Crenshaw, 1995). 예를 들면 가난한 백인은 계급 차별을 받지만 인종적 특권을 누리므로, 가난하면서 백인인 경험은 가난하면서 아시아계인 경험과 같지 않다. 이에 더해 성차별주의 때문에 가난한 백인 여성은 가난한 백인 남성은 겪지 않는 장벽을 마주한다. 한편 가난한 백인 여성은 성차별주의에 맞서야 하지만, 가난한 아시아계 여성이 겪어야 하는 인종주의를 겪을 필요는 없다. 사실 인종적 특권 덕분에 가난한 백인 여성은 직업을 구하거나 복지와 의료 보호 같은 사회 공공 서비스를 누리기가 더 쉬워 가난을 더 잘 헤쳐 나갈 수도 있다. 사회적 삶의 한 영역에서 억압을 당한다고 해서 다른 영역의 특권이 '상쇄'되는 것은 아니다. 여러 정체성들이 상황에 따라 더 두드러지기도 하고 덜 드러나기도 할 뿐이다. 따라서 우리의 정체성이 변하는 사회적 맥락 속에서 어떻게 펼쳐지는지를 밝히는 것이 관건이다(DiAngelo, 2006).

이제 이 장 맨 앞에 인용한 한 학생의 말을 다시 떠올려보자. "전 정말 운이 좋았죠. 백인만 사는 동네에서 자랐고 제가 다닌 학교도 대부분 학생들이 백인이어서 인종주의를 전혀 경험하지 않았어요. 부모님은 제게 모든 사람이 동등하다고 가르쳤고요." 이 말은 백인이 인종주의를 어떻게 이해하고 인종주의와 어떤 관련을 맺는지 아주 잘 보여준다.

첫째, 백인만 사는 동네에서 자라 인종과 인종주의를 피했다는 생각은 백인만이 인간이고, 인종은 유색인만이 지녔고 백인은 인종이 없다는 믿음을 드러낸다. 유색인이 없으면 인종이 없는 것이다. 뿐만 아니라 끔찍한 인종주의도 없다. 얄궂게도 인종주의를 백인이 통제하고 유색인에게 부과하는 것이 아니라 유색인이 지니며 유색인이 백인에게 가지고 오는 것으로 자리매김하는 것이다. 인종과 인종주의를 유색인에게로 돌리고 백인만으로 이루어진 공간에는 인종과 인종주의가 없다고 보면서 백인성은 중립적이고 아무 잘못이 없는 것으로 되고 만다.

둘째로 백인만 사는 동네는 같은 무리끼리 있고자 하는 자연스러운 끌림이나 우연의 산물이 아니다. 백인 동네는 유색인이 백인 동네에 들어오지 못하도록 체계적으로 막아온, 수 세기 동안 이어진 인종주의 정책, 실천, 태도의 결과물이다(Conley, 1999). 과거에는 법으로 강제했지만 지금은 임대업자의 차별, 주택 구입자들을 특정 동네로 모는 부동산업자의 관습적 행태, 교외에 도로 건설은 지원하고 대중교통은 확충하지 않아 교외 지역의 접근성을 높이지 않는 것, 백인 중산층의 교외 이주 물결 등으로 이루어진다. 백인 동네, 백인 학교는 우연히 그렇게 된 것이 아니다.

이 학생이 주장하는 바와 다르게 이 학생은 백인 동네, 백인 학교에서 인종에 대해 상당히 많은 것을 배웠을 것이다. 앞에서도 이야기했지만 아이들에게 "모든 사람은 평등하다"고 말하면서 백인만으로 이루어진 공간에서 키운다는 것은 모순이다. 아이들에게 백인 동네에 사는 게 운 좋은 것이라고 암시하고, 인종 간의 관계를 통해 무언가 소중한 것을 얻지 못해 손해라고 하지 않는 것만으로도 인종에 대해 많은 것을 가르치는 것이다.

🗣 토론해볼 문제

1. 이 책에서는 인종주의가 나쁜 사람들의 개별 행동만이 아니라고 주장한다. 그렇다면 인종주의는 무엇인가? 인종주의를 일부 사람들의 나쁜 생각과 행동으로 축소하면 어떤 문제가 있나?

2. 이 책에서는 인종적으로 분리된 사회에서 자라는 것만으로 인종에 대해 많은 것을 배우게 된다고 한다. 왜일까? 어떤 것들을 배우게 되나?

3. 교차성이란 무엇인가? 내가 속한 다른 사회집단(계급, 젠더, 섹슈얼리티, 종교 등)을 몇 개 골라 인종 경험에 어떤 영향을 미치는지 말해보자.

🗣 확장 활동

1. 영화 〈릴 인준Reel Injun〉(제작 C. Bainbridge, D. Ravida, C. Fon, L. Ludwick, & E. Webb, 감독 N. Diamond, Montréal, Canada: Rezolution Pictures, 2009. www.reelinjunthemovie.com)을 보자. S. 앨렉시의《론 레인저와 톤토가 하늘에서 주먹다짐 The Lone Ranger and Tonto Fistfight in Heaven》(New York: Grove Press, 2005)을 읽자. 원주민에 대한 여러분의 생각에 할리우드가 어떤 영향을 미쳤는지 글로 써보자. 원주민이 백인이 쓴 대본에 따른 역할을 하면 무엇을 잃을까? (205쪽에서 제이 실버힐스에 대한 이야기를 보자.)

2. 1) 오늘날 학교에서 인종주의를 관찰해보자. 초등, 중등, 고등학교에서 한 학년 수준을 정하고 (구, 도, 주, 연방 등) 범위를 정해 학교와 인종에 대한 아래 차원의 자료를 모아보자.

- 학생, 교사, 교직원의 인구 구성
- 교과과정 내용에 대한 정보(사용된 교과서와 출간 연도, 어떤 주요 인물을 배우고 어떤 문학 작품을 읽는가)
- 학교 일정과 행사(명절, 축일, 방학)
- 자금 수준과 자금원

2) 모은 자료를 사회경제적으로 차이가 있는 다른 학교와 비교해본다(예를 들면 영재 학교의 인종과 젠더 구성비라든가, 고등 교육 학제, 교사의 자격요건과 보장된 재직 기간 등)

3) 알게 된 내용을 개괄하는 편지를 학구에 보낸다. 이 장이나 교육에서의 인종주의를 분석한 다른 글에서 읽은 내용을 이용하자.

백인 우월성

"왜 우리가 모두 그냥 사람일 수는 없는 건가요?
자꾸 인종에 초점을 맞추니까 인종끼리 나뉘는 게 아닌가요?"

● ● 　　　　　이 장에서는 인종주의가 인종주의에 대한 도전에
적응하여 흡수하는 방식 몇 가지를 밝히려고 한다. 다문화 교육
과 반인종주의 교육을 비교하고, '백인성Whiteness'과 '백인 우월성
White supremacy'이라는 개념을 소개하고, 인종주의에 대한 흔한 오
해를 살피며 마무리하겠다.

　　다른 억압도 마찬가지지만 인종주의가 특히 끈질긴 까닭은 도전
을 받아들여 흡수하고 그것에 맞게 맞춰가는 능력 때문이다. 다문화
교육을 한번 생각해보자. 다문화 교육이란 몇 십 년 전부터 자리 잡
기 시작한 교육방식인데, 다문화 교육을 지지하는 사람들은 학교가
소수화집단의 요구를 충족시키게끔 되어 있지 않음을 일단 인정한
다. 다문화 교육의 접근방식에는 여러 가지가 있지만 먼저 정의를 한
번 살펴보자.

다양한 인종, 민족, 사회계층, 문화에 속한 학생들에게 동등한 교육 기회를 창출하는 것을 주요 목표로 삼는 학문의 영역. 모든 학생이 다원적 민주사회에서 효과적으로 기능하고 다양한 집단의 사람들과 상호작용, 교섭, 의사소통하는 데 필요한 지식, 태도, 기술을 습득하도록 도와 공통의 선을 위해 노력하는 도덕적 시민 공동체를 이루는 것 등이 중요한 목적이다. (Banks and Banks (1995) p. xi)

다문화 교육은 지배집단의 기준, 정의, 실천, 정책에 도전하기 위한 교육운동으로 시작했으나, 오늘날에는 단순히 '다양성을 드높이는' 것으로 나타날 때가 많다. 여러 문화권의 음식을 나누어 먹거나 크리스마스와 함께 하누카나 콴자* 같은 명절을 축하하는 등의 활동으로 다양성을 찬미한다. 하지만 이런 접근방법에서 차이의 역사나 정치는 빠져 있다. 실제로 다문화 교육에서 '차이를 칭송하는' 접근방식은 학교 안의 여러 '독특한' 민족집단에 개인주의 이데올로기를 적용한 것이다. 다양성을 드높이는 것도 중요하지만 권력에 대한 연구 없이 차이만 강조하면 집단 사이의 불평등한 권력을 감추어 오히려 구조적 불평등을 강화하게 된다. 이렇게 다양성을 칭송하는 교육은 진보적이고 인종 면에서 포용적으로 보이면서 실제로는 억압 문제를 피할 수 있다. 학교에서 흔히 하는 다양성 관련 활동과 위 인용문의 정의가 얼마나 다른지 비교해보자. 현재 학교에서 이루어지는 일들에서 복잡한 부분들은 쏙 빠져 있다.

* 하누카는 유대교, 콴자는 아프리카계 미국인들의 명절로 크리스마스와 비슷한 시기에 온다. (옮긴이)

다문화 교육과 달리 반인종주의 교육은 권력의 불평등한 분배에 초점을 맞춘다. 반인종주의 교육은 대부분 다문화 프로그램에서 빠지지 않는 '다양성 칭송' 접근방식을 의도적으로 피한다. 대신 인종적 차이의 의미와 결과에 지대한 영향을 미치는 사회, 문화, 제도적 권력 분석에 초점을 맞춘다. 반인종주의 교육은 인종주의가 사회의 모든 면과 사회화 과정에 깃들어 있음에 바탕을 둔다. 서양 문화권에서 태어나고 자란 사람은 인종주의적 관계를 맺도록 사회화되는 일을 피할 수가 없다. 반인종주의 교육은 사람들이 인종주의를 유지하는 규준, 패턴, 전통, 이데올로기, 구조, 제도를 확인하고 지적하고 도전할 수 있도록 교육함으로써 인종주의적 관계를 깨뜨리려고 한다. 반인종주의 교육의 핵심 요소는 인종주의가 무엇이고 어떻게 작동하는지에 대한 백인의 '의식을 높이는' 것이다. 그러려면 인종주의를 모든 사람이 엮여 있는 체제가 아니라 나쁜 사람만 하는 개인적 행동으로 보는 개념에 맞서야 한다. 인종주의를 구조로 정의하면 개별 사건이나 의도의 범위를 넘어 체제로서의 인종주의와 우리의 관계를 탐구할 수 있다.

● 백인성이란 무엇인가

비판적 학문에서는 인종주의를 백인과 유색인 사이의 불평등한 권력이 빚어낸 체계적 관계라고 정의한다. 백인성이란 백인을 유색인보다 드높이는 인종주의의 특정 차원을 가리킨다. 모든 사람들이 공유한다고 생각하는 기본권, 자원, 경험이 실제로는 백인에게만 허락된다. 많은 백인들이 백인이라는 것에 아무 의미도 없다고 생각하지만 그렇게 생각하는 것은 백인뿐이고, 이게 바로 백인이라는 것이 어떤 의미인가를 보여주는 핵심이다. 자기 인종이 아무 의미가 없다고 볼 수 있다는 것이야말로 바로 백인만이 누릴 수 있는 특권이다. '단지 인간'일 뿐이고 인종과 무관한 존재라고 주장하는 것이 백인성이 가장 강력하게 드러나는 흔한 모습이다.

대표적으로 W. E. B. 두보이스나 제임스 볼드윈 등의 유색인이 1900년대에 이미 백인성에 대해 글을 썼다. 이 작가들은 백인이 '타자'를 연구하기를 그만두고 스스로에게 관심을 돌려 인종으로 나뉜 사회에서 백인이라는 것이 어떤 의미인지를 탐구해야 한다고 촉구했다. 마침내 1990년대에 이르러, 백인 학자들이 이 도전을 받아들이기 시작했다. 이들 학자들은 백인이라는 것의 문화적, 역사적, 사회적인 면들을 검토하여 권력과 특권과 어떻게 연결되어 있는지를 연구한다.

✋ **잠깐** 인종주의는 불평등한 권력 사이의 관계에 관한 것이다. 4장에서 보았듯이 불평등한 권력관계는 이쪽저쪽으로 뒤집히지 않는다. 오랜 세월의 결과로 한쪽 방향으로 깊숙이 박혀 있다.

백인의 권력과 특권을 백인 우월성이라고 부른다. 백인 우월성이라는 용어는 KKK단 같은 극단적 혐오 단체를 가리킬 때에만 쓰는 말은 아니다. 백인의 특권, 지배, 가정된 우월성이 어디에나 압도적 규모로 존재하고 정상으로 간주된다는 점을 포착하기 위해 사용하는 용어다.

제도적 인종주의가 어떤 힘을 지니는지 프레드 코레마츠의 삶과 활동(221쪽)을 예로 살펴볼 수 있다.

세계적 맥락에서 본 백인 우월성

사회적 권력을 상식적으로는 수의 개념으로 생각하기 쉽지만, 앞에서 이야기했듯 권력은 수가 아니라 위치에 달려 있다. 다시 말해 권력은 한 집단이 어떤 위치를 차지하는지, 이 위치에서 다른 집단에 영향을 미칠 수 있는지에 달려 있다. 영화나 대중매체, 기업문화와 광고, 기독교 선교 활동 등을 통해 백인 우월성이 세계에 퍼질 수 있었다. 구체적·정치적 실천, 정책, 군사 활동 등에 더해 백인 우월성이 강력한 이데올로기로 작용해서 인간의 이상이라는 생각을 퍼뜨렸다.

✋ **잠깐** 백인 우월성이라는 용어는 극단적 혐오집단이나 '나쁜 인종주의자'들을 가리키기 위한 것은 아니다. 주류 사회에서 백인의 특권, 지배, 가정된 우월성의 포괄적 차원들을 포착하기 위한 용어다.

다음 사례를 보고 백인 우월성(백인의 문화적 실천과 구조적 특권이 눈에 보이지 않고 보편화됨)이 어떻게 세계적으로 널리 퍼져왔는지 생각해 보자.

- 유럽인(특히 영국, 프랑스, 스페인)이 아프리카, 중동, 북·중·남아메리카를 '발견'했다는 신화
- 지리적 영역을 식민화(그리고 식민주의자의 언어로 식민주의 권력과 관련이 있는 이름을 새로이 붙임—뉴욕, 프린스에드워드 섬 등)
- 식민 권력의 이해에 따라 식민화된 지역 간의 경계를 새로 정함
- 토착민에게 식민주의자의 언어를 강요
- 소비주의 생활방식을 조장하고 소비, 이윤, 경쟁의 가치를 드높임
- 주로 서양에서 소비되는 제품 생산과 서양 기업의 이윤을 위해 세계에서 노동력을 착취함
- 저개발 국가(또는 캐나다와 미국 시골의 백인이 거주하지 않는 지역)의 환경오염과 막개발
- 다국적기업이 위에 열거한 방법을 통해 배당이익을 증가시켜

부가 소수(백인)의 손에 집중되게 함

• '제3세계'와 토착민들에 기독교를 전파하며 동시에 백인 우월성도 전파하는 선교 활동

위의 예 가운데 하나인, 식민주의자와 백인 서구 열강의 이익에 따른 지역 분할 과정에서 백인 우월성이 어떻게 전개되었는지 살펴보자.

1차 세계대전의 여파로 오스만 제국이 무너졌다. 연합국들이 오스만 제국의 영토 대부분을 영국령과 프랑스령으로 나누었다. 영국령에는 '메소포타미아 지방' 곧 오늘날 이라크와 팔레스타인이 포함되고 프랑스령에는 오늘날의 레바논, 시리아, 요르단이 들어갔다. 영국과 프랑스의 지배 역사를 이야기하는 까닭은 이렇게 영역을 분할하는 바람에 오늘날까지 계속되는 일련의 정치적 투쟁, 논란, 긴장이 촉발되었기 때문이다. 물론 영국과 프랑스의 이익은 안정을 이룩하는 데에 있지 않았다. 이 영역을 나누고 통치하는 방식에 정치적, 경제적, 이데올로기적 투자가 이루어졌다.

이라크 사례에서 이런 분할이 어떻게 펼쳐졌는지 아주 단순화해서 개괄해보자. 거의 하룻밤 사이에 이라크 문화, 역사, 민족 간의 관계 등에 대해 전혀 알지도 이해도 못 하는 외국 권력에 의한 통치가 시작되었다. 영국의 왕정과 상류층은 그 지역의 다양한 민족과 문화의 힘을 고려하지 않은 채 강압적인 통치를 했다. 이라크 내의 여러 민족집단(시아파와 쿠르드족 등)이 봉기하고 독립을 쟁취하려 했다. 그

렇지만 이라크에서 나는 석유에 의존하는 영국이 이런 움직임들을 억눌렀기 때문에 군주제가 20세기 전반을 넘어 유지되다가, 1958년 쿠데타로 무너졌다. (나중에 사담 후세인이 장악하게 되는) 바트당은 식민지배로부터 독립을 하기 위한 투쟁과 여러 모로 연관이 있다.

백인 우월성은 식민 민중(거의 언제나 유색인)의 역사를 불분명하게 만들고 부인하고 다시 쓰고 민담으로 치부해버리는 식으로도 작동한다. 역사 지식이나 역사관에 조금이라도 빈 공간이 있으면, 어떻게 그렇게 되었는가, 왜 특정 지역과 민족은 폭력적이고 끝없이 전쟁을 벌이는가 등의 지배담론이 이 빈틈을 메운다. 이를테면 어떤 문화는 (백인 위주의 서구에 비해) 문명화되지 않았거나 (백인 서구의 기독교와 달리) 문명화된 종교가 없고 (서구의 백인과 다르게) 유전적으로 폭력적인 성향이 있는지 등에 대해 설명할 때에도 백인 우월성이 거론된다. 이런 설명들은 서구 밖에서 펼쳐지는 폭력에 백인이 공모했음을 은폐한다. '문명화된' 사람들이 이 지역을 통제하고 질서를 유지하고 이곳의 자원을 이용하고 분배할 필요가 있다고 합리화하며 동시에 백인 문화의 우월함을 강화한다.

✋ **잠깐** 자기 나라 역사가 아닌 역사에는 별 관심이 없고 상관도 없다는 생각이 들지 않는지 보자. 세계적으로 보면, 백인성의 영향 때문에 다른 역사 기록에 대한 관심이나 이해가 줄어들게 된다. 그러나 백인 우월성에 도전하려면 다른 역사를 반드시 알아야 한다.

● **인종주의에 대한 백인들의 흔한 오해**

앞선 두 장에서 인종주의에 대한 흔한 오해 여럿을 살펴보았다.

하지만 워낙 끈질긴 문제라 우리가 가장 흔히 듣는 주장들을 다시 살펴보며 마무리하는 게 좋겠다. 의도야 어떻든 이 주장들은 (일부는 순진해 보이고 일부는 진보적으로 보이지만) 지배집단의 이익에 봉사하고, 궁극적으로는 인종주의에 도전하는 게 아니라 인종주의를 보호하는 역할을 한다. 그렇기 때문에 백인 우월성 이데올로기로 볼 수 있다.

"우리가 다 같은 인간일 수는 없는 건가요? 자꾸 인종에 초점을 맞추니까 인종끼리 나뉘는 게 아닌가요?"

7장에서 개인주의 담론을 이야기하면서 어떻게 개인주의가 인종주의와 백인 특권이라는 현실을 가리는 기능을 하는지 살폈다. 개인주의 담론은 "우리 모두 다른 게 어때서요?"라고 묻고, '인간일 뿐' 담론은 "왜 우리 모두 다 같을 수는 없나요(사실 피부 아래에는 누구나 붉은 피가 흐르지 않나요)?"라고 묻는다. 백인 사회화의 핵심은 자기 자신은 인종 밖에 존재한다고 느끼는 것이라는 말을 기억하자. 물론 생물학적으로 우리는 모두 인간이지만, 사회적 차원에서 누구나 서로를 인간으로 본다고 주장하는 것은 개인주의와 비슷한 효과를 낸다. 여기에서도 인종에 내포된 의미와 백인이 누리는 이점이 부인된다. 뿐만 아니라 이 담론에서는 백인과 유색인이 같은 현실, 같은 맥락의 같은 경험, 같은 기회를 누린다고 가정한다. 백인들은 우리가 모두 독특한 존재라거나 아니면 모두 똑같다는, 모순을 이루는 담론을 꺼내곤 한다. 두 담론 모두 백인의 특권과 인종의 의미를 부인한다. 게다가 '그냥 개인'이거나 인종집단 밖에 존재하는 인간이라고 말할 수 있는 사회적 지위는 백인에게만 주어진다. 언젠가 인종주의가 극복된다면 이런 말들이 말이 될 테지만 그런 날이 이미 왔다고 하는 것은 인종주의의 현실을 부인하는 의도적인 무지일 뿐이다.

인종에 초점을 맞추기 때문에 사람들이 자꾸 나뉜다는 주장에 대해서는, 인구 통계 등의 어떤 면을 보든 사람들이 이미 인종에 따라 나뉘어 있다는 게 입증된다. 사회적 구성물로서 인종의 힘을 솔직하게 받아들이지 않으려고 하기 때문에 나뉜 상태가 계속 유지된다.

"전 유색인 친구가 있어요. 그러니 인종주의자가 아니죠."

일단 인종주의를 일부 사람에게만 있는 것이 아니라 모든 사람에게 영향을 미치는 체계로 정의한다는 것을 염두에 두자. 서양 문화의 물속에서 헤엄치는 백인은 모두 자기들에게 특권을 주는 인종 체계를 유지하는 데에 심리적, 제도적, 경제적으로 투자하도록 사회화되었다. 우리가 선택할 수 있는 것도 피할 수 있는 것도 아니다. 그렇지만 이런 사회화에 도전하고 극복하려고 노력할 수 없다는 뜻은 아니다. 그러려면 평생 노력을 해야 하기는 하지만. 유색인과 의미 있는 관계를 맺는다는 것은 매우 중요한 일이지만, 이런 관계를 맺었다고 해서 더 넓은 문화 안에서 영향을 미치는 백인 우월성이 사라지지는 않는다.

우정만으로는 사회화 과정 전체를 극복할 수가 없다. 백인은 여전히 백인의 특권을 누리고 제도에 대한 통제력을 행사한다. 유색인 친구가 있다고 해서 그것만으로 인종주의의 복잡성을 이해한다거나 내면화된 지배 문제를 해결하려고 애써왔다거나 언제나 인종 사이의 관계를 민감하게 의식하며 친구를 대한다고 말할 수는 없다. 또 친구가 속한 인종집단의 역사를 얼마나 잘 아는지, 친구의 개인적 경험을 얼마나 포용력 있게 들을 수 있는지도 친구와의 관계의 깊이에 영향을 미칠 것이다.

"나는 유색인이 많은 학교에 다녔어요. 사실상 학교에서는 내가 소수자였어요."

백인에게 인종적으로 다양한 환경처럼 여겨지는 곳이 유색인에게도 그렇게 여겨지지는 않는다. 백인인데 유색인이 많은 학교에 다녔다면 아마 도시 빈민 환경에서 자랐을 가능성이 높다. 학생 구성이 인종적으로 다양한 학교라고 해도 대개는 그 안에서 더 넓은 사회의 인종 분리를 반영한 분리가 일어난다. 뿐만 아니라 사회적으로 성장하면 이런 학교, 동네, 친구들로부터 멀어질 가능성이 높아진다. 백인이 어릴 때에는 유색인 친구가 많았더라도 커서는 이 친구들과 멀어지는 경우가 많은데 학교, 직장 등의 환경이 다른 방향으로 나누어 놓기 때문이다. 백인 결속의 힘이 어릴 때의 인종 간의 우정을 이기는 사례다.

백인이 다른 나라로 여행을 할 때에도 소수자가 되는 경험을 한다. 이런 경험은 유색인이 미국이나 캐나다에서 어떤 경험을 하는지를 이해하는 데 어느 정도 도움을 주기 때문에 중요하다. 그렇지만 두 경험이 완전히 같을 수는 없다. 대부분 백인에게 이런 경험은 일시적이기 때문이다. 편견을 경험하고 소수자로 차별을 받을 수 있지만 (물론 상처가 되는 경험일 것이다) 이것이 인종주의는 아니다. 첫째로 백인이 소수가 되는 상황은 보통 백인 스스로 선택한 것이고 원한다면 피할 수 있다. 둘째로 더 큰 사회에서는 여전히 백인이 유색인보다 가치 있게 생각되고 특권을 누린다.

백인이 다른 나라에서 소수로 있을 때에도, 이런 나라들 가운데 상당수가 백인에게 식민화되고 백인을 존경하도록 강제당한 역사가 있음을 염두에 두어야 한다. 뿐만 아니라 북미의 영화와 미디어가 세계에 수출되어 백인성이 세계에 통용되게 되었다. 예를 들어 눈을 더 '백인처럼' 보이게 만드는 쌍꺼풀 성형 수술이 아시아에서는 가장 흔한 성형수술이고 아시아계 미국인들이 세 번째로 많이 받는 미용수술이기도 하다(Motaparthi, 2010). 인도 등 아시아 국가의 광고에서는 밝은 피부색이 가장 아름답다고 선전하고, 피부색을 밝게 하는 크림의 세계 시장 규모는 어머어마하다(Li, Min, Belk, Kimura, & Bahl, 2008). 백인이 비백인 국가를 여행할 때 '외부인' 같은 느낌을 받을 수는 있지만 그래도 실은 무수한 방식으로 백인성이 드높여지고 있다.

"유색인들은 너무 예민해요. 툭하면 인종 카드를 내밀어요."

유색인이 인종주의 문제를 제기할 때 백인들은 "인종 카드를 내민다"는 비난을 흔히 한다. 유색인이 인종 카드를 쓴다고 비난하는 것은 인종주의가 있다는 주장이 오류라는 의미다. 또 이 말은 유색인이 정직하지 않고 인종주의에 대해 거짓말을 한다는 뜻이니 모욕적인 말이기도 하다. 또 백인이 인종주의에 대해 잘 모르면서도 유색인보다 더 잘 안다고 간주하는 오만을 드러내는 것이기도 하다.

우리가 지금껏 논의한 요소들 때문에 인종주의에는 보통 백인들이 이해하지 못하는 부분이 많다. 그렇지만 인종적 오만을 지니고 있어서, 이 문제를 오랫동안 경험하거나 연구해온 사람들에게 쉽게 이의를 제기하곤 한다. 지식에 기초한 관점인데도 낯설다는 이유로 인정하거나 고민해보거나 더 알아보려고 하지 않고 사실이 아닌 것으로 치부해버리곤 한다. 백인 우월주의 문화 안에서 누리는 사회적·경제적·정치적 권력 덕에 백인은 유색인이 인종주의를 주장하는 게 정당한지를 판단하는 위치에 있다. 그렇지만 이런 주장을 이해하고 인정하려고 할 가능성은 매우 낮고 인종주의의 결과를 솔직하게 시인할 가능성도 낮다.

백인 대부분이 인종주의를 어떤 개인이 하거나 하지 않는 구체적 행동으로 보기 때문에, 특정 사건을 보고 '그것'이 일어났는지를 판단할 수 있다고 생각한다. 그렇지만 인종주의는 사회 모든 면과 우리 의식에 스며 있다. 그리고 날마다, 무수히 많은, 의식하지 못하는 방식으로 강화된다. 인종주의에 대해 복잡하게 생각하지 못하기 때문에, 또 사실상 인종주의에 투자하기 때문에 백인은 인종주의가 드러나는지 아닌지를 평가할 자격이 없다. 백인은 또 인종주의를 부인하는 데에 투자하기 때문에 대개는 '그것'이 일어나지 않았다고 판단할 것이다. 인종에 따라 심하게 나뉜 사회에서는, '인종 카드'라는 개념 자체가 백인이 인종주의를 부인함을 보여주는 대표적 예다. 얄궂게도 쓸 만한 카드도 아닌 것이, 유색인이 인종주의를 제기했을 때 백인이 인정하는 일은 매우 드물기 때문이다. 구조적 인종주의가 실재한다고 믿고 이 문제를 유색인과 마음을 열고 사려 깊게 논의할 만한 겸허함을 지닌 백인은 매우 드물다.

"결국 정치적 올바름 이야기네요."

백인들에게 인종주의가 있음을 인정하라고 하면 '정치적 올바름 political correctness' 타령이냐는 말이 나오곤 한다. 정치적 올바름이라는 개념도 애초에는 권력의 불평등에 도전하기 위해 나왔지만 지배집단의 이익을 위해 전유되었다. 정치적 올바름이란 사회와 제도의 억압을 최소화하기 위한 언어, 개념, 정책, 행동을 가리키는 용어로 쓰이기 시작했다. 지금은 지나칠 정도의 문화적 과민성을 의미하게 되었고, 정치적 올바름이라는 용어가 나오면 토론은 끝나고 난다. "PC"라는 소리는 아무도 듣고 싶어 하지 않기 때문이다. '페미니즘'이라는 단어를 예로 들어보자. 여성이 동등한 지위와 기회를 누려야 한다는 생각일 뿐이지만 지금은 "페미나치" 등과 같이 모욕적으로 변용되며 비하적인 단어가 되고 말았다. 보수 논객들이 어떻게 여성 평등 개념을 가져다가 나치즘과 동일시해버렸는지, 이렇게 괴상하게 왜곡된 용어가 어떻게 보편화되어 오늘날 젊은 여성들이 페미니즘과 연결되고 싶어 하지 않게 되는 지경에 이르렀는지를 생각해보자. 정치적 올바름을 피해야 하는 것으로 치부할 때 누구의 이익에 도움이 되는지도 생각해볼 수 있다.

"유색인들도 백인만큼 인종주의적이에요. 사실, 역인종주의 때문에 백인들이 대학에 들어가거나 취업하는 데 어려움을 겪어요."

인종주의를 인종적 편견이라고 정의한다면 맞는 말이다. 누구라도 인종 간에 편견을 가질 수 있다. 그러나 인종주의는 그냥 인종적 편견이 아니다. 인종주의는 제도적 권력으로 뒷받침된 인종적 편견이다. 백인만이 문화를 통해 이 편견을 전파하고 강화하고 인종주의로 바꿀 힘을 갖는다. 인종주의가 무엇인지 이해한다면 역인종주의 같은 것은 있을 수 없음을 알 것이다. 역인종주의라는 말은 권력관계가 이쪽저쪽으로 뒤집혀 이쪽에 유리할 때도 있고 저쪽에 유리할 때도 있다는 뜻을 내포한다. 그렇지만 미국이나 캐나다가 세워져 현재까지 유지되는 모습을 보면 백인의 권력과 특권이 손상되지 않은 상태로 깊이 뿌리를 내리고 있음을 알 수 있다.

예를 들어보면 현재 미국 대통령은 혼혈이고 이 사실이 매우 중대하기는 하지만, 처음 미국 의회가 수립된 뒤로 236년이 지난 지금, 상원 의원 가운데에는 라티노 한 명, 일본계 미국인 한 명, 하와이 원주민 한 명, 아프리카계 미국인 한 명만이 있을 뿐임을 생각해보자. 111대 미국 연방의회 의원 541명 가운데 아프리카계 미국인은 40명, 라티노 27명, 아시아계 6명, 원주민은 1명이다. 미국 연방대법원 대법관 9명 중 백인이 아닌 사람은 두 명뿐이다(Manning, 2010). 따로 떨어진 예외에 주목하면 원래의 법칙이 어떤 의미를 지니는지 누구를 위한 것인지 중요성을 깨닫지 못하게 된다. 최고경영자들, 포춘 500대 기업 경영인, 관리자, 교수, 의사, 법률가, 과학자 등 사회를 이끌어가고 주요 의사결정을 내리는 중심 위치에 있는 사람들은 대부분 백인이다. 미국과 캐나다에서 백인이 다수이기는 하지만 지도자 위치에 있는 백인의 비율은 전체 비율에 비해 지나치게 높다.

미국의 차별 철폐 조처Affirmative Action나 캐나다의 고용 평등 정책Employment Equity 등이 역차별의 사례나 유색인에게 주어지는 특전으로 주로 거론된다. 이들 정책은 백인이 유색인을 차별하는 현실을 개선하기 위해 개발된 것이다. 그런데 일반적으로 사람들이 이 정책들에 대해 잘 모르는 면도 많다. 예를 들면 이 정책은 고용인에게 자격이 없는 유색인을 고용하도록 강요하는 것이 아니고, 자격이 있는 유색인을 고용하지 않았을 때 그 까닭을 분명히 밝힐 수 있도록 요구할 뿐이다.

많은 백인이 '일에 가장 적합한 사람을 고용'한다고 주장하지만, 유색인은 열등하다는 메시지를 지속적으로 받기 때문에 일에 가장 적합한 사람으로 간주되는 사람이 백인일 가능성이 매우 높아진다는 사실은 잘 알지 못한다. 그렇기 때문에 국가 차원의 보호가 필요하다. 페이저의 연구(2007)에 따르면 같은 자격 조건으로 지원했을 때 면접 기회가 주어질 가능성은 범죄 경력이 없는 흑인보다도 범죄 경력이 있는 백인이 약간 더 높다고 한다. 백인 지원자에 대한 무의식적인 선호에 더해 '적합'이라는 개념에서도 인종주의가 드러난다. 그러니까 직장 문화에 맞는 문화적 양식을 지닌 사람을 선호하는 경향이다. 그런데 직장 문화는 소유주가 유색인인 경우가 아니라면 백인 문화일 가능성이 높다. 이런 성향은 여성의 아름다움을 매우 구체적이고 제한적으로 규정하는 (가는 코와 날씬한 엉덩이 등) 패션 업계라든가, 교사 지원자가 기존 구성원들과 잘 어울리느냐에 따라 평가되곤 하는 학교 등에서도 큰 영향을 미친다.

차별 철폐 조처에 원래 여성은 포함되지 않았지만, 이로 인해 혜택을 입은 사람들 가운데에는 백인 여성이 가장 많다. 차별 철폐 조처 등의 정책이 억압받는 집단의 고용률을 높이기는 했지만 목표에는 한참 미치지 못했다. 그렇지만 캘리포니아나 워싱턴 주 등은 차별 철폐 조처를 폐지했고 대법원에서는 대학 입학 전형에서 인종에 따라 가산점을 줄 수 없다는 판결이 나왔다.

차별 철폐 조처 같은 정책을 생각할 때에는 인종의 역학을 염두에 두어야 한다. 백인은 백인이 아니라 '그냥 인간'으로 비치기 때문에 채용이 되었을 때에는 그럴 만한 자격이 있기 때문이라고 가정한다. 유색인이 채용되었을 때에는(고용 평등 정책의 도움을 받았건 아니건 간에), 특별대우 때문에 뽑혔다고 짐작할 때가 많다. 유색인은 본질적으로 자격이 부족하다고 생각하기 때문에 이런 짐작을 하는 것이다. 자격 조건만으로 그 자리를 얻어냈다는 생각은 잘 하지 못한다. 뿐만 아니라 백인이 모든 좋은 자리는 마땅히 자기 것이라고 생각한다는 점도 여기에서 드러난다. ("로스쿨의 내 자리를 뺏겼어." "그 사람들이 내 일자리를 차지했어.") 우리가 아무리 인종을 의식하지 않는다고(컬러블라인드) 주장해도 실상은 그렇지 않다는 것도 보여준다.

"인종주의는 과거의 유물이죠. 전 노예를 소유한 적도 없고, 인디언들이 기숙학교에 수용될 때에는 태어나지도 않았어요."

인종주의가 계속되고 있다는 사실에 대해 딱할 정도로 무지한 백인들이 많다. 스스로를 과거와 아무 연관이 없는 개인으로 보면, 역사를 지우고 수세대에 걸쳐 축적된 부와 사회적 자본이 오늘날 지배 집단에 이익을 준다는 점을 은폐하게 된다. 캐나다와 미국은 인종학살과 노예제를 통한 착취를 기반으로 세워졌고 노예제나 기숙학교가 폐지되었을 때에도 인종주의는 끝나지 않았다(Zinn, 1980/2010). 린치, 인종 프로파일링 등의 불법 행위뿐 아니라 합법적이고 제도적인 유색인 배제 또한 오늘날까지도 계속된다. 1982년 빈센트 친, 1998년 제임스 버드 살해 등 인종주의적 테러 행위가 여전히 자행된다.

유색인은 1950년까지도 연방주택법(FHA) 대출을 받을 수 없었다. 이 대출 덕에 한 세대의 백인들이 집을 갖게 되어 중산층 지위로 올라설 수 있었다. 미국에서 주택 소유가 중요한 까닭은 '평균적인' 사람이 부를 쌓아 축적하여 다음 세대의 출발점을 마련해주는 수단이 되기 때문이다. 제도적으로 유색인에게는 이런 기회를 주지 않았고 오늘날 미국 평균 백인 가정이 흑인이나 라티노 가정보다 여덟 배더 잘산다(Federal Reserve Board, 2007). 부의 축적을 가능하게 하는 사회제도에서 유색인을 배제하는 것은 불법이지만 이는 오늘날에도 흔히 자행된다. 예를 들면 주택 담보 대출 금리를 높이 책정한다거나, 대출을 받기 어렵게 한다거나, 부동산업자들이 '좋은' 동네에 유색인이 들어가지 못하게 유도한다거나, 고용 차별이나 불평등한 학교 지원 등이 그런 방법들이다.

삶의 질을 나타내는 지표 전부에서 인종집단에 따라 불평등한 결과가 나타난다. 이런 차이는 문헌이나 자료로 충분히 확인된다(Hughes & Thomas, 1998; Williams, 1999). 개인이나 미시적 차원으로 분석을 제한하면 거시적인 '큰 그림'을 이해하기가 어려워진다. 미시적 차원에서는("나는 노예를 부린 적이 없다") 인종주의를 유지하는 사회의 거시적 차원, 곧 실천, 정책, 규준, 규범, 법, 전통, 규제 등을 파악하고 다룰 수가 없다. 예를 들면 미국에서는 백인들에게 이익을 주는 재산 축적 정책에서 유색인들이 전에는 공식적으로, 지금은 비공식적으로 배제된다.

학교가 위치한 지역사회의 재산세를 재원으로 학교 예산을 지원하는 제도를 생각해보자. 유색인 아이들은 다수가 가난한 동네에 살고 유색인 가정은 주택을 소유하기보다는 임대한 경우가 많다는 사실을 고려해보면, 이 정책 때문에 가난한 동네의 교육의 질은 떨어질 수밖에 없고 유색인 아이들이 피해를 입게 된다. 반면 이 정책은 백인일 가능성이 높은 중산층이나 상류층 학생들은 더 좋은 교육을 받고 더 나아가 직업을 얻을 때에도 상대적으로 경쟁을 덜 겪도록 하기 때문에 제도적 인종주의와 백인 특권의 예가 된다(Kozol, 1991).

모든 아이들이 같이 좋은 교육을 누릴 수 있도록 학교를 지원하는 방식이 얼마든지 있을 텐데도, 기존 상태를 유지하도록 만드는 현재 방식을 고집한다는 것은 제도적 인종주의의 사례이다. 학교에서 불평등이 재생산되는 제도적 인종주의의 사례를 또 들자면, 문화적 편견이 반영된 의무적 시험, '능력반' 편성, 어떤 학생이 어떤 능력 수준에 속하는지를 판단하는 힘을 지닌 교사들이 주로 백인으로 이루어져 있음, 지능이나 지능의 요소·측정방식을 문화적으로 정의함, 백인 교사와 관리자들이 좋은 행동의 기준을 결정함 등을 들 수 있다. 학교는 평등을 이루는 역할을 하기는커녕 실제로 인종적 불평등을 재생산하는 기능을 한다. 노예를 소유한 적이 없으니 인종주의에서 아무 이익을 보지 않았다는 주장은 극도로 피상적이며 과거와 현재 사회 모든 층위에서 백인이 이익을 누리는 현실을 은폐한다.

🗣 토론해볼 문제

1. 다양성을 칭송하는 교육과 반인종주의 교육이 주로 어떤 점에서 다른가? 차이점들을 토론해보고 예를 들어보자.
2. 백인성이란 무엇인가? 이 책에서는 백인성이 세계적으로 구성된다고 주장한다. 어떻게 그럴 수 있나?
3. 이 책에서 백인 우월성이라는 용어는 어떤 의미로 쓰였나? 백인 우월성이 드러나는 상황은 어떤 것이 있을까?

🗣 확장 활동

1. 인종주의에 대한 흔한 오해들에 대해 토론해보자. 반인종주의 관점에서 이런 오해를 어떻게 반박할 수 있을까? 두 명씩 짝을 짓거나 소그룹을 만들어 반박논지를 펴는 연습을 해보자.
2. 영화 〈시민의 부당한 취급과 권리 : 프레드 코레마츠 이야기 Of Civil Wrongs and Rights: The Fred Korematsu Story〉(Fournier et al., 2000) (http://korematsuinstitute.org/)를 보자. (221쪽에 코레마츠 이야기가 있다.) 다음에는 2차 세계대전 때 일본인 억류나 법제화된 인종주의에 도전했던 다른 소수화 인종집단에 대해 조사를 해보자. 이런 사례들을 이용해 인종주의와 백인 우월주의가 어떻게 작동하는지 밝히는 글을 써보자.

9

"그래, 그렇긴 한데…"라는 흔한 반박들

"그러니까, 말 한마디 할 때에도 조심하라는 말이야?"

●● 여러 곳에서 비판적 사회정의를 가르쳐본 경험을
바탕으로 독자들이 흔히 제기할 법한 질문, 반박, 비판을 예측해
보려 한다. 이 장에서는 가장 흔히 나오는 의문과 이의를 다룬
다. 앞에서 논의한 것 전부를 바탕으로 이 문제들을 간략하면서
도 명료하게 다시 이야기해보자.

이 책의 가장 큰 목표는 독자들이 깊이 있게 이해할 수 있도록 비
판적 사회정의의 핵심 개념을 설명하는 것이다. 깊은 이해는 합의에
의해 이루어지지 않는다. 토론에서 이기고 지며 주고받는 논쟁은 여
기에서는 쓸모가 없다. 어떤 생각들은 낯설고 이해하기 힘들 것이라
고 생각한다. 그렇지만 이해하려고 애쓰는 것과 반박하려고 애쓰는
것은 크게 다른 선택이다. 어떤 개념을 받아들이려고 애쓰며 의문을
제기하는 것은 중요한 일이니 이 책에 머물지 말고 더 많은 것들을
찾아보기를 당부한다. 그렇지만 설명을 차단하고 자르고 부정하기
위한 반박은 비판적 사회정의 교육이고 아니고를 떠나서 교육의 목

적에는 어긋나는 것이다. 질문하는 목적이 더 확실하게 이해하기 위한 것인지, 기존 세계관을 보호하기 위해서인지 한번 돌아보기를 바란다. 어느 정도 능통해지고 나면 더는 논쟁이 필요 없다고 할 수 있겠지만, 그러려면 더 많이 깊이 있고 세심하게 알아야 한다.

앞에서 설명했듯이 사회화는 정체성의 기반이 된다. 따라서 우리가 동의하지 않는 억압 체제에 참여하도록 우리가 사회화되어 있다고 생각하는 것은 자기 정체감에 도전하는 일이나 마찬가지다. 하지만 사회화란 선택하거나 피할 수 있는 것이 아니므로 그렇게 사회화되었다고 해서 우리가 나쁜 사람이 되는 것은 아니다. 그렇지만 우리에게는 스스로를 다시 교육시켜 억압 체제를 바꾸려고 노력해야 할 책임이 있다. 두말할 나위 없이 힘든 일이지만 통찰이 생기고 관점이 넓어지고 다른 집단 구성원과 의미 있는 관계를 맺을 수 있고 우리가 생각하고 말하는 것을 행동과 일치시키고 개인의 정치적 진정성도 높일 수 있는 보람 있는 일이다.

다양한 장소에서 다양한 사람들에게 비판적 사회정의 교육을 한 경험을 토대로, 어떤 반박들이 제기될지 예측해볼 수 있었다. 이런 의문들을 다른 곳에서 자세히 논의한 적이 있지만 워낙 끈질기게 자꾸 나타나기 때문에 가장 흔한 것들은 여기에서 다시 짚어보고 싶다. 다음 사례의 '학생'들은 주로 우리가 대학 교실에서 만나는 학생들을 가리킨다. 그렇지만 여기에 나오는 반박과 대응은 다른 상황에서도 흔히 접하므로 쉽게 적용할 수 있을 것이다.

● 학교는 정치적으로 중립이라는 주장

- "학교에서는 정치를 논하지 않습니다."
- "학교는 가치를 가르칠 만한 곳이 아닙니다."

많은 교사들이 학교는 비정치적인 공간이고 학교에서 가르치는 지식은 중립적이라고 생각한다. 하지만 학교는 아주 오래전부터 정치적 투쟁의 장이었다. 창조론을 가르쳐야 하느냐 진화론을 가르쳐야 하느냐와 같은 논쟁, 학교의 법적 분리를 폐기한 브라운 대 교육위원회 재판, 원주민 아이들의 기숙학교 등은 학교 교육의 정치적이고 가치에 경도된 본질을 보여주는 사례들이다. 중립적 공간이란 없고 학교는 지금도 과거에도 한 번도 정치적으로 중립인 적이 없었다.

(헌법에 명시된 것과 같은) 공정하고 민주적인 사회를 바란다면, 학교에서 정치가 중심 위치를 차지함을 인식해야 한다. 시민들은 건강한 민주주의를 길러갈 수 있어야 하고 그러기 위해 학교는 학생들을 민주적 시민으로 키운다는 핵심 역할을 해야 한다. 그러기 위해서는 나라의 사회적 역사를 가르치고, 다양한 시각을 제공하고, 비판적 사고와 관점을 길러주고, 어려운 주제에 파고들 힘을 길러주고, 연구 조사하고 비판적 의문을 제기하고 대안적 설명을 평가하고 애매모호함을 받아들이고 협력하는 능력을 길러주어야 한다. 젊은이들이 이런 기술을 갖추지 못하면 정의롭고 민주적인 사회를 발전시키기 어려울 것이다.

더욱 평등한 사회를 위한 변화는 투쟁에서 비롯된다. 백인들이 노예를 해방시키는 게 좋겠다고 생각했기 때문에 노예가 해방된 것이 아니다. 해방이 이루어지기까지 수십 년 동안 투쟁, 희생, 저항(폭력과 수십만 명 이상의 죽음을 낳기도 했다)이 있었다. 지배집단이 원해서 기숙학교가 문 닫고 중국노동자들이 시민권을 얻고 여성에 대한 가정폭력이 불법화된 것이 아니다. 수십 년 동안 쌓여온 압박 때문에 바뀔 수밖에 없었던 것이다.

우리 이전 사람들의 노력과 행동 덕에 오늘날 우리가 기본적 수준의 인권을 누릴 수 있다. 페미니스트, 게이와 레즈비언, 민권운동, 원주민, 장애인 등의 활동가들 덕이다. 사회정의 운동의 필요를 인식하고 힘쓰는 능력이 건강한 민주주의에 참여하기 위해 필수이고 이 능력을 기르는 데에 학교가 중심 역할을 한다.

● 사회정의 교육을 '좌파' 교수들의 급진적인 개인 의견으로 치부

- "의견이 아주 강하시네요."
- "급진적인 생각입니다."
- "너무 편파적이에요. '다른 쪽' 의견도 곁들였으면 좋겠어요."

'급진적 학자들'이라는 반박은 비판적 사회정의 교육과 관련된 학문 전체를 개인적 가치나 정치적 올바름 정도로 격하시킨다. 그렇지만 '급진적'이라는 말은 상대적인 개념이다. 어떤 지식에 비해 급진적이라는 말인가? 이 관점이 급진적이라고 반대한다면 주류나 지배적 관점은 급진적이지 않다, 다시 말해 중립적이고 객관적이라는 말이다.

비판적 사회정의의 바탕이 되는 학문을 주관적이고 편견에 절은 개인적 의견으로 축소시키면, 고도로 복잡하고 깊이 있는 지식이 아니라 한 교수의 개인 의견으로 바뀌게 된다. 그러면 어떤 의견이든 마찬가지로 유효해지고, 의견으로 축소된 학문은 그냥 무시할 수 있게 된다. 이런 전략은 비판적 수업을 이데올로기, 의견, 주관성의 장으로 치부하는 한편, 중립적이라거나 '투명한' 관점을 가르친다고 주장하는 다른 수업은 더 실질적이고 바람직한 지식을 가르치는 객관적 장으로 만드는 전략이다.

비판이론은 어떤 지식도 중립적이거나 객관적이지 않다고 한다. 인간이 구성한 의미와 이해에서 벗어날 수 없다는 것이다. 그렇지만 얄궂게도 객관적이라고 주장하지 않고 자신의 관점과 이해의 한계를 인정하는 유일한 지식(비판이론 등)이 편견에 의한 것이고 논쟁의 여지가 있다고 비추어진다. 보통 자기 관점이 무어라고 밝혀야만 어떤 특정 관점이 있다고 인식되기 때문이다. 중립적 지식이라는 생각에 도전하려고 할 때에는 보통 진보적('급진적' '마르크스주의적' '사회주의적' '좌파적') 관점에 경도되었다는 비난을 맞닥뜨리게 된다.

● **규칙의 예외를 예로 들기**

• "버락 오바마가 대통령이니 미국의 인종주의는 이제 종식되었

습니다."

• "제 친구 중에 라틴계가 있는데 회사 최고경영자예요."
• "저희 학교 교수님은 동성애자임을 공표했는데 그래도 종신재
직권을 얻었어요."

사람들이 흔히 예로 드는 예외에 두 가지 유형이 있다. 하나는 '성
공'한 소수화집단 출신 유명인의 사례를 드는 것이고, 또 하나는 개
인적, 일화성 사례를 드는 것이다. 모든 사람이 아는 사례를 들건 나
만 아는 사례를 들건 누구라도 노력하면 성공할 수 있고 구조적 장애
물 같은 것은 없음을 입증하기 위해서다. 우리가 체계는 변하지 않고
단 하나의 예외도 없다거나 억압적 체계에 주체적으로 도전하기는
불가능하다고 말하는 것은 아니다. 물론 어떤 규칙이든 예외가 있지
만, 이 예외는 거꾸로 규칙을 입증해주기도 한다. 이런 사례들이 우
리가 이름만 들으면 알 정도로 이름난 까닭이 무엇이겠는가?

가장 흔히 예로 드는 버락 오바마의 대통령 취임을 생각해보자.
이 일은 미국 역사에서 매우 상징적인 중대 사건이고 축하할 만한 일
이다. 그렇지만 인종주의는 매우 복잡한 문제이고 한 유색인이 성공
하느냐 아니냐의 문제로 축소할 수 없다. 체제 안에 예외가 있을 수
있지만 이 예외가 체제 전체를 바꾸지는 않는다. 오바마가 대통령이
되면서 여러 면에서 엄청난 양의 인종주의가 표면으로 드러났으나
지배사회는 인종주의의 존재를 부인할 수 있었다. 예를 들어 오바마
집권 동안에 인종 간의 분리는 점점 심해지기만 했다. 인종 분리는
'지층'에서, 곧 우리의 실제 일상에서 일어나기 때문에 훨씬 더 강력

하다.

개인적 사례("우리 학교에 아시아계가 있었는데 아무하고도 문제없이 잘 지냈어.")가 문제인 까닭은, 여기에서는 지배집단의 제한적 시각만 들리기 때문이다. 개인적 사례를 가지고는 논쟁 자체가 거의 불가능하기 때문에 더 깊이 들어가지 못하게 자르는 역할을 한다. 유명한 사례는 적어도 많은 사람들이 알고 있어 그 일에 대한 여러 시각을 알 기회라도 있는데 말이다. 어느 쪽이든, 예외는 언제나 있지만 억압의 패턴은 일정하고 기록으로 잘 드러난다.

● 억압은 '인간 본성'일 뿐이라는 주장

- "어느 사회에나 불평등이 존재한다. 인간 본성이 그렇다."
- "누군가는 위에 있을 수밖에 없다."

자연(타고나는 것)과 양육(문화)을 분리하기란 사실상 불가능하기 때문에 인간 사이의 어떤 역학이 자연적이라는 주장은 입증하기 어렵다. 인간관계의 어떤 패턴이 사회화의 힘 이전에 혹은 그것과 관련 없이 일어난다고 딱 잘라 말할 수는 없다. 갓난아기한테서 보이는 패턴도 우리 자신의 문화적 렌즈를 통해서 해석될 수밖에 없기 때문이다. 타고나는 것과 길러지는 것을 구분하기는 힘드니, '다른 사람을 억압하는 것이 자연스럽다는 말이 누구의 이익에 봉사하는가?'라는 질문이 우리 목적에는 더 유용할 것이다. 다시 말해 위에서 억압하는 사람 혹은 아래에서 억압받는 사람 중 누가 억압이 인간 본성이라고 말할 가능성이 높은가? 이런 주장은 언제나 소수화집단이 아니라 지배집단에게 힘을 실어준다.

인간 본성이라는 주장은 또 시간이 흐름에 따라 억압이 어떻게 변하고 적응하는지를 보여준다. 일부 억압을(예를 들면 인종적 억압) 자연적이라고 정당화하는 게 주류 사회에서 이제는 용인되지 않지만, 다른 억압(젠더 등)에서는 이런 정의가 여전히 용인된다. 인간 본성이라는 주장을 더욱 건설적이고 윤리적으로 이용하려면 역사를 통틀어 인간은 늘 억압을 극복하고 더 평등한 사회를 만들려고 애써왔음을 일깨우면 된다.

● 보편적 인간임에 호소

- "그냥 다 같은 인간일 수는 없나요?"
- "누구든 피는 붉잖아요."
- "차이에 자꾸 주목하니까 구분이 더 심해지는 것 같아요."

물론 생물학적으로 우리는 모두 사람이다. 그렇지만 사회적으로는 위계질서를 이루고 있는 집단의 구성원들이다. 지배집단에 속해 있다면 우리 관점이 중립적이고 객관적이고 보편적 현실을 대변하고 있다고 바라보게끔 교육받는다. 우리 집단이 정상 또는 '그냥 인간'의 기준이 된다. 따라서 지배집단 구성원은 스스로를 어떤 집단에도 속하지 않고 인간 전체의 경험을 대표한다고 볼 수 있는 특권을 누린다. 하지만 소수화집단에 속해 있을 때에는 늘 그 집단의 이름이 불려진다. 언제나 집단의 일원으로 규정되며 그 특정 집단을 대변해서만 발언할 수 있다고 간주된다. '남자'는 모든 남자를 대표해 말할 수 있지만 '게이 남자'는 게이 입장에서만 말할 수 있다고 비춰진다.

뿐만 아니라 지배집단에 속한 사람들은 스스로를 표준으로 보기 때문에 소수화집단에 속한 사람들도 자기와 같은 현실을 경험한다고 가정한다. 그러다 보면 소수화집단의 관점에 대해서는 알 수가 없고 그들이 경험하는 억압도 없는 것이 된다. 억압의 증거 앞에서 "우리는 모두 같은 사람"이라고 주장하는 것은 억압이 존재함을 부인하고 토론을 끝내겠다는 말이다.

차이에 주목하기 때문에 분리가 일어난다는 주장에 대해서는 이렇게 말할 수 있다. 지배집단과 소수화집단은 이미 실질적으로 모든 면에서, 물리적으로나 살면서 얻는 성취에 있어서나 뚜렷이 분리되어 있다. 집단 사이의 차이가 중대한 영향력을 행사하는 사회에서 차이를 무시하고 그것이 하나도 중요하지 않은 척하는 것은 이런 차이를 유지하자는 것밖에 되지 않는다.

● 사회화에 영향을 받지 않았다는 주장

- "저는 모든 사람들을 똑같이 대하라고 배웠어요."
- "부모님이 제가 여자라는 것은 아무 제약이 되지 않고 원하는

어떤 사람이든 될 수 있다고 믿게끔 저를 키우셨어요."

• "저는 그런 경험을 하지 않았어요."

사회화에 영향을 받지 않았다는 주장이 나온다면 이런 점들을 떠올려볼 수 있다.

• 사회화는 가족 안에서만 이루어지는 것이 아니다.
• 가족도 사회화에서 자유롭지 않다.
• 우리는 끝없이 여러 곳에서 서로 모순인 메시지들을 받는다.
• 이런 뒤섞인 메시지에 영향을 받지 않기는 불가능하다.
• 이 메시지들이 아무 영향이 없다고 쉽게 말할 수는 없다. 그것을 물리치려면 의식적이고 지속적인 노력이 필요하다.
• 우리는 사회적 위계가 있는 사회 안에서 살고 이런 배경에서 경험을 한다.

아마 지금쯤에는 여러분이 사회화의 큰 힘에서 벗어날 수는 없으며 위계적으로 배치된 집단의 일원으로 사회화되지 않을 수는 없음을 이해했으리라고 생각한다.

● 교차성을 무시함

• "나는 레즈비언으로 억압을 받으니 백인이어도 아무 특권이 없

어요."

- "계급이 가장 중대한 억압이라고 생각해요. 계급 문제를 해결하면 다른 억압들은 사라질 거예요."

이런 반론을 내놓는 사람들은 대개 소수화집단 구성원으로 자기의 위치에 대해 많은 고민을 한 사람들이다. 이해할 수 있는 반응이다. 우리가 거스르는 물살은 확실히 느껴지지만 우리가 타고 있는 물살은 존재 자체를 느끼기도 힘들다. 그렇지만 이 물살들을 모두 파악하는 것이 우리가 성장하는 데 있어 아주 중요한 한 걸음이 된다.

아시아계인 사람이 인종주의를 경험하면서 동시에 여러 다른 특권을 누릴 수도 있다. 예를 들면 그 사람이 이성애자, 비장애인, 남성이라고 해보자. 물론 이런 특권을 경험하는 데에도 인종주의가 영향을 미칠 것이다. 예를 들어 아시아계 남성의 남성성을 축소하는 지배문화의 인종주의적 고정관념 때문에 남성의 특권을 덜 누릴 수 있다. 그렇다고 하더라도 아시아계 여성에 대해서는 여전히 특권을 누릴 것이고, 원하는 상대와 결혼할 수 있는 권리도 있다.

교차성은 매우 중요하기 때문에 이 복잡한 면을 다루지 못한다면 비판적 사회정의에 대한 의식을 기르는 게 불가능할 정도다. 예를 들어서 억압이 이렇게 여러 형태로 교차할 수 있다. 계급주의와 인종주의가 게이 공동체에 영향을 미친다. 인종주의와 이성애중심주의가 장애인에게 영향을 미친다. 이성애중심주의와 성차별주의가 빈곤 또는 노동 계층에 영향을 미친다. 이성애중심주의와 계급주의가 유색인에게 영향을 미친다. 삶에서 억압을 경험하지만 다른 부분에서는 특권을 누릴 수도 있다는 가능성을 부인하는 것보다는, 이러한 억압의 교차를 파헤쳐 우리가 어떤 면에서는 다른 사람을 억압하고 있음을 인식하는 게 훨씬 더 건설적인 접근방법이다.

● 구조적이고 제도적인 권력을 인정하지 않음

- "여자도 남자만큼이나 성차별적이에요."
- "제가 속한 집단에서는 남자가 저밖에 없어서 제가 억압을 받아요."
- "유색인들도 인종주의자예요."

집단 정체성에서 자라난 패턴을 우리는 깊이 내면화했기 때문에 지배집단 구성원이 소수가 되는 상황이 될 경우에도 억압 관계가 역전되지는 않는다. 지배집단 구성원에게는 특권의 패턴이 함께 따라간다. 예를 들어 남성은 여성에 비해서 (특히 백인 남성) 대체로 다른 사람보다 물리적·사회적 공간을 많이 차지하게끔 사회화된다. 남자가 먼저 말하고, 마지막으로 말하고, 더 자주 말하곤 한다. 모임의 분위기와 일정을 정한다. 결정에 큰 영향력을 행사한다. 거의 어떤 상황에서나 리더로 간주되고 스스로도 그렇게 생각한다(내면화된 지배)(Ridgeway & Correll, 2004).

그런 한편 소수화집단 구성원에게도 이미 만들어진 패턴이 있어(내면화된 억압) 지배집단 구성원을 우선시하는 경향이 있다. 대체로 여자가 남자보다 말을 적게 하고 남자가 리더 역할을 하도록 한다(혹은 오만하다고 간주될 위험을 무릅쓰고 반대하거나). 이런 패턴과 관계는 그 자리에 있는 지배집단과 소수화집단 구성원 비율에 따라 뒤집어지거나 바뀌지 않는다. 의도적으로 노력하고 연대하지 않는 한 불평등한 관계가 반복될 것이다. 집단에서 유일한 남성이라고 해서 갑자기 '억압'받고 '소수자' 경험을 하지는 않는다는 말이다. 이런 때에는 지배집단에 속한 사람이 사회정의에 대한 인식과 기술을 얼마나 갖추었는지가 특히 중요해진다.

> ✋ **잠깐** 이 책은 복잡한 개념에 대한 입문일 뿐임을 잊지 말자. 남성은 남성성의 기준에 따라, 여성은 여성성의 기준에 따라 사회화되지만 젠더 정체성이 그렇게 간단명료하지만은 않다. 이를테면 '남성적'이라고 부를 수 있는 관심, 특징, 태도를 지닌 여자도 많고, 남자들도 마찬가지다. 분석의 다음 단계에서는 남성성과 여성성이 어떻게 사회적으로 '남자처럼 행동한다' 또는 '여자처럼 행동한다'를 정의하는 기준과 기대로 구성되는지를 탐구해보아야 할 것이다.

흔히 숫자를 근거로 부인하는 경우도 많다. 예를 들면 직장의 인종적 다양성에 대해 문제를 제기할 때 "이곳에는 유색인이 별로 없기 때문에 인종적 다양성이랄 것이 없다"거나 또는 반대로 "우리 부서에는 유색인이 아주 많기 때문에 그런 문제가 없다"라는 말을 종종 듣는다. 이런 말에서 몇 가지 중요한 역학을 감지할 수 있다.

- 이런 말은 지배집단의 관점을 보여준다. 예를 들어 백인에게 인종적으로 다양하다고 여겨지는 직장이 유색인에게는 그렇게 보이지 않을 수도 있다.
- 소수자들이 존재하기만 하면 불평등이 해소된다고 가정한다.
- 두 가지 진술 모두 문제가 되는 상황을 옹호하고 합리화하며 따라서 더 이상의 조치를 촉구하는 대신 제한한다.

유색인이 백인만큼 인종주의적이라는 주장은 차별과 인종주의를 혼동한 것이다. 우리는 누구나 편견을 갖고 차별한다. 그렇지만 '주의'라는 말이 들어간 단어를 쓸 때에는 역사적·제도적·문화적·이데올로기적 억압의 역학을 가리키는 것이다. 구조적 억압을 드러내는 언어를 쓰지 않으면 억압의 존재를 은폐하고 부인하게 된다. 그런데 이 용어를 쌍방향으로 바꾸어서 쓴다면, 인종 간 차별의 효과가 서로 같을 수가 없다는 사실을 감추는 셈이다. 백인의 차별은 역사·제도·문화·이데올로기·사회 권력의 뒷받침을 받고 유색인의 삶에 광범위하고 집단적인 영향을 미치기 때문이다. 왜 그렇게 많은 사람들이 소수화집단도 지배집단과 마찬가지로 편견이 있고 억압적이라고 주장하는지를 살피는 편이 더 흥미롭고 의미 있을 것이다. 무얼 정당화하고 변명하기 위한 주장인가? 무얼 위해서 제도적 권력을 인정하지 않으려 하는가?

언어의 정치학을 부인함

- "이제는 또 뭐라고 불러야 하는 건가요?"
- "말 한마디 할 때마다 조심해야 한다는 건가요?"

언어는 지식 구축의 한 형태다. 어떤 사회집단을 명명하는 데 쓰는 언어가 그 집단을 어떻게 생각하는지의 틀이 된다. 언어에 대해 비판적으로 생각하는 것은 권력과 이데올로기에 대해 비판적으로 생각하는 일이 된다. '노숙인'이라는 말을 예로 들어보자. 20여 년 전에는 흔히 쓰이지 않던 말이다. 오늘날 노숙인이라고 부르는 사람들을 그전에는 흔히 부랑자, 거지, 떠돌이, 비렁뱅이, 주정뱅이 등으로 불렀다. 이 단어들은 부정적 이미지를 연상시키는 부정적인 단어이고 대체로 전형적으로 남성을 연상시킨다.

노숙인 지원자들은 노숙인 가운데 집이 없는 여자와 아이들도 많다는 것을 알게 되었고, 여자와 아이들에게는 또 다른 문제와 필요들이 있다는 것도 알게 되었다. 길에서 혼자 사는 남자가 겪는 어려움은 길에서 사는 여자가 겪는 어려움이나 아이들을 데리고 길에서 사는 여자가 겪는 어려움과는 다르다는 말이다. 이들에게 필요한 자원을 확충하려면 공공의 인식을 바꿔야 했다. '부랑자'나 '주정뱅이'를 돕고 싶어 하는 사람들은 거의 없었다(어떤 사람은 도울 가치가 있고 어떤 사람은 가치가 없게 인식되는지 잘 보자).

그래서 사람들의 인식을 바꾸기 위해 노숙인이라는 용어를 도입하려는 정치적 노력이 있었다. 말이 바뀌자 인식도 바뀌었다. 더 많은 자원을 확보할 수 있게 되었다. 언어의 정치적 힘을 보여주는 사례다.

과거에 지배집단이 소수화집단을 지칭하는 데에 썼던 이름들은 억압적 역사에 뿌리가 있고 소수화집단이 스스로 선택한 것이 아니다(예를 들면 '색인Colored People' '오리엔탈Oriental' '지체Retarded' 등은 쓰지 말아야 할 용어들이다). 뿐만 아니라 사실 언어의 변화를 따라잡기는 생각처럼 어려운 일이 아니다. 많은 사람들이 요즘 흔히 쓰는 유행어를 금세 따라한다. '그루비' '쿨' 같은 과거의 속어나 오늘날의 "OMG*", "LOL**" 같은 것을 생각해보라. 사회의 유행에 관심이 있을 때는 언어의 변화를 쉽게 따라잡는데, 소수화집단에 관한 언어의 변화는 잘 모르겠다고 한다면 소수화집단과 심하게 분리된 삶을 살고 있다는 의미다. 또 관심이 없다는 뜻이기도 하다.

한편 언어의 변화는 인지하지만 그래도 내가 원하는 표현을 쓸 권리가 있다고 주장하는 것은 의도적인 무책임의 증거다. 물론 우리에게는 원하는 대로 말할 권리가 있지만, 우리가 하는 말이 미치는 영향은 분명히 존재한다.

평등의 이상을 추구한다는 다원적 사회에서는 그런 상황을 인지하는 언어를 선택해야 한다. 우리가 직장 상사에게 이야기할 때 친구들에게 하듯 말하지는 않을 것이다. 우리는 날마다 맥락에 맞는 언어를 선택하여 말한다. 언어의 변화에 짜증을 내는 대신(내면화된 지배가 도전을 받고 있다는 증거다) 언어의 변화를 받아들인다면, 이를 비판적 사회정의에 대한 이해가 커지고 있다는 지표로 생각할 수 있을 것이다.

---

* 'Oh My God(맙소사라는 뜻)'의 약자(옮긴이)
** 'Laugh Out Loud'의 약자로, 미국 인터넷 사용자들이 웃음을 표현하기 위해 사용하는 새로운 속어(옮긴이)

● 억압이 있다는 주장을 과민함으로 치부함

- "좀 긍정적으로 생각할 필요가 있어요."
- "이제 그만 극복할 때도 되지 않았나요?"
- "그런 뜻이 아니었어요. 농담도 못 해요?"

이런 반박은 '정치적 올바름' 타령이냐는 반박의 변주다. 소수화
집단이나 이들을 옹호하는 사람들이 억압을 거론하면, 지나치게 까
칠하게 굴며 너무 심각하게 받아들인다고 나무란다. 이런 생각에는
몇 가지 문제가 있다. 첫째로 지배집단 구성원이 억압에 대한 소수화
집단의 반응이 정당하냐 아니냐를 판단할 자격이 있다고 생각하는
오만이 드러난다. 지배집단에 속한 사람들에게는 사회화가 보이지
않아 다른 사람들도 자신과 같은 준거틀을 적용해 같은 방식으로 상
황을 본다고 가정하기 쉽다. 우리가 비판적 사회정의를 위해 노력한
다면 이해하려고 애써야 하는 쪽은 지배집단임을 인식해야 한다.

또 다른 문제는 지배집단 구성원은 억압의 집합적 무게를 이해하
지 못한다는 점이다. '그냥 한 말'이 소수화집단 구성원에게는 일상
적으로 겪는 수많은 사소한 공격 가운데 하나일 수 있다. 소수화집단
구성원이 자기가 억압에 어떤 영향을 받는지 밝히려면 상당한 용기
가 필요하다. 지배집단에서 이런 정보를 아무렇지도 않게 치부하는
일이 잦기 때문이다. 상대의 반응을 지나치게 예민하다고 취급하는
태도는 우리가 다른 사람에게 하는 행동의 영향을 이해하려고 하지
도 않고 관심도 없다는 의미다. 이런 반응을 우리 이해에 무엇이 부

족한지를 알아가는 출발점으로 삼는 게 더 건설적이다.

우리 행동의 영향을 부인하기 위해 의도에 초점을 맞추는 방법도 흔히 쓴다. 지배집단은 흔히 자기에게는 억압을 영속화하려는 의도가 없으니 자신의 행동이 억압적일 수 없고 그런 행동에 책임도 없다고 합리화하곤 한다. 또 자기 행동이 왜 억압적이지 않은지 소수화집단에게 설명하는 데 무척 공을 들인다. 그러면 소수화집단의 경험을 무효화하면서 직접 상호작용에서나 더 큰 역사적 맥락에서나 자신의 행동의 영향에 대한 책임을 부인할 수 있다.

마지막으로, 이렇게 하여 지배집단 구성원이 문제를 소수화집단에 투사하며 동시에 축소할 수 있다. 이제 문제는 소수화집단에 속한 것이 되고 이들이 모든 것을 너무 심각하게 받아들이기 때문에 문제가 생기는 것이 된다. 이 논리에 따르면 이건 문제도 아니다. 소수화집단이 피해의식을 극복하고 앞으로 나아가면 쉽게 풀 수 있는 문제다. 비판적 사회정의의 관점에서 보면 지배집단이 소수화집단에게 억압을 받아들이라고 말하는 것과 마찬가지다.

노라 버나드(255쪽)의 삶과 활동은 억압의 영향과 정의를 쟁취하기 위한 소수화집단의 투쟁을 보여주는 사례다.

● **자발적으로 선택했다면 억압일 수 없다는 논리**

• "사람들이 스스로 참여했다면 억압이 아니죠."
• "뮤직비디오에 나온 여자들은 자기가 싫으면 싫다고 할 수 있

었잖아요. 돈을 받고 출연한 거잖아요."

'선택'이라는 담론이 지배사회에 흔히 등장한다. 개인주의처럼 '선택'은 우리 모두 어떤 기회에든 자유롭게 참여할 수 있다고 주장한다. 뮤직비디오의 예에서처럼 화면에 나온 여자들은 성인이고, 돈을 받았고, 마음에 안 들면 출연하지 않으면 되는 거 아니냐고 말한다. 뿐만 아니라 우리도 맘에 안 들면 그 비디오를 안 볼 수 있지 않느냐는 것이다.

사회적 교환에서 선택은 매우 중요하지만 선택이라는 담론은 불

❄️ 노라 버나드(1935~2007)

노라 버나드는 캐나다 미크맥 원주민 활동가다. 밀브룩 퍼스트 네이션 회원이고 노바스코샤 주 슈베나카디에 있던 기숙학교 출신이기도 하다.

노라 버나드는 2005년 하원 위원회에서 이렇게 증언했다. "기숙학교에서 살아남은 사람들이 경험한 학대는 성적, 육체적 학대만이 아니었다. 아무 잘못도 하지 않았는데 감금되고, 아동노동에 시달리고, 제대로 된 옷도 음식도 교육도 제공받지 못했다. 언어와 문화를 잃었고, 병원 치료도 받지 못했다."

노라 버나드는 캐나다 역사상 최대의 집단 소송을 주도하여 승소했다. 캐나다 기숙학교를 거친 8만 명을 대신한 집단 소송이었다. 12년 동안 끝없는 운동과 노력을 한 덕에 연방정부에서는 3십억에서 5십억 달러 사이로 추정되는 보상금 지급에 합의했다. 버나드는 2007년 보상금으로 1만4천 달러를 받았다.

노라 버나드는 사후인 2008년에 노바스코샤 훈장을 받았다.

• 출처: http://www.danielnpaul.com/scan_image/NoraBernard.jpg

평등이라는 큰 그림에서 초점을 개인으로 옮긴다. 대신, 우리에게 어떤 선택이 가능한지를 정하는 구조적 힘을 설명하려면 이런 질문들을 던질 수 있다. 이 젊은 여성들이 음악 산업에서 돈을 벌기 위해 다른 어떤 기회가 있었을까? 똑같은 성차별적 스토리를 반복하지 않는 다른 일과 기회가 주어졌을까? 다시 말해, 이들이 싫다고 말하기를 선택했다면, 그래도 계속 일을 할 수 있었겠느냐는 말이다. 선택이라는 담론은 구조적 억압에서 눈을 돌려 (이 경우에는) 개별 여성의 손에 모든 책임을 떠넘긴다. 순응에 대해 보상이 있다면 (순응하면 돈을 벌고, 순응하지 않으면 돈을 못 번다) 실제로 선택이 얼마나 가능한가? 게다가 이런 비디오에 출연할 수 있는 여성은 매력 있다고 간주되는 극소수의 여성들뿐이다.

어떤 맥락에서 자기 몸을 어떻게 쓸 것인지에 대한 여성의 선택이 자유롭다고 보는지, 또 어떤 맥락에서 선택의 자유에 논의의 여지가 있다고 보는지도 생각해볼 필요가 있다. 예를 들어 많은 사람들이 뮤직비디오나 포르노비디오에 대해서는 여성에게 자기 마음대로 할 권리가 있다고 주장할 것이다. 이런 맥락에서는 선택을 둘러싼 정치(예를 들면 여성의 경제적 기회가 제한되어 있다든가)가 제거된다. 그렇지만 다른 종류의 선택, 예를 들면 재생산에 관련된 선택에서는 여성에게 선택권을 주면 안 된다는 주장이 제기되곤 한다. 어떤 맥락에서는 여성의 자기 몸에 대한 선택이 개인적이라고 하다가 다른 맥락에서는 공적인 토론의 대상이라고 한다. 여성이 자기 몸을 어떻게 사용하느냐에 대해서는 단순한 개인의 자유로운 선택을 넘어서는 제도적 이해가 개입함을 알 수 있다. 게다가 상업용 비디오에 나오는 개별 여성의 선택이 어떻든 간에 업계에서는 이런 비디오를 팔 것이고 문화에 실질적으로 피할 수 없을 정도로 만연하기 때문에 누구나 다 영향을 받는다.

● 사회정의 교육을 '부수적'인 것으로 자리매김함

- "시험 대비를 해야 하니까요. 어쩔 수 없어요."
- "교실에서(또는 직장에서) 사회정의 문제를 다루려면 본업을 할 시간이 부족해져요."

학교에서 별 노력을 하지 않는 까닭을 설명하기 위해 교사들은 사회정의를 '다룰' 시간이 있으면 좋겠지만 교과과정이 우선이라서 시간이 부족하다는 말을 자주 한다. 사회의 주요 제도들은 중립적이라고 자임하기 때문에 그 안에서 사회 불평등에 도전하는 것은 실제 업무에 더해지는 추가 업무로 생각되게 마련이다.

하지만 우리가 세상에서 행동하는 방식은 세상을 어떻게 바라보느냐에 달려 있다. 우리의 세계관은 중립적이지 않다. 세계가 어떤가, 어떠해야 하는가에 대한 특정한 생각들에 좌우된다. 예를 들어 우리 모두는 독특한 인간이고, 어떤 집단에 속하느냐는 중요하지 않으며, 불평등에 대한 최선의 해결책은 모든 사람을 개인으로 보는 것이라고 생각하는 교사가 있다고 해보자. 그러면 이 교사가 가르치는 내용이나 방식에 이런 관점이 드러날 것이다.

반면 만약에 어떤 집단에 속하느냐가 매우 중요하고, 집단에 따라 손에 넣을 수 있는 자원도 다르며, 이런 불평등함이 제도적 권력에 의해 결정되며, 우리가 모든 사람의 행복을 위해 제도에 긍정적 영향을 미치는 주체가 될 수 있다고 생각한다면, 그런 관점도 가르치는 내용에 분명히 드러난다.

✋ **잠깐** 모든 사람을 개인으로 보고 대하는 게 실질적으로는 가능하지 않다는 점을 명심하자. 비판적 사회정의의 관점에서 보면 우리는 나와 다른 집단에 속한 사람을 대체로 문제가 있는 시각으로 보게끔 사회화되어 있다.

물론 사회정의라는 틀이 교육의 토대가 될 수 있도록 하기 위해서는 지속적인 연구와 실천이 필요하지만, 이런 노력을 하지 않기로 결정했을 때 중립적인 상태를 유지할 수 있는 것은 아니다. 이런 노력을 하지 않기로 결정하는 것은 실질적으로는 불평등한 현 상태를 적극적으로 유지하고 재생산하는 행동이다. 비판적 사회정의 인식을 높이게 되면 교육의 어떤 면에서나 이 문제가 명백하게 보여서 '업무 내용에 속하지 않는다'고 생각할 수가 없을 것이다.

● **죄책감을 핑계로 행동화하지 않음**

• "괴로워서 어떻게 해야 할지 모르겠어요."
• "자꾸 죄책감을 자극하네요."

우리가 늘 생각하던 것과 달리 개인의 장단점뿐 아니라 차이의 범주(젠더, 인종, 계급, 신체 능력 등)가 관점, 경험, 기회, 결과에 상당한 영향을 미친다는 사실을 깨닫게 되면 충격을 받을 수밖에 없다. 억압과 불평등을 이해하는 과정에 이런 괴로운 감정이 따르게 마련이고 쉬운 답이 나오지 않아 좌절하는 것도 당연하다. 그렇지만 일시적으로 이런 감정을 느끼더라도 그걸 핑계로 행동을 미루면 안 된다. 지배집단에 속한 사람이 느끼는 죄책감으로 인한 무력감은 실상 특권에 뿌리가 있기 때문이다. 다시 말해 죄책감에서 나온 무력감은 궁극적으로 자기 지위를 지키고 억압을 유지하게 한다. 계급주의로 이익을 누리는 부유한 사람들이 이렇게 주장한다면 효과가 어떠할지 생각해보자. "내 부 때문에 당혹스러워서 어떻게 해야 할지 모르겠어요." 혹은 성차별주의로 이익을 얻는 남자가 이렇게 말한다면. "모든 사회제도를 남자가 지배한다니 어떻게 해야 할지 모르겠고 당황스럽네요." 아니면 인종주의로 이익을 누리는 백인이 이렇게 말한다면. "내가 저절로 특권을 누리는 게 부끄러워 어떻게 해야 할지 모르겠어요."

행동에 나서기 전에 지시를 기다리기도 한다. 온갖 종류의 문제에 대해 들었지만 해결책은 아무것도 듣지 못해서 어떻게 해야 할지 모르겠다고 불평하는 학생들이 있다. 그렇지만 '결론'이나 해답에 도달하려는 욕구도, 모두에게 필요한 스스로 성찰하고 다시 배워나가는 힘든 과정을 피하는 방법이 된다.

또 이런 불평으로 행동에 나서지 않는 것을 합리화할 수도 있다. "어떻게 하라고 말해주지 않으니 아무것도 할 필요 없겠네요." 그렇지만 해결책이 어떤 상황에서나 누구에게나 적용될 수 있는 간단한 공식으로 존재하지는 않는다. 특정 상황이나 행동에 나서려는 사람의 사회적 지위에 따라서도 달라진다. 내가 속한 집단의 지위에 따른 특권과 한계를 아는 것이 어떻게 행동해야 할까를 가늠하는 데 아주 중대한 첫 번째 발걸음이다. 또 개인적 접근에만 치중하지 않는 것도 중요하다. 비판적 사회정의를 위한 행동은 이미 시작되었으니 우리는 우리 주위에서(학교, 직장, 비영리재단 등) 어떤 일이 일어나는지 적극적으로 파악하고 참여해야 한다.

마지막 장에서는 어떤 일을 할 수 있는지 구체적으로 제안한다. 죄책감에 대한 최선의 해독제는 행동이라는 걸 잊지 않기를 바란다.

🗣 토론해볼 문제

1. "말 한마디 할 때마다 조심하라는 말인가요?"라는 말에는 무어라고 반박할 수 있을까?

2. 여기에서 예로 든 반발하는 말 가운데서 스스로도 느껴본 적이 있는 것이 있나? 어떤 부분이 가장 어렵고 왜 어려운가? 내가 느끼는 반발감에 대해 이 책의 입장에서 나 스스로에게 대답한다면 어떤 식으로 대답할 수 있을까?

3. 반박 논지 가운데 두 개를 골라 어떤 상황에서 이런 말을 들어보았는지 이야기해보자. 이 책에서 설명한 개념을 이용해서 이런 말에 뭐라고 대응하면 좋을까? 사람들 앞에서(학교나 직장 회의 등에서) 정면으로 대응하려면 어떤 어려움이 있을 수 있을까? 어려움에 어떻게 대처하면 될까?

🎬 확장 활동

1. 1) 다음은 평등한 분위기를 조성하기 위해 사람들이 흔히 제안하는 방법이다.

   – 서로 존중한다.

   – 모든 사람을 똑같이 대한다.

   – 모든 일을 개인적으로 받아들이지 않는다.

   – 다른 사람을 지레 판단하지 않는다.

   – 피부색을 인식하지 않는다.

   작은 그룹을 지어 이들 각각을 실천했을 때 실제로 어떻게 나타날지 묘사해보고 생각이 일치하는지 살펴보자. 현실에서 보았을 때 누구나 인식할 수 있는 특징을 들어가며 묘사한다.

   2) 이 활동을 할 때 어려운 점은 무엇이었나? 비판적 사회정의의 관점에서 이런 어려움을 어떻게 이해할 수 있을까?

2. 나와 같은 지배집단에 속한 사람과 짝을 지어 비판적 사회정의를 추구하는 지역 단체를 찾아서 모임에 참석해보자.

3. CTV의 노라 버나드(255쪽) 다큐멘터리 〈유산The Legacy〉(2008)(http://tinyurl.com/2cgnx37)과 샬린 티터스 다큐멘터리 〈누구의 명예를 위해In Whose Honor〉(1997)를 감상하자. 노라 버나드, 샬린 티터스와 다른 토착민 활동가를 둘 이상 조사해 예로 들며 우리가 앞으로 나아가려면 과거를 무시할 수 없다는(다른 말로 하면 '이제 그만 덮을 수' 있는 일이 아니라는) 입장을 설명하는 연설을 써보자. 주장을 뒷받침하는 설득력 있는 근거를 셋 이상 생각해보자.

모두 다 합하여

"이제 어쩌죠?"

●● 　　사회정의에 대한 인식이란 불평등한 권력관계가 미시적(개인), 거시적(구조) 차원 양쪽에서 끝없이 교섭되고 있음을 인식할 수 있어야 한다는 의미다. 불평등한 관계 안에서 우리 자신의 위치를 알아야 한다. 지식에 대해 비판적으로 생각할 수 있어야 한다. 그리고 가장 중요한 것은 이 이해를 바탕으로 더 평등한 사회를 위해 행동할 수 있어야 한다는 것이다. 마지막 장에서는 비판적 사회정의의 핵심 원칙을 다시 떠올리면서 행동에 옮기기 위한 구체적인 제안을 하려 한다.

그렇다면 비판적 사회정의를 실천한다는 것은 어떤 의미일까? 서문에서 이야기한 네 가지 핵심 요소로 돌아가 여정의 다음 단계에서 길잡이가 될 구체적 제안을 해보려 한다.

복습 삼아 다시 살펴보자면, 비판적 사회정의를 이해하기 위해서는 이런 것들을 할 수 있어야 한다.

- 불평등한 사회 권력관계가 미시적(개인) 차원과 거시적(구조) 차원에서 지속적으로 행사되고 있음을 인식한다.
- 불평등한 권력관계 안에서 우리 자신의 위치를 안다.
- 지식을 비판적으로 바라본다.
- 위와 같은 인식을 바탕으로 더 평등한 사회를 위해 실천한다.

 앞으로 사례를 통해 이런 요소들을 설명하고, 비판적 사회정의의 관점(이 문제를 어떻게 이해하는가)과 비판적 사회정의 기술(이해를 바탕으로 어떻게 행동할 것인가)이라는 두 영역으로 나누어 서술하겠다. 질문과 제안을 통해 비판적 사회정의 인식을 높이기 위한 다음 발걸음을 인도하려 한다. 핵심 요소의 예로 제안한 사례일 뿐임을 잊지 말기를 바란다. 이런 상황에서만 억압이 일어나는 것도 아니고, 우리 제안이 완벽한 공식일 수도 없다. 시행착오가 있으리라 예상하고 그런 과정을 통해 배우기를 바란다.

● 불평등한 사회 권력관계가 어떻게 계속 행사되는지 인식하기

 상상해보라. 교사 교육을 받는 수업에 스무 명의 학생이 모여 있다. 이 가운데 17명은 여자고 3명은 남자다. 여자들은 유아, 초등교육 전공이고 남자들은 중등교육 전공이다. 이 가운데 17명은 교외 중산층 출신이고 두 명은 시골 노동계급, 한 명은 도시 노동계급 출신이다. 학생들의 나이는 19~25세 사이이다. 모두 백인이다. 두 명은 학습장애가 있다. 눈에 보이는 장애가 있는 사람은 없다. 모두 영어가 모국어다. 흑인 여성인 강사가, 교사집단의 인구 구성이 대개 그러하듯 이 수업에 모인 사람들도 별로 다양하지 않다고 지적한다. 그러자 학생들은 방어적이 되어 자기들 사이에 엄청난 다양성이 존재한다고 반발한다.

비판적 사회정의를 위해 생각해볼 것: 무엇이 보이는가? 이 사례에서는 비판적 사회정의의 관점에서 보는 다양성과 주류의 관점에서 보는 다양성이 어떻게 다른지 볼 수 있다. 개인주의의 렌즈를 통해 보는 학생들은 다양성을 개성의 차원에서 본다. 이런 관점에서는 모든 사람들이 무엇보다도 독특한 개인이며 어떤 사회집단에 속했느냐는 중요하지 않다. 비판적 사회정의의 렌즈를 통해 본 강사는 사회집단의 차원에서 학생들을 본다. 이런 관점에서는 여러 주요 소수화집단 구성원이 부재함이 눈에 뜨인다. 예를 들면 유색인, 눈에 보이는 장애가 있는 사람, 어떤 사회경제적 계급에 속한 사람, 전통적인 젠더 역할에서 벗어난 직업의 길을 택한 사람, 다른 문화·언어적 자산을 지닌 사람 등.

이런 핵심 집단들은 우연히 혹은 별 뜻 없이 부재하는 게 아니다. 해묵은 구조적 억압의 결과다. 이 학생들의 구성이 균질한 것은 중립적이거나 자연스러운 현상이 아니고 이렇게 되게끔 만드는 힘이 여전히 늘 작용하기 때문이다. 우리는 스스로를 개인으로 생각하도록 사회화되었기 때문에, 특히 지배집단에 속해 있을 경우에는 사람들을 사회집단의 관점에서 생각하는 게 유용하다고 납득하기가 어려울 때가 많다. 그렇지만 집단의 관점에서 생각해야 구조적 불평등의 패턴이 보이기 시작하고, 중요한 시각들이 빠져 있으며 관점을 찾아야 한다는 것을 알게 된다.

집단의 관점에서 사회를 보지 않으면 소수화집단과 얼마나 많이 분리되어 있는지도 잘 알아차리지 못한다. 분리가 정상이고 당연한 것이 된다. 그러니 분리를 개선할 필요도 못 느낀다. 컬러블라인드니스라는 개념이 위험한 까닭도 여기 있다. 위 사례의 학생들이 '인종을 의식하지 않는다'고 주장한다면, 인종 간의 분리와 그것이 학교, 동네, 아이들의 교육 기회에 미치는 영향도 부인한다는 말이다. 자기들이 인종에 따라 사회화되었고 그것에 따라 세계관이 형성되었음도 부인하는 것이다. 구조적 권력이 분리를 통해 어떻게 행사되는지를 보지 않는다고 해서 권력이 존재하지 않고 억압이 일어나지 않는 것이 아니다. 오히려 우리가 가치 있는 무언가가 빠져 있다는 것을 보지 못할 때에 권력은 더욱 강화된다. 집단 차원에서 보는 능력을 기르는 일은 권력이 제도 안에서 어떻게 재생산되는지를 보기 위해 매우 중요하다.

비판적 사회정의의 관점에서 보면, 주어진 상황에 다양한 사회집단이 있을수록 다양한 관점을 고려할 집단적 능력이 신장된다. 물론 다양한 관점의 존재(사회집단의 다양성)는 첫 번째 단계일 뿐이다. 그 다음에는 소수화집단(과 이들을 지지하는 이들)이 자기 목소리를 내고 그 목소리가 진지하게 받아들여지는 환경을 조성해야 한다. 수적으

> **잠깐** 소수화집단을 위한 특별한 학교도 있다. 아프리카계 미국인 학교, 여자대학, LGBTQ 청소년을 위한 대안 학교 등. 이런 학교들은 주류에서 분리되어 있기는 하지만 교육과정이나 교육법, 교직원, 교사 등을 통해 주류 교육의 억압적인 힘에 저항하려고 한다. 일반 학교는 이런 힘에 저항하게끔 만들어져 있지 않기 때문에, 이렇게 의도적으로 주류 교육으로부터 분리하는 데에는 또 다른 의미가 있다.

로 다양한 환경이 조성된다고 해서 반드시 모든 집단의 관점이 받아들여진다고 볼 수는 없다.

비판적 사회정의를 위해 생각해볼 것 : 방어적 태도 위 사례에서 강사가 다양성이 부족하다고 지적했을 때 학생들이 방어적인 태도를 취하는 것에서 또 다른 역학의 작용을 볼 수 있다. 이런 방어적 태도는 개인주의 이데올로기가 공격을 당했다는 신호다. 지배집단 구성원들은 스스로를 집단 구성원으로 보도록 사회화되지 않았기 때문에 정체성의 이런 면이 중요하다고 하면 불쾌감을 느끼는 것이 당연하다. 이를테면 인종, 계급, 성별에 따라 삶의 경험이 다르다고 하면 방어적인 기분이 된다. 어느 집단에 속하느냐가 중요하다는 지적을 받으면 우리가 누릴 자격이 있다고 생각했던 특권, 자기 자신을 사회집단과 무관한 개인으로 보고 다른 사람에게도 그렇게 인식될 수 있는 특권에 도전을 받는 일이 된다.

학생들의 방어적 태도는 이들이 좋음 아니면 나쁨이라는 이분법으로 생각한다는 사실을 보여준다. 강사가 인종 문제를 제기하고 교실 인구 구성에 인종적 문제가 있다고 지적했을 때 학생들이 방어적으로 나온다는 것은, 안타깝지만 아직 학생들이 이 문제를 논할 만큼 열려 있지 않으며 강사가 이 문제를 다루기가 어려울 수 있음을 보여준다. 또 이 문제를 건설적으로 이야기해보고 싶은 교실 안의 다른 학생들에게는 그런 시도가 환영받지 못한다는 메시지가 전해진다.

방어적 태도가 비정상이라거나 늘 그렇다는 말은 아니고 학생들에게 토론할 의지가 전혀 없다는 뜻도 아니다. 그렇지만 이 상황에서 나타난 방어적 태도는 지배집단의 세계관을 드러내며 이 세계관을 넓히기보다는 원상태로 지키는 기능을 한다. 비판적 사회정의 관점에서 방어적 태도는 우리가 좋음/나쁨 이분법에 빠져 있고 지배집단 성원으로서 위협을 받고 있음을 보여준다. 따라서 방어적인 심정이 될 때에는 그것을 자기성찰의 출발점으로 삼을 수 있다.

비판적 사회정의를 위해 생각해볼 것 : 더 복잡한 층위들 이제 유색인(또는 그 상황에서 제대로 대변되지 않는 다른 소수화집단 구성원)이 다양성 부족을 지적하는 상황을 상상해보자. 이런 경우에는 최소 두 가지 역학을 생각해보아야 한다. 첫 번째는 지배집단 구성원에게, 특히 이 상황에서 수적 다수인 지배집단 구성원에게 사회정의 문제를 제기했을 때 있을 수 있는 위험이다. 지배집단은 대체로 불평등을 인식하지 못하고 존재를 부인하고, 불평등이 있다고 지적하면 방어적이 되고, 불평등에서 자신이 이익을 얻는다고 생각하고 싶어 하지 않고, 소수화집단의 말에 귀 기울이는 겸허함이 부족하곤 했던 것을 떠올려보자. 이런 패턴들 때문에 소수화집단 구성원들이 제 목소리를 내기는 무척 힘들다.

소수화집단에 속한 사람들은 과거의 경험을 통해 이런 위험을 잘 인식하고 있을 것이고, 수적으로 불리한 데다 다른 사람들의 지원을 기대할 수도 없다는 걸 안다. 이 자리에 제기된 문제를 이해하고 그 중요성도 아는 지배집단 구성원이 있더라도, 그 사람이 그냥 안전한

길을 택해 이 문제를 제기한 사람을 돕지 않고 가만히 있기로 한다면 실질적으로는 우호적이지 않은 분위기를 지지한 셈이 된다.

생각해볼 또 다른 중요한 역학은, 지배집단에서 소수화집단의 목소리가 '특정한' 혹은 한쪽으로 치우친 이익을 대변하며, 분노와 분열을 일으키고, 감정적이고 비논리적이며, 따라서 고려할 가치가 없다고 보는 경향이 있다는 것이다. 소수화집단 구성원이 강사나 회의 의장이나 진행자 역할을 맡았을 때에는, 일시적 권위의 지위가 소수화집단 구성원이라는 신분에 억눌려 전문성이 무시되는 일도 드물지 않다.

🤚 **잠깐** 이 사례에서 강사가 일시적으로 권위 있는 위치에 있기는 하지만 지위에 따른 것이지 신분에 의한 것은 아니라서(5장 참고) 인종주의를 비롯한 다른 억압들을 겪어야 한다.

이 이야기에서 작용하는 역학을 중단시키려면 이런 관점과 기술들이 유용할 것이다.

| 비판적 사회정의 관점 |

- 집단 차원에서 보고, 어디에 속하느냐가 매우 중요함을 이해한다.
- 컬러블라인드니스는 불평등 문제를 해결하는 게 아니라 은폐함을 인식한다.
- 균질성 안에서 무엇을 잃게 되는지 인식한다.
- 방어적 자세를 불러일으키는 이데올로기를 안다(예: 개인주의).
- 좋음/나쁨 이분법에서 벗어난다.
- 사회는 기본적으로 억압적이고 여기에서 벗어날 수는 없다는 지식에서부터 출발한다. 따라서 질문은 "여기에도 있나?"가 아니라 "여기에 어떻게 나타나고 있나?"가 되어야 할 것이다.

- 방어적인 기분이 들면 가라앉힌다.
- 나 자신과 분리되어 있는 집단에 대해 많이 배운다.
- 다른 집단 구성원과 진정한 관계를 맺는다(진정한 관계란 충실하고 지속적이고 상호적인 관계다. 소수화집단 구성원 한 명을 찾아서 쉽게 배우려고는 하지 말자).

불평등한 권력관계 안에서 자신의 위치를 알기

상상해보라. 회사에서 열네 명이 모여서 회의를 한다. 남자는 세 명뿐이고, 모두 백인이다. 나머지는 여자인데 그 가운데 세 명이 유색인이다. 백인 여성이 회의 진행을 맡았는데 이 모임에서 해결하려하는 문제에 대해 제안할 것이 있느냐고 첫머리를 연다. 남자 가운데 한 명이 첫 번째 제안을 한다. 다른 제안이 나오기 전에 두 번째 남자가 첫 번째 남자의 제안을 반박한다. 두 사람이 주거니 받거니 하면서 꽤 오랜 시간이 흐른다. 이따금 여자 가운데 한 명이 논의 내용을 명료하게 하기 위해 질문을 던진다. 남자 가운데 한 명은 "제가 말이 너무 많은 것 같은데…"라는 말로 발언을 시작하기도 하지만 그러면서도 계속 말한다. 결국 두 사람의 논쟁이 끝나고 유색인 여자 한 명이 다음 제안을 한다. 발언이 시작되자마자 남자 한 명은 이메일을 확인하고 다른 한 명은 커피를 더 따라 오려고 일어선다.

이 회의에서 벌어지는 일을 비판적 사회정의의 렌즈로 들여다보자. 가장 먼저 할 일은 이 회의에서 가장 두드러지는 집단을 밝히는 것이다. 그러고 나면 이 집단이 어떤 패턴을 보이는지, 이것이 어떻게 해서 불평등한 결과를 막기보다 오히려 강화하는 방식이 되는지 볼 수 있다. 그 다음에는 각 행위자들이 어떻게 행동하는 게 가장 건설적일지 생각할 수 있다.

비판적 사회정의를 위해 생각해볼 것 : 두드러지는 집단 이 이야기에서 가장 두드러지는 집단 범주는 젠더와 인종이다.

비판적 사회정의를 위해 생각해볼 것 : 어떤 패턴이 드러나나? 이 회의에서 첫 번째로 드러난 패턴은 남자들이 토론을 주도한다는 것이다. 남자, 특히 백인 남자가 토론 시간을 지나치게 많이 사용한다. 남자들이 먼저 말하고, 그 다음으로 말하고, 토론 도중에 '기다리는 시간'을 거의 두지 않는다(Ridgeway & Correll, 2004). 이들은 공간은 열려 있고 자유로우니 그저 다른 사람도 자기들처럼 입을 열고 말하기만 하면 된다고 생각할 것이다. 누구나 원한다면 말할 수 있다고 가정한다. 그렇지만 실제로 시간은 한정된 자원이다. 시간 제약 때문에 원한다고 하더라도 누구나, 원하는 만큼 길게 말할 수는 없다. 게다가 다른 사람이 입을 열 기회를 주기 위해 어느 정도의 여유 시간을 둘지는 주관적이라, 지배집단 구성원들은 아주 길었다고 생각하더라도 다른 사람들은 그렇게 생각하지 않을 수 있다. 또 여자들은 대체로 '자유롭게 말하도록' 사회화되지 않았다(Martin, 1998).

이 이야기에서는 여자가 말하기 시작하자 남자가 관심을 딴 데로 돌리는 패턴도 나타났다. 남자들의 행동은 남자의 말이 여자의 것보다 중요하고 남자가 먼저, 가장 많이 말할 자격이 있으며 여자의 말이 남자에게는 가치가 없다는 지배적 메시지를 강화한다. 이런 메시지가 회의에 참석한 모든 여자들에게 강화되어 전달되지만, 특히 입을 연 여자가 유색인이라

> ✋ **잠깐** 이런 패턴을 의식하고도 의도적으로 그러는 것은 아닐 것이다. 그렇지만 의도와 영향이 늘 일치하지는 않음을 기억하자. 패턴은 개인에게서 보이더라도 집단 수준에서 집합적으로 생겨나며 사회화의 결과다. '우리 잘못'은 아니지만 우리에게는 그것을 인식하고 살갈 의무가 있다.

더욱 문제적이다. 여성 전반뿐 아니라 유색인 여성에게 그들의 말은 가치가 별로 없다는 메시지를 전달해 남성의 특권뿐 아니라 백인의 특권도 강화한다. 이 일이 유색인 여자가 말하기 시작한 시점에 남자들이 '그저 우연히' 일어나거나 이메일을 확인한 개별 사건으로 보일 수도 있지만, 유색인 여자 입장에서는 날마다 겪는 사소한 공격의 한 사례일 뿐이다. 유색인 여자에게는 한 번 겪은 예외적 사건이 아닐 것이다. 백인 특권 행사는 백인 여자에게 이익이 된다. 남자가 자리를 주도하여 백인 여자가 불이익을 겪더라도 백인 특권의 행사는 백인 여자에게 유리하게 작용한다.

비판적 사회정의를 위해 생각해볼 것: 이런 패턴이 왜 중요한가

의제를 정하고 토론을 이끌고 결정에 큰 영향을 미치는 사람이 모임을 이끌고 사회적 자산을 더 많이 얻게 된다. 모임에서 대체로 지배집단이 주도적 역할을 하게 되는 패턴을 밝힌 연구가 많다. 지배집단의 개별 구성원 각각이 지배하지는 않더라도(위 사례에서는 회의에 참석했지만 말을 하지 않은 세 번째 백인 남성이 있었다) 회의에 참석한 남

자의 비율에 비추어볼 때 백인 남자 집단이 회의를 지배한다고 할 수 있다. 사실 세 번째 남자는 가만히 앉아 다른 백인 남자들의 지배를 방해하지 않음으로써 이들의 지배를 지지한 셈이다(예를 들어서 "다른 사람은 어떻게 생각하는지 알고 싶습니다. 다른 사람 의견을 좀 들어볼까요?"라고 말할 수도 있다). 이런 패턴은 개인의 의도와는 무관하다. 개인과 무관하게 그래도 어쨌든 일어난다. 사회 불평등에 도전하려면 우리 집단의 패턴에 도전해야 한다(개인적으로 그 패턴을 따르고 있다고 생각하든 아니든 간에).

✋ **잠깐** 불평등은 수의 문제가 아니라 권력의 문제임을 잊지 말자. 위 이야기에서는 여자가 수적 다수였지만 그래도 남자가 상황을 주도할 수 있었다.

앞서 교실 사례에서 이야기했던 점이 이 사례에서도 드러난다. 소수화집단 구성원이 회의에 참석하고는 있지만(이 경우에는 여자와 유색인) 남자와 백인의 비판적 사회정의 기술과 관점이 부족하여 소수화집단의 관점이 받아들여지는 환경이 조성되지 않았다.

비판적 사회정의를 위해 생각해볼 것: 또 다른 복잡성의 층위 이제 교차성이라는 복잡한 층위를 하나 더해 보자. 이 회의에 남자는 없고 여자만 14명 있었다고 해보자. 백인 11명, 유색인 3명. 이런 상황에서는 인종의 역학이 두드러지게 나타나 백인 여성이 주도권을 쥘 가능성이 높다. 백인 여성은 백인 남성의 말을 따르게끔 사회화되었지만(내면화된 젠더 억압) 한편 유색인에 대해서는 주도적 역할을 하게끔 사회화되었다(내면화된 인종적 지배).

이 사례에서 억압을 멈추게 하려면 이런 관점과 기술이 필요하다.

- 어떤 사회집단 범주가 이 상황에서 작용하는지 인식한다.
- 개인보다는 집단의 차원에서 생각한다.
- 패턴은 개인적인 것이 아님을 기억한다.
- 패턴이 깊이 뿌리내렸고 끈질기게 나타남을 이해한다.
- 같은 공간에 있더라도 불평등한 권력 때문에 사람마다 다른 경험을 함을 이해한다. 소수화집단 구성원이 말을 할 때에는 내가 몸짓으로 무얼 전달하는지, 언제 정신이나 육체를 '잠시 쉴지'를 결정하는지 민감하게 의식하도록 한다.

| 비판적 사회정의 기술 |

토론을 할 때 지배집단의 경우에는:

- 웬만하면 먼저 말하지 않는다(만약 더 큰 집단의 역학을 방해하기 위해 전략적으로 발언할 때라면 예다. 그렇지만 이런 고단수 전략을 쓰려면 소수화집단 구성원들과 먼저 의논하여 채택하는 게 좋다).
- 내가 토론에서 시간을 어느 정도 사용하는지를 의식한다.
- 남의 말을 인내력 있게 듣는다.
- 기다리는 시간을 편안하게 느껴지는 정도 이상으로 둔다(입을 열기 전에 열까지 세도록 해본다).
- 다른 목소리를 토론에 끌어들인다("돌아가면서 의견을 말하면 어떨까요?").
- 자신의 패턴을 인지한다고 하면서("제가 말을 많이 하는 것 같은데…") 그 패턴을 고수한다는 것은 솔직하지 않은 것이다. 민감

한 척하면서 실제로는 주도권을 놓지 않는다. 주도하고 있다는 인식이 들면, 멈추라.

✋ **잠깐** 우리가 동시에 여러 사회집단의 구성원임을 기억하자. 한 영역에서는 억압받더라도(예: 여성으로서) 다른 영역에서는 지배할 수도 있다(예: 백인 여성으로서). 이런 정체성이 서로를 상쇄하는 것은 아니고 복잡한 방식으로 상호작용한다.

교차성(백인 여성의 경우):

- 인종주의와 백인 특권 때문에 백인 여성과 유색인 여성이 백인 남성의 성차별을 같은 방식으로 겪지 않음을 이해한다.
- 다른 역학도 늘 작동하지만, 백인 특권을 이용해 유색인을 지원할 수 있다면 그렇게 하라.
- 나 자신의 내면화된 (젠더) 억압 때문에 침묵함으로써 의도하지 않게 유색인 여성의 억압에 기여하고 있음을 인식하면, 불평등에 맞서 큰 걸음을 내디딜 수 있다. 유색인이나 다른 이들과 연대하여 모든 종류의 억압을 지목하고 도전하자.
- 유색인을 보호하거나 구원하려고 하지 않는다. 연대하기로 했다면 나 자신의 성장과 평등한 사회를 위해서 그렇게 하는 것이지 다른 사람에게 감사를 받기 위해서나 아니면 나에게 다른 사람을 도울 만한 자격이 있어서라고는 생각하지 않는다.

교차성(유색인 여성의 경우):

- 내가 속한 집단의 사회화된 인종 패턴이 내가 속하지 않은 다른 소수화 인종집단에 대한 인종주의를 유지하는 데 어떻게 기여하는지를 보는 연습을 한다. 내면화된 인종 억압을 유지하는 패턴에 도전한다.

✋ **잠깐** 자기 위치를 이용해 억압을 막는 것이 지배집단 구성원의 1차적 책임이다.

274

- 다른 유색인이나 백인과 연대하여 모든 형태의 억압을 지목하고 대항한다.
- 삶의 다른 면에서 누리는 특권을 활용한다(예: 언어, 종교, 계급, 섹슈얼리티, 직장에서의 지위 등). 지위를 이용해 힘을 행사하고 목소리를 낸다("이 프로그램 담당자로서 우리 학생들이 도심 학교에서 학생들을 가르칠 준비가 되지 않았다는 문제를 다루어보아야 한다고 생각합니다." 또는 "영어 사용자로서 저는 우리 부서에 다중언어 사용자를 더 적극적으로 고용하는 게 좋다고 생각합니다.").

지식에 대해 비판적으로 생각하기

상상해보자. 당신이 여러 텍스트(학교에서 쓰는 책, 뉴스, 광고, 영화 등)에서 이데올로기를 찾아 비판적 사회정의 인식을 기르는 연습을 하고 있다. 그런데 친구와 같이 커피를 마시다가 친구에게 〈미겔 구하기〉라는 "아주 감동적인" 영화를 보았다는 이야기를 듣는다. 이 영화는 대도시 안의 '마약에 절은 게토'에 사는 가난한 푸에르토리코 아이를 구해내는 백인 가족 이야기다. 영화 중반부에서 미겔은 마약 중독자인 생모가 보고 싶어서 원래 동네로 돌아간다. 전에 살던 동네 거리를 걷는데 폭력배 무리가 나타나서 자기 조직에 들어오라고 위협한다. 미겔이 곤경에 처해 있는데 백인 엄마가 와서 깡패 두목에 맞서자 이들이 슬금슬금 도망가버린다. 엄마는 미겔을 게토에서 구해 안전한 교외의 집으로 돌아간다. 이 영화는 푸에르토리코 아이를 자기네 삶에 적응시키는 과정에서 백인 가족이 겪는 어려움에 초점을 맞춘다. 미겔이 춤 실력으로 일류 예술학교에 입학하면서 영화는 해피엔딩으로 끝난다.

당신은 이 영화가 고정관념을 강화하기 때문에 불편한 생각이 든다. 친구에게 이 영화는 백인이 쓰고 제작하고 감독한 영화이고 백인 관점에서 진행된다는 것을 기억해야 한다며 우려를 표시한다. 따라서 일부 인물이나 게토 생활이 고정관념에 따라 재현되었을 수 있다고 말한다.

친구는 이렇게 반박한다. "하지만 이건 실화야!" 친구는 자기가 감동을 받은 이야기가 문제일 수도 있다는 지적을 받자 매우 어리둥절해한다. 백인 가족 이야기일 뿐 아니라 푸에르토리코 아이가 '성공'하는 이야기이기도 하지 않으냐고 묻는다.

친구에게 무어라고 대답하면 좋을지 난감할 때 이런 것들을 고려하면 좋을 것이다.

비판적 사회정의를 위해 생각해볼 것 : 대화의 핵심 요소 친구와의 대화에서 중심 요소는 친구가 이 이야기가 사실이라고 믿는다는 점이다. 흔히 사람들은 (교과서에 나온 전투 기록이거나 '실화에 바탕을 둔' 영화거나) 미디어에서 들려주는 이야기가 사실이라고 믿는다. 1장에서 자세히 이야기했듯이 비판적 사회정의의 관점을 받아들이기 위해 갖춰야 할 핵심 기술 가운데, 어떤 사건에 부여된 의미에 의문을 제기하라는 것이 있다. 이 사례에서는 이렇게 물을 수 있다. 누구의 관점에서 이 이야기가 사실인가? 누구의 관점이 빠져 있나? 모든 요소가 사실인가 아니면 일부 요소(폭력조직이 동네를 지배한다거나 미겔의 어머니가 약물중독자라는 것 등)를 더해 이야기를 더 '흥미진진'하고 '사실적'으로 보이게(이런 장치들을 기대하는 주류 관객의 입맛에 맞게) 만들었나? 영화에 필요한 극적인 구성을 위해 얼마나 많은 부분이 재배치, 추가, 혹은 삭제되었나? 누가 이런 결정을 했나? 이 결정이 고정관념을 강화하나 아니면 무너뜨리나? 이런 질문들이 지식의 사회적 구성을 파헤치기 위한 중요한 첫 걸음이 된다.

프랭크 친의 작업은 유색인이 주류 문화에서 인종주의적 고정관념을 재생산하지 않으며 자기 이야기를 들려주고자 하는 노력의 사례다.

✳ 프랭크 친(1940년생)

 작가, 극작가이자 교육자인 프랭크 친은 뉴욕 주요 무대에 최초로 작품을 올린 아시아계 미국인이다. 1972년 〈닭장 중국인〉과 1974년 〈용의 해〉를 상연했다. 친은 미국 연극계에서 중요한 인물로 1973년 아시아계 미국인 극단을 설립했다. 친의 창작물은 중국이나 아시아계 미국인에 대한 주류사회의 고정관념이라는 주제를 종종 다룬다. 친의 작품은 어떤 텍스트든 비판적으로 생각하는 게 중요하다는 사실에 주목하게 한다. 모든 이야기는 구조물이므로 무엇이 재생산되고 있는지 관객들이 질문을 던져야 한다는 것이다. 친은 '타자'의 이야기와 경험을 보고 듣는 것과, 이런 경험을 실제로 '알거나' 이해하는 것 사이에는 복잡한 관계가 있음을 알고 있다.

• 출처: http://cemaweb.library.ucsb.edu/images/chinfrank.jpg

학교 역사교과서 같은 텍스트를 생각해보면, 역사에 대해 불완전한 그림만을 제공해 '진실'을 삭제하거나 가리는 효과를 볼 수 있다. 역사를 더 깊이 이해하려면 우리의 민족 정체성을 구성하는 익숙한 이야기들에 도전하는 다른 이야기들도 받아들일 수 있어야 한다. 이런 과정을 통해 우리가 안다고 생각한 것들이 무너지거나 콜럼버스 데이나 추수감사절 같이 의미 있게 느껴지는 축일들의 의미가 달라질 수도 있다.

비판적 사회정의를 위해 생각해볼 것 : 텍스트 안의 이데올로기와 담론 〈미겔 구하기〉의 줄거리가 어쩐지 익숙하게 느껴질 것이다. 비슷한 이야기를 이미 여러 차례 보았기 때문이다. 이 이야기는 백인 우월성을 들려주는 전형적인 서사다. 이 이야기에서 반복되고 강화되는 백인 우월성 서사의 핵심 요소들은 이런 것이다.

- 백인 관점에서 이야기를 들려준다.
- 백인은 유색인들의 구원자다.
- 유색인 아이는 순진무구하지만 유색인 어른은 도덕적으로나 범죄적으로 타락했다.
- 유색인을 개인적 희생을 치르고라도 적극적으로 구하거나 도우려 하는 백인은 고귀하고 용감하다.
- 유색인 개인이 자기 상황을 극복할 수는 있지만 대개는 백인의 도움이 있어야 그게 가능해진다.
- 유색인들이 사는 도시 지역은 매우 험악하고 위험하고 범죄로

물들어 있다.

- 유색인들은 모두 가난하고, 조직폭력에 연관되어 있고, 약물에 중독되어 있고, 나쁜 부모다.
- 슬럼을 탈출하는 가장 확실한 방법은 백인 사회에 동화되어 '문명화'되는 것이다.
- 백인은 '가치가 있는' 유색인 개인과 기꺼이 교류하려 하지만, 백인이 유색인 공동체의 일원이 되지는 않는다.
- 유색인 개인과 기꺼이 교류하려 하는 백인은 다른 백인보다 도덕적으로 우월하다.

유색인 주인공이 백인 사회에서 '성공'한 뒤 다른 사람들을 문명화시키기 위해 자기가 원래 속했던 공동체로 돌아가는 이야기도 백인 우월성이라는 생각을 강화한다.

비판적 사회정의를 위해 생각해볼 것 : 텍스트 생산에 개입하는 경제적·사회적 이익 대중 영화든 학교 교과서든 이야기에는 경제적·사회적 이익이 개입한다. 관점을 파악하는 데 더해서, 특정 이야기가 누구의 이익에 가장 크게 기여하나라는 질문을 던지는 게 중요하다.

- 누가 이 텍스트를 쓰고 제작했나?
- 텍스트의 주요 대상은 누구인가?
- 이 이야기가 왜 목표로 하는 대상에게 와 닿는가? (영화라면 대

중에게 호소하기 위해 익숙한 줄거리와 인물에 기대야 한다. 교과서라면 특정 이익을 대변하는 정부 기관이 승인해야 한다.)

- 이 텍스트에서 이익을 얻는 사람은 누구인가?

비판적 사회정의를 위해 생각해볼 것 : 복잡한 층위 추가 독자의 텍스트 해석이라는 요소를 고려해 사례에 층위를 하나 더해보자. 비판적 사회정의의 관점에서는 대중에게 '감동'을 주는 서사를 의심하는 게 중요하다. 인종 관련 서사가 대중에게 감동적이려면 대개는 백인 우월성이라는 익숙한 이데올로기를 강화해야만 한다. 예를 들어 영화 〈크래쉬〉(2004)가 주류 관객들에게 널리 사랑받았고 아카데미 작품상까지 받았지만 이 영화가 주는 궁극적 메시지는 '모든 사람은 인종주의자다'라는 것이다. 이런 메시지는 (편견과 인종주의를 하나로 합하는) 인종주의에 대한 지배적 생각을 강화하고 구조적 불평등과 백인의 권력을 은폐한다(Howard & Dei, 2008).

텍스트의 이데올로기와 생산 과정의 경제는 고칠 수 있을지라도, 독자가 텍스트를 해석하고 평가하는 방식은 바꿀 수 없다. 그래서 독자라는 주체가 중요해진다. 독자가 텍스트에서 더 많은 복잡한 층위들을 볼 수 있을수록, 텍스트를 비판적으로 읽고 그 안에 내포된 이데올로기에 저항할 수 있게 된다.

| 비판적 사회정의 관점 |

- 중립적 텍스트는 없다: 모든 텍스트는 특정 관점을 대변한다.
- 모든 텍스트에 이데올로기가 내포되어 있다. 대부분 주류 텍스

트에 내포된 이데올로기는 뿌리 깊은 불평등한 권력관계를 재생산하는 역할을 한다.

- 폭넓은 대중이 공감하는 텍스트는 지배적 서사와 지배집단의 이익을 강화하는 경우가 많다.
- 지배 이데올로기에 도전할 때 겪을 수 있는 사회적 불이익에 마음의 준비를 하자.

| 비판적 사회정의 기술 |

- 이데올로기를 찾고 무엇, 누구에게 봉사하는 이데올로기인지 알아보자.
- 지배 이데올로기에 도전할 때에 맞닥뜨릴 수 있는 사회적 저항에 대해 내성을 기르자.
- 반발을 최소화하고 상대가 무안해하지 않도록 대안적 관점을 제안하는 요령을 개발하자. 예를 들어 서두의 사례에 나온 친구에게 이렇게 말할 수 있겠다. "푸에르토리코 출신 친구랑 이 영화 이야기를 했는데 그 친구는 내가 생각해보지 못했던 관점을 이야기하더라고. 뭐라고 했는지 들어볼래?"

● 더 정당한 사회를 위해 실천하기

비판적 사회정의에 대한 인식을 높이기 위해서는 앞에서 말한 원칙들 모두 중요하지만 행동으로 옮기지 않으면 의미가 없다. 지배집단에 속하면서도 억압받는 집단을 지속적으로 지지하려고 노력하여 사회적 삶의 모든 면에서 억압을 종식시키려고 행동하는 사람을 협력자라고 부른다. 이런 예를 들 수 있다. 남자로서 자신의 내면화된 우월성을 확인하고 그것에 도전하려고 하고, 다른 사람들도 그렇게 하도록 설득하며, 여성의 입장에서 말하려고 하는 남자. 백인으로서 내면화된 우월성을 확인하고 도전하려고 하고 다른 사람들도 그렇게 하도록 설득하며 인종주의와 백인 우월성에 도전하려는 백인. 이성애자이지만 다른 사람도 모두 이성애자라고 가정하지 않고 침묵을 깨고 게이, 레즈비언, 바이섹슈얼, 트랜스젠더인 사람들도 이성애자와 같은 권리를 누릴 수 있도록 촉구하는 사람.

일반적으로 협력자라고 하면 이런 의미다.

- 사회적·제도적 소수화집단 구성원을 완전히 이해하고 동의하지는 못하더라도 인정하고 지지한다.
- 사회화된 맹점, 특권, 내면화된 우월성을 밝히기 위해 지속적으로 자기성찰을 한다.
- 다른 지배집단의 구성원들과 함께 일하며 스스로를 그들보다 더 낮다거나 깨어 있다고 여기지 않는다.
- 억압받는 집단이 그 자리에 없을 때에 오해에 맞서며 지원한다.
- 통제권을 내려놓고 할 수 있으면 권력을 나눈다.
- 사회적 위험이 있더라도 소수화집단 구성원들과 관계를 쌓아나간다.
- 실수에 대해 책임을 진다.
- '모른다'는 사실을 겸허하게 기꺼이 인정한다.

• 행동을 통해 신뢰를 얻는다.

회의 같은 공식적인 자리에서 협력자는 이런 행동을 취할 수 있다.

• 가능한 모든 방법으로 소수화집단 구성원을 지지한다.

• 신분(인종, 계급, 젠더)에 있어서나 지위(직위 명칭과 그것에 따른 권력)에 있어서나 나와 비교해 소수화집단 위치에 있는 사람을 찾는다.

• 비판적 사회정의란 무엇인지 실질적으로 쓸 수 있는 정의를 내리고 그것을 평가하는 방법도 만든다. 다양한 집단에서 만들어놓은 도구들이 있고 이런 방법을 실천한 집단의 훌륭한 사례들도 있다.(예를 들면 뒤에 나오는 캐나다 철강노동조합의 예를 보라.)

• 회의에서 작용하는 역학에 관심을 기울이고 불평등한 패턴을 깨뜨리려고 한다.

• 우리 주위에 누가 있고 어떤 역할을 하는지가 중요하다는 사실을 인식한다(직장, 학교, 동네 등). 젠더, 인종, 민족, 계급, 섹슈얼리티, 능력, 모국어 등 여러 전선에서 다양한 집단이 대변될 수 있게 노력하고 우호적인 분위기를 만들려고 노력한다.

• 비판적 사회정의 문제를 논하는 일이 중요함을 인식하고 강조한다.

• 경험이 부족함을 솔직하게 인정하면서 해보려는 의지가 있음을 밝힌다.

• 절차를 바꾼다. 예를 들면 큰 그룹으로 토론을 할 때에는 ("팝콘 스타일"로) 원하는 사람이 아무나 말하게 하는 대신 돌아가며 말

하는 방식으로 바꾼다거나, 작은 그룹으로 나누거나 둘씩 짝을
지어 토론한다.

- 다른 목소리를 끌어들이며 진행한다. 예를 들면 "다르게 보는
사람이 있나요?" "아직까지 아무 말도 하지 않은 사람이 있나
요?" "누구 관점이 빠졌죠?"라고 묻고 기다린다.
- '이것 아니면 저것' 대신에 '이것과 저것'이라는 틀을 이용하며
논쟁보다는 대화를 유도한다.
- 고군분투하지 말고 다른 사람과 연대한다. 지배집단 안에서 다
른 사람들과 거리를 두지 않는다.
- 자신의 기술에 대해 겸허히 생각한다. 협력자로서 자기가 얼마
나 큰 도움이 되는지 지배집단 구성원은 잘 판단할 수가 없는
위치에 있다.
- 소수화집단 구성원에게 믿을 만한 사람이 되라. 안으로 들어가
서 관계를 쌓아라.
- 이데올로기는 언제나 작용하므로 누가 자기 행동의 문제를 지
적하면 비난으로 받아들이지 말라. 용기를 내어 비판적 사회정
의 문제에 대해 지적했다는 점을 고맙게 생각하고 그것으로부
터 배워서 계속 노력하라.

위에 나열한 것은 개인이 할 수 있는 행동의 사례이고, 아래는 조
직에서 취할 수 있는 행동의 예다. 캐나다 철강노동조합의 게이, 레
즈비언, 바이섹슈얼, 트랜스젠더 문제에 대한 다양성 선언은 비판적
사회정의의 관점을 받아들였다. (많은 조직들이 흔히 그렇듯) 다양성을

높이 산다는 진술이 서두에 나온다.

> 철강노동자들은 우리를 강하고 자랑스러운 모든 사람의 조합으로
> 만드는 다양성과 차이에 대한 이해와 존경을 촉구하려 한다. [중략]
> 철강노동조합은 게이, 레즈비언, 바이섹슈얼과 트랜스젠더 노동자
> 들을 위한 '긍정적 공간'을 조성하기 위한 노력을 계속할 것이다.
> (United Steelworkers of Canada, n.d.)

이 다양성 선언이 특별한 점은 여기에서 멈추지 않는다는 것이다.
이들은 '긍정적 공간'을 만들기 위해 필요한 노력을 실제로 운용할
수 있도록 한다. 예를 들면 구체적 목표와 어디에서 어떻게 실천할
것인지를 설정하고, 아래 진술로 목표를 명시한다.

협상 테이블에서
- 직장 괴롭힘 방지 훈련, 정책, 절차를 논의한다. 철강노동조합
  직장 괴롭힘 방지 훈련 프로그램에 참여한 일선노동자, 관리자,
  경영자가 4만 명에 이른다.
- 단체 합의문에 반차별적 언어가 포함되도록 협의한다.
- 배우자를 정의할 때 동성 파트너를 포함하도록 한다. 캐나다에
  서는 동성 배우자에게 혜택을 주지 않는 것이 불법이다.

조합 내에서
- 철강조합 긍지 위원회를 창설한다. 긍지 위원회는 게이, 레즈비

언, 바이섹슈얼, 트랜스젠더 노동자와 지지자들이 문제를 토론하고 직장과 조합 안에서 게이, 레즈비언, 바이섹슈얼, 트랜스젠더의 권리에 대한 인식을 높이기 위한 계획을 수립하는 자리를 마련한다. 철강노동자 긍지 위원회는 다른 노동자나 지역사회 집단과 연합하여 축하와 교육을 위한 행사와 퍼레이드를 개최한다.

행동에 나서기

- HIV/AIDS와 싸우도록 돕는다. HIV/AIDS는 조합의 문제다. HIV/AIDS가 있는 사람들과 함께 일하며 HIV/AIDS가 있는 사람들을 돌본다. 우리 직장이 모든 노동자들에게 안전하고 건강하며 괴롭힘이 없는 곳이 되어야 한다. HIV/AIDS가 있는 사람에 대한 괴롭힘과 차별을 막는 것도 포함한다.
- 철강노동자 휴머니티 펀드는 에이즈, 결핵, 말라리아에 맞설 국제기금을 마련하려는 캐나다 정치인 스티븐 루이스와 국제연합을 지원하려 한다. 캐나다 노동자들이 솔선하여 자원을 모으고 다른 나라도 그렇게 하도록 압력을 넣어 전염병을 종식시키려고 한다(United Steelworkers of Canada, n.d.).

철강노동자들은 집단행동과 책임감, 자기들이 추구하는 비판적 사회정의의 이상과 관련해 탁월한 사례를 보여준다. 억압이 뿌리 깊이 자리하고 있음을 생각할 때 쉬운 목표는 아니지만 이런 입장을 밝힌 것만으로도 중요한 진일보다. 조직이 책임을 지고 실천하도록 만들 틀이 없으면 큰 변화를 기대하기가 어렵다.

이 장 앞머리에서 이런 질문을 던졌었다. "비판적 사회정의를 실천한다는 것이 무슨 의미인가?" 비판적 사회정의 인식의 여러 요소를 보여주는 예화를 들었고 심층적으로 논의했다. 이제 독자들이 인종주의(또는 다른 형태의 억압)의 사례를 이용해서 이런 것들을 숙고해보고 각각의 예를 써보기 바란다.

- 적극적 인종주의
- 소극적 인종주의
- 적극적 반인종주의
- 소극적 반인종주의

아마 이와 비슷한 목록이 나올 것이다.

적극적 인종주의 사례로 인종주의적 농담을 하거나 부추김, 직장에서 유색인을 배제하거나 차별함, 인종 프로파일링, 유색인이 인종문제를 제기할 때 "인종 카드를 내민다"고 비난함 등이 들어갈 수 있다.

소극적 인종주의 침묵, 눈에 들어오는 사건이나 역학을 무시함, 불평등한 학교 지원, 인종주의에 대해 더 공부하는 데에 관심이 없음, 다른 인종에 속한 사람과 친분이 거의 없음, 반인종주의적 노력이나 지속적 교육에 참여하지 않음 등을 사례로 들 수 있다.

적극적 반인종주의 백인이라면 내면화된 인종적 지배를, 유색인이라면 내면화된 인종적 억압을 밝히려고 하는 것, 직장에서의 문제에 대해 다양한 인종적 관점이 있을 수 있음을 확인하고, 인종 평등을 위한 조직에 참여하고, 지속적으로 교육받고자 함 등이 사례가 된다.

이제 **수동적 반인종주의** 차례다. 어떤 사례가 떠오른다면 다시 한번 생각해보라. 유효하지 않다는 생각이 들 가능성이 높다. 반인종주의에는 행동이 필요하다. 정의상 수동적일 수가 없다. 수동적 반인종주의의 사례는 실질적으로 있을 수 없다. 반인종주의나 불평등에 도전하기 위한 노력은 정의상 수동적이지 않다.

행동이 단순한 문제가 아님을 설명하기 위해 비유를 한번 해보겠다. 농구의 기본 규칙은 대부분 잘 안다. 두 팀이 있고, 각 팀이 상대 팀의 바스켓에 공을 넣으려고 하면서 동시에 상대 팀이 그렇게 하지 못하도록 막는 것이다. 각 선수가 맡은 위치가 있고 신참 선수들은 맡은 역할에 충실하려고 한다. 하지만 노련한 선수들은 자기 위치만 보는 게 아니라 지금 펼쳐지는 모든 역학을 통합한다. 움직일 때마다 전략적으로 생각하고 다른 선수들의 상대적 위치를 고려하며 변동되는 상황의 요소에 따라 다음 동작을 결정한다. 물론 경기방법을 알아야 하고 주로 쓰는 플레이 방식이 있긴 하지만 정해진 계획을 따르거나 정확히 똑같은 결정을 두 번 이상 내릴 가능성은 거의 없다. 대신 다른 선수들에 대한 지식, 게임 규칙, 가까이에 같은 팀 선수 누가 있는지, 나 자신의 기술 수준이 어느 정도인지를 바탕으로 더 큰 그림을 고려한다. 이런 요소들 전부가 다음에 어떻게 움직일지 결정할 때 영향을 미친다.

비판적 사회정의 인식을 발전시킨다는 것은 계속되는 과정에 평생 헌신한다는 의미다. 이 과정은 우리의 세계관과 다른 사람들과의 관계에 도전한다. 편견, 특권, 억압 같은 불편한 개념과 스스로를 연결 짓게 한다. "모든 사람을 평등하게 대하라"든가 "인종을 의식하지 말라" 등과 같은, 이건 하고 이건 하지 말라는 식의 단순한 접근에 도전한다. 물론 해야 할 것과 하지 말 것의 간단한 목록으로 사회정의를 이룰 수 있다고 생각하면 훨씬 쉽게 느껴질 것이다. 우리나라의 억압의 역사를 고려하거나 현재 삶에서 그 역사의 흔적을 찾을 필요도 없다. 깊이 숙고하거나 불편한 자기성찰에 몰두할 필요도 없고 우리에게 편견이 있고 불평등에 투자한다는 사실을 인정할 필요도, 모르는 것 앞에서 겸허하려고 애쓰거나 가치 있다고 배우지 않은 이들과 교제할 필요도 없다. 하지만 우리는 우리의 성취가 단순히 능력과 노력만으로 이루어진 것이 아님을 인정해야 할 것이다. 계층화된 사회에서 대부분 사람들이 어떤 면에서는 다른 사람이 불이익을 겪는 대신 이익을 누리기 때문이다. 또 우리는 위험을 무릅쓰고, 실수를 저지르고, 행동해야 한다.

🗣 토론해볼 문제

1. 이제 어떻게 할까? 비판적 사회정의 인식을 계속 길러나가기 위해 다음 단계로 (내일, 다음 주, 내년에) 무얼 해야 할까? 이 가운데 가장 쉬운 일은 무엇일까? 어떤 것이 더 힘들고 오래 걸릴

까? 뭐가 가장 힘들지 생각해보자. 어떻게 도전을 극복할 수 있을까?

2. 이 책에서는 억압을 없애는 일은 지배집단의 책임이라고 한다. 왜일까? 어떤 역학을 두고 하는 말인지 토론해보자.

3. 회의에서 토론을 주도하던 두 남자가 유색인 여자가 발언을 시작하자 딴짓을 하던 예화를 다시 생각해보자. 이 사람들이 자기 행동은 여자가 발언하는 것과 아무 상관없는 우연한 일이었다고 말한다고 상상해보자. '의도 대 효과'라는 개념을 이용해 이들의 의도와 상관없이 이런 행동이 문제적임을 설명해보자. 회의에서 펼쳐지는 여러 다양한 역학들에 대해 이해해보자. 이 회의에 참석했다고 상상하고 자신의 입장에서 무어라고 반응할지 생각해보자.

🏃 확장 활동

1. 같이 지배집단에 속하는 사람 한 명, 같이 소수화집단에 속하는 사람 한 명을 골라 한 달 뒤에 만나 어떤 실천을 했는지 확인하기로 계획을 잡는다. 한 달 동안에 비판적 사회정의 목표를 달성하기 위해 무엇에 힘을 쏟을 것인지를 정한다.

2. 비판적 사회정의 렌즈를 통해 자신의 삶을 검토해보는 글을 쓴다. 개인 경험과 이 책의 이론적 틀을 통합하기 위한 활동이다 (자기 삶을 분석 없이 들려주거나 내가 속하지 않은 다양한 집단에 대한 의견을 밝히기 위한 활동이 아니다). 사회화, 억압, 인종주의, 특권 등 이 장에서 다룬 주제들을 바탕으로, 내가 속한 여러 집단

이 나의 관점, 가치, 기대, 신념 등에 미치는 영향을 분석한다.

글 안에서 내가 속한 집단이 내 삶에 어떤 영향을 미치는지 설명한다. 가족, 친구, 학교, 지역사회, 생각, 가치, 문화, 더 큰 사회 등이 내가 속한 여러 집단에 대한 생각을 어떻게 형성했는지 묘사한다.

한두 개 핵심 집단(예를 들면 인종과 젠더)에만 초점을 맞춰 분석하거나, 특권을 경험하는 정체성 하나, 억압을 경험하는 정체성 하나를 선택하면 도움이 될 수도 있다(예를 들면 백인 여성이라는 정체성).

글쓰기에 도움이 될 지침과 생각을 자극하는 질문들을 열거해보겠다.

- 내가 속한 집단에 대해 써야 한다.
- 내가 속한 집단에 대한 인식을 일깨운, 살면서 경험한 특정 사건을 생각해본다(개인 차원).
- 내가 속한 집단이 우리 사회에서 차지하는 위치를 역사적·제도적·이데올로기적·문화적 차원에서 생각해보자(사회 차원).
- 내가 속한 소수화집단 하나를 생각해보자. 이 집단에 상대적인 지배집단은 무엇인가? 이 집단 구성원으로서 어떤 감정을 경험하나? 내가 속한 집단이 어떤 식으로 눈에 보이거나 보이지 않게 만들어지나? 어떤 상황에서? 삶에서 어떤 식으로 억압이 드러났나? 이 집단에 속한다는 사실이 일상에 어

떤 영향을 미치나? 이 집단에 속했기 때문에 지배집단에 대한 생각이나 태도가 달라지나?

- 내가 속한 지배집단 하나를 생각해보자. 이 집단에 상대되는 소수화집단은 무엇인가? 지배집단 구성원으로서 어떤 감정을 겪나? 지배집단 정체성을 생각할 때와 소수화집단 정체성을 생각할 때 감정을 파악하는 능력에 차이를 느끼는가? 소수화집단 정체성에 관해 물었을 때보다 답하기가 어려웠나? 만약 그랬다면 그 사실에서 무얼 알 수 있나? 내가 속한 집단이 어떻게 힘을 지니나? 어떤 형태의 권력을 지니고 있나? 이 힘을 행사하는 사람은 누구인가? 이 권력을 행사하는 기관은 무엇인가? 어떤 방식으로? 지배집단 구성원으로서 어떤 특권을 갖나? 이 집단에 속해 있다는 사실이 일상생활에 어떤 영향을 미치나? 이 집단에 속해 있음으로써 소수화집단에 대한 태도와 이해에 어떤 영향을 받나? (다문화 매핑이라는 널리 쓰이는 활동방법이다. 워싱턴 대학교 사회복지 학교 비렌 라튼시 나그다 박사가 만든 것을 응용했다. http://depts. washington.edu/sswweb/idea/)

3. 프랭크 친(277쪽)의 활동에 대해 알아보자. 〈기울어진 화면: 영화와 텔레비전 속의 아시아 남성The Slanted Screen: Asian Men in Film and Television〉 (J.Adachi & A. Yeung, Producers; J. Adachi, Director: San Francisco, CA: Asian American Media Mafia Productions, 2006. http://www.slantedscreen.com/)이라는 영화를 보자.

〈기울어진 화면〉에 소개된 영화 가운데 하나와 친의 작업을 분

석하는 글을 쓴다. 영화 안에서 이루어지는 지식의 사회적 구성에
대해 친은 무엇을 보여주었나?

비판적 사회정의 접근방식을
취하는 수업에 건설적으로 참여하는 방법

사회정의와 불평등 문제를 비판적으로 다루는 수업은 다른 수업에서 다루지 않는 패턴과 긴장을 수면 위로 가져온다. 학교에서 이런 것들이 다루어지지 않는 까닭은 대체로 두 가지 어려움 때문이라고 생각한다.

첫 번째 어려움은 많은 학생들이 수업 내용을 학문적으로 다룰 준비가 되어 있지 않다는 점이다. 대학생들이 기본 공부 습관, 독해력, 작문 능력, 어휘, 비판적 사고 등을 갖추지 않은 경우가 태반이다. 모든 교수들이 겪는 어려움이기는 하지만, 정치적·정서적으로 민감한 주제일 때에는 특히 어려운 문제가 된다. 여기에서 두 번째 어려움을 마주하게 된다. 대부분 사람들이 여기에서 다루는 인종주의, 성차별주의, 동성애혐오 등의 이슈에 대해 매우 강한 개인적 의견을 가지고 있게 마련이다. 이런 의견들은 매우 강한 한편 예측하기도 쉬운 편이다. ("인종은 신경 쓰지 않아요." "사람을 있는 그대로 받아들여요." "게이임을 너무 내세우지만 않으면 괜찮아요.") 쉽게 예측할 수 있는 까닭은 집단적 사회화의 결과이기 때문이다. 그래서 우리는 그 주제에 대해 잘 모르면서도 확고한 의견을 가질 수 있다. 사실 지배집단 구성원으로서는 피상적 이해밖에는 하지 못한다. 소수화집단 구성원으로서는 이 문제에 공감하더라도 그걸 논의할 언어가 없을 수 있다. 일상에서 받아들인 것 이상의 연습과 공부 없이는 이 문제를 비판적으로 생각하거나 토론할 언어와 기술을 마련할 수 없다.

따라서 효과적인 비판적 사회정의 교수법은 주류의 의견에 도전하고 그러면서 우리 정체성 자체에 위협을 가한다. 다시 말해 효과적인 수업은 사회가 어떻게 작동하고 우리가 그 안 어디에 위치하는지 등에 대한 대중의 생각에 도전한다. 수업 내용이 '우리가 인종주의가 옳다고 생각하지 않으면 인종주의에 동참하지 않는 것이다'는 식의 지배 이데올로기를 흔들어 놓는다. 안타까운 것은 이런 탐구에 익숙하지 않은 학생들은 이런 도전을 한 가지 방식으로밖에는 받아들이지 못한다는 점이다. "내가 불평등한 체제에 참여하고 있다는 말은 내가 나쁜 사람이라는 말이다." 학생들도 나중에는 이게 그런 뜻이 아니고 좋거나 나쁜 이분법적 개념은 이 문제를 보지 못하도록 방해할 뿐임을 알게 될 것이다.

요약하자면 학문적으로 어려운 이론적 개념과 강한 감정을 불러일으키는 정치적 내용이 결합되어 많은 학생들이 이런 수업을 어렵게 여긴다. 사회에 대한 개인의 의견, 개념, 날것 그대로의 감정, 직관, 신념, 개별적 일화 등에만 의존해서는 이런 복잡한 이슈를 이해하고 대응하기 힘들다. 따라서 학생들이 더 많이 배울 수 있도록 하기 위해 이런 길잡이들을 제안한다.

| 건설적으로 수업에 참여하기 위한 원칙 |

1. 모르는 건 모르는 거다. 지적으로 겸손하려고 노력하라.
2. 누구든 의견은 있다. 의견과 지적 지식은 다르다.
3. 개인이 겪은 일화성 증거는 버리고 더 큰 사회적 패턴을 보려고 하자.
4. 스스로가 방어적 태도를 취하지 않는지 보고 이런 반응을 깊은 자기성찰을 위한 출발점으로 삼자.
5. 나의 사회적 위치성(인종, 계급, 젠더, 섹슈얼리티, 신체 능력 상태 등)이 강사나 수업에서 배우는 사람들에 대한 태도에 어떤 영향을 미치는지 보자.

아래 사례에서 이런 원칙들을 자세히 볼 수 있다.

대학에서 과학 필수과목 수업을 듣고 있다. 교수는 천문학 박사다. 책을 여러 권 냈고 여러 권위 있는 학술지에 논문을 실었으며 이 분야에서 이름난 학자다. 수업의 목표는 현대 천문학에서 쓰는 용어를 정의하고 이 학문의 연구 방식, 방법론, 개념 등에 익숙해지는 것이다. 교수가 읽기 과제로 내주었던 이 분야 최신 이론을 수업에서 개략한다. 태양계 행성의 수에 대한 과학계의 논쟁을 개괄하고 행성의 요소가 무엇이냐의 기준에 따라 태양계에서는 여덟 행성만

이 공식적으로 인정되었다고 말한다.

한 학생이 손을 들고 자기가 학교에서 행성이 아홉 개라고 배웠으니 아홉 개라고 주장한다. 태양계 행성 그림이 들어 있는 책을 많이 보았는데 항상 아홉 개였다고 한다. 또 어릴 때 자기 방에 우주 지도를 붙여 놓았는데 거기에도 행성이 아홉 개였고 뿐만 아니라 부모님이 행성은 아홉 개라고 가르쳤고 친구들도 대부분 아홉 개라고 한다고 한다. 교수는 행성에 관한 논란을 펼치려면 먼저 행성의 기준에 대해 이해해야 한다고 설명하려 하는데, 학생은 말을 자르고 이렇게 선언한다. "그건 교수님 의견이죠. 제 의견은 행성은 아홉 개라는 겁니다."

교수는 다시 행성의 수는 자신의 개인적 의견이 아니라 행성의 정의가 무엇이냐에 대해 과학계에서 수립한 기준에 따른 것이라고 설명하려 한다. 전에는 과학계에서 명왕성에 행성 자격이 있다고 생각했지만 연구가 진행되며 형태 등의 면에 있어서 그렇지 않음을 알게 되었다. 교수는 이건 의견이 아니고, 지속적 연구와 조사의 결과로 나온 이론이라고 되풀이해 말한다. 학생은 이렇게 대답한다. "저는 명왕성이 네모 모양이건 다이아몬드 모양이건 바나나 모양이건 간에 행성이고, 태양계에는 아홉 행성이 있다고 생각해요."

이 이야기에 나온 학생의 말에 다른 학생들이 수긍했을까? 교수 의견에 당당히 맞서서 자기들 의견과 같은 의견을 밝힌다고 존경스럽게 생각했을까? 다른 학생들도 같은 의견이라고 하더라도, 그렇다고 해서 그 주장에 신빙성이 생긴다고 할 수 있나? 아니면 이 학생에게 학문적으로 결함이 있고 미성숙하다거나 예의가 없다고 생각될 가능성이 더 높을까? 많은 사람들이 이 학생이 이 과목을 통과하기 어려울 것 같다고 생각할까?

원칙 1: 모르는 건 모르는 거다. 지적으로 겸손하려고 노력하라.
이 학생의 말은 진지하게 받아들여지지 않을 가능성이 높은데 주된 이유가 둘 있다. 첫째는 학문적 준비가 되어 있느냐의 문제고 또 하나는 수업 주제 때문이다. 사실 학생들이 알아야 할 것은 교수가 말해주겠거니 하고 읽기 과제를 아예 읽어오지 않거나 읽긴 했어도 이해를 못 하는 경우가 태반이다. 우리 경험에 비춰보면 읽은 내용을 잘 이해하지 못한 학생이 다시 읽거나 천천히 읽거나 사전에서 모르는 단어를 찾아보거나 어려운 구절을 교수에게 묻는 경우는 매우 드물다. 표준화된 시험과 점수 보상 시스템 때문에 학생들이 학업을, 주어진 것을 받아들이고 맞는 답을 찾는 일로 생각할 뿐 이해하고 지적 도전을 하는 일이라고는 생각하지 않는다. 하지만 비판적 사회정의 교육은 이전 교육에서보다 훨씬 높은 정도의 참여를 학생들에게 요구한다.

둘째로, 많은 학생들이 사회과학을 '유연하고' 따라서 주관적이라고 생각하는 반면 천문학은 '공고하고' 객관적인 학문이라 보기 때문에 이 학생의 말을 진지하게 받아들이지 않을 것이다. 이 분야에 상당한 지식을 갖추지 않은 학생이 천문학적 발견에 이의를 제기할 가능성은 매우 낮다. 여러 이론에 대한 기본적 이해를 갖추려고 애쓸 뿐 이 이론에 동의하느냐 아니냐를 생각할 계제가 없다. 시험 성적이 나쁘다면 교수가 너무 '짜다'고 불만일 수는 있겠지만 그래도 자기 지식이 모자라서 나쁜 성적을 받았다고 생각할 것이다. 그렇지만 사회 권력 연구에서는 이야기 속에 나온 천문학과 학생과 같은 태도가 드물지 않다. 게다가 안타깝게도 다른 학생들이 이런 학생을 교수에게 '맞서는' 일종의 영웅으로 보는 일도 있다. 학생들은 사회 권력 연구를 과학의 일종으로 보지 않고 자기 의견과 대등하게 보고 거부할 수도 있다고 생각하곤 한다.

학계에서 어떤 주장을 펼치려면 그 분야 전문가인 동료들에게 검토를 받아야 한다. 이런 과정을 동료 검토라고 하는데, 학문적 주장의 가치를 평가하는 초석이 된다. 비판적 사회정의에 쓰이는 학문 연구의 대다수는 동료 검토를 거쳤다. 이 분야의 다른 학자들이 논지를 다듬고, 덧붙이고, 이의를 제기하고, 강화한다. 이 주제 전문가인 다른 학자들이 내용이 신빙성이 있고 이 분야에서 지식을 발전시키는 데 기여한다고 판단할 때에만 논문이 학술지에 실린다. 학생들은 (특히 비판적 사회정의 입문 수업을 듣는 학생들은) 아직 수업에서 배우는 학자들의 의견에 반대할 수 있을 만한 위치가 아니다. 학생들이 이 주제에 관해 중요한 직접 경험을 들려줄 수는 있지만(연구 중인 특정 소수화집단의 구성원으로서) 그래도 이론적 틀에 도전하기보다는 이해하려고 애쓸 때 더 많은 것을 얻을 수 있다.

초심자에게는 개념 파악이 첫 번째 과제다. 쉽게 개념을 익히기 위해 이런 연습을 해보자.

- 읽기 자료를 자세히 면밀하게 읽는다. 새로운 단어는 사전에서 찾아본다. 자료를 한 번 이상 읽어야 할 필요도 있음을 받아들

인다.

- 이해가 가지 않는 개념이 있으면 수업시간에 질문한다. 수업시간에 먼저 배운 개념과 연결 지으려고 애쓴다.

- 동의하기보다는 이해하려고 애쓴다. '동의하지 않는다'가 실제로는 '이해가 안 간다'가 아닌지 생각해보자. 만약 그렇다면 이해하려고 노력한다. 어떤 개념에 동의해야만 이해할 수 있는 것이 아님을 잊지 말자.

- 질문을 던지는 연습을 하자. 대부분 사람들은 맞는 답을 찾는 일에 몰두하도록 사회화되었기 때문에 질문을 던지는 데 필요한 기술은 발전시키지 못했을 수도 있다. 질문을 던지면 답을 모른다는 사실이 드러날까 봐 겁이 나서 지적 겸허함이 부족한 대담한 진술을 던지게 되곤 한다. 이 진술을 질문의 형태로 바꾼다면 더 유용할 것이다. 어떤 개념을 붙들고 씨름한다는 것은 받아들이고, 숙고하고, 표현하려고 애쓰고, 더 깊은 이해를 추구한다는 뜻이다. 논쟁하고 거부하는 것과는 다르다. 단순히 의견을 나누는 것을 넘어 지적인 참여로 이끌어가는 게 목표다.

원칙 2: 누구든 의견은 있다. 의견과 지적 지식은 다르다. 의견은 가장 약한 형태의 학문적 참여다. 이해와 비판적 사고력이 부족할 때에 가장 쉬운 방법은 의견을 말하는 것이다. 의견은 주제를 이해하지 못해도 자료를 읽지 않아도 내놓을 수 있다. 누구나 수업에 들어가기 전에 이미 의견이 있다. 이런 의견을 밝히는 것은 기존의 생각을 되풀이하는 것이라 자신의 생각을 넓히거나 의문시하거나 깊이 들어가

볼 필요가 없다. 학생들은 이해하지 못한다는 사실을 감추려고 의견을 제시하곤 한다. 의견을 제시하면 수업 내용을 파고들지 않고도 토론에 참여하는 것처럼 비칠 수 있기 때문이다. 자료를 읽고 싶은 생각이 없거나 읽었어도 이해를 못할 때 가장 쉬운 대처방법은 텍스트의 한 부분을 짚어서 그것에 대한 개인적 반응을 제시하거나(예: "이 책에서 남자가 지배한다고 한 부분이 마음에 들었어요. 제가 했던 어떤 경험이 생각났거든요.") 그 부분을 이용해 전체를 부정하는 것이다(예: "백인이 특권을 누린다고 하는데 저는 전혀 동의할 수 없어요!"). 배우려는 개념에 대해 개인적 의견을 내놓으며 반박하면(예를 들어 "인종주의는 이제 사라졌어요."라고 주장한다든가) 사실 학술적 근거가 없는 의견을 제시한 것이다. 천문학 수업에서는 의견이 설 자리가 없고, 천문학 분야에서 스티븐 호킹의 의견에 동의할 수 없다고 주장하는 학생의 말을 진지하게 받아들일 일도 없을 것이다. 일단 그런 주장을 자유롭게 할 가능성이 매우 낮다. 그렇지만 우리는 페기 매킨토시, 미셸 푸코, 에드워드 사이드, 비벌리 테이텀 같은 학자의 작업을 제대로 이해하기도 전에 이들에게 "동의하지 않는다"고 하는 학생들을 심심치 않게 보았다. 이런 학생들에게 자기가 동의하지 않는다는 그 개념들을 설명해보라고 하면 분명히 설명하지 못할 때가 많다.

하지만 수업시간에 학생들의 의견을 끊으면 학생들은 사회적 '규범'이 위반되었다고 생각하곤 한다. "제게는 의견을 가질 권리가 있어요. 이 권리를 부인하는 건 부당해요." 물론 누구나 의견을 가질 권리가 있다. 그렇지만 우리의 학문적 목표는 그냥 원래 가졌던 의견을 나누는 것에서 그치지 않는다. 학술적 증거를 가지고 사회 현상을 더 깊이 있게 이해하는 데 도움이 될 이론적 틀을 만드는 것이 목표다. 물론 우리는 학생들이 자기 의견을 되짚어보고 검토해보길 바란다. 그러나 자기 의견을 점검해보기 위해 내어놓는 것과 그냥 제시하는 것은 차이가 있다.

소그룹으로 강의를 진행할 때에 지적 탐구보다 의견을 더 선호하는 경향이 더 두드러지곤 한다. 보통 강사들은 학생들이 어려운 개념을 다른 이들과 함께 고민하여 깊이 이해하도록 하기 위해 소규모 그룹 활동을 제안하곤 한다. 소그룹 활동에서 강사가 제시한 화두와 질문에 더해 이런 작업을 할 수 있다.

- 텍스트 함께 읽기
- 서로 질문을 던져 개념을 명확히 하기
- 다른 글과 연관 짓기
- 핵심 개념을 찾고 용어를 정의하기
- 공부하는 개념을 예시하는 사례를 찾아보기
- 패턴을 찾기
- 질문을 만들기
- 개념 사이의 관계를 뜯어보기
- 자신의 삶과 일에 미치는 영향을 토론하기
- 가장 마음에 드는 구절을 찾아 토론하기
- 어려운 구절을 찾아 토론하기
- 수업에 소개된 개념을 말로 설명하는 연습을 하여 개념을 명확하게 하고 이 문제를 더 편안하게 토론할 수 있게 하기

학문적 관점에서는, 주어진 주제에 대해 소그룹의 '토론이 마무리 될' 수는 없다.

원칙 3: 개인이 겪은 일화성 증거는 버리고 더 큰 사회적 패턴을 보려고 하자. 일화성 증거란 풍문으로 들은 것이거나 한계가 있는 개인의 경험을 말한다. 예를 들면 이런 비슷한 이야기를 들어본 사람이 많을 것이다. "내 사촌이 제지공장에 취업하려고 했는데 쿼터 제도 때문에 자질이 모자라는 흑인을 대신 고용했어." 주류 교육이나 미디어에서는 사회적 불평등이 어떻게 작동하는지 거의 가르치지 않기 때문에 사회정의 문제를 우리가 이해하려고 할 때 의거하는 증거라는 것 대부분이 피상적이고 일화성이다.

대학에서 하는 수업은 '일상'의 일과, 이슈, 사건을 이해하는 능력을 높이는 것을 목표로 한다. 다시 말해 새롭고 더 복잡한 인식 체계를 제공하는 것이다. 학생들이 발전시킬 수 있는 학문적 기술 가운데에서도 현재의 인식에 새로운 인식의 틀을 적용하는 능력이 특히 중요하다. 예를 들어 다리가 아파서 병원에 갔다고 해보자. 아마 의사가 다리를 검사하고, 뼈와 근육을 만져보고 문제를 찾기 위해 엑스레이 촬영을 할 것이다. 그렇지만 (서구의 관점에서) 다른 의료인(전통적 한방 치료를 하는 의사 등)을 찾으면 증상을 전혀 다른 방식으로 진단할 수 있다. 먼저 혀를 들여다보고 몸의 다른 부분들을 검진할 수도 있다. 카이로프락틱 시술자는 다리는 살펴보지 않고 척추부터 바로 치료할 수도 있다.

인간이 신체를 어떻게 이해하고 치유를 어떻게 개념화하는지를 연구할 때에는 통증에 대한 접근법에 있어 어떤 의료인이 '옳고' 누가 '그른지'에 대해서는 별 관심이 없을 것이다. 그보다는 각 의료인이 사용하는 인식의 틀에 관심을 갖고 이 인식의 틀이 신체의 작용과 질병과 치유의 개념을 이해하는 데 어떤 도움을 주는지를 연구한다. 우리는 비판적 사회정의의 맥락에서 사회가 어떻게 작동하는지 이해할 새로운 인식의 틀을 제공하려 한다. 우리 천문학과 학생이 행성의 기준에 대한 최신 이론을 탐구할 수 있었다면, 이 학생의 행성에 대한 이해나 계속 진화하는 영역으로서 과학에 대한 이해가 얼마나 깊어질 수 있었을지 생각해보자. 아쉽게도 이 학생이 기존의 신념을 고수하는 바람에 성장 가능성은 차단되고 말았다.

우리 학생들이 흔히 택하는 또 다른 접근방식으로, 수업에서 배우는 개념을 부인하기 위해 한두 가지 예외를 거론하기도 한다. 인종주의가 구조적이라고 설명하는 글을 읽고 나면 학생들이 오프라 윈프리 같은 사람을 예로 들어 이를 오늘날에는 누구나 '성공'할 수 있다는 증거로 제시하곤 한다. 또 구조적 억압은 존재하지 않음(혹은 오늘날에는 방향이 '역전'되었음)을 '입증'하기 위해 개인적 사례를 들기도 한다. 회사에 정해진 인종별 쿼터가 있어서 취직을 하지 못했다고 생각하는 사촌 이야기처럼 말이다. 백인들은 흔히 유색인을 백인보다 우선 채용해야 한다는 규정이 있다고 생각하지만 그건 사실이 아니고 이런 생각은 세 가지 점에서 문제가 된다. 첫째, 고용 쿼터는 불법이기 때문에 옳지 않은 지식이다. 차별 철폐 조처는, 특정 분야에 상대적으로 부족한 집단에서 자격을 갖춘 사람을 고용하기 위한 목표를 설정하는 유연한 제도일 뿐이고, 고용 할당량 같은 것은 없다. 둘째로 유색인이 고용에서 차별을 받았음이 드러난 사례들은 아예 거론되지 않는다. 셋째로 이 이야기에서 유색인이 사촌을 제치고 채용된 이유는 오직 할당제 때문이고 그 유색인이 더 자질이 뛰어나기 때문이거나 아니면 대등한 자질을 갖추었지만 사촌과 달리 새로운 시각을 보탤 수 있기 때문일 수는 없다는, 인종주의적 가정이 드러난다.

예외나 분석을 거치지 않은 개인적 경험에 초점을 맞추면 전체적, 사회적 패턴을 볼 수가 없다. 규칙에는 늘 예외가 있게 마련이지만, 예외는 또 규칙의 존재를 반증하기도 한다. 억압받는 집단에 속한 사람들이 때로 지배사회 꼭대기에 오르기도 한다는 사실은 옳다. 그렇지만 역사적이고 측정가능하고 예측가능한 증거에 따르면 이런 사례들은 전형적이지 않은 경우들이다. 이런 예외적 사례에만 초점을 맞추면 더 큰 구조적 패턴을 놓치게 된다. 예외에 주목하면 이 예외들이 전체 체제에 미치는 역할을 더 심도 있게 분석하기도 어려워진다.

아래 질문들이 수업 내용을 잘 소화하고 원칙 3을 따르는 데에도 도움이 될 것이다.

- 이 수업의 관점이 현상에 대한 이해를 어떻게 넓히는가?
- 어떤 사례에서든 더 큰 집단의 패턴을 찾을 수 있나?
- 일화적 증거를 이용해 공부하는 개념을 반박하는 대신 이해를 넓히는 방법으로 쓸 수 있을까?

원칙 4: 스스로가 방어적 태도를 취하지 않는지 보고 이런 반응을 깊은 자기성찰을 위한 출발점으로 삼자. 수업에서 감정적으로나 정치적으로 민감한 주제를 다루기 때문에 학생들이 불편한 기분이 될 수 있다. 불평등을 끈덕지게 탐구한 일이 처음인 사람도 많다. 이 수업에서 배우는 것들이 학생들이 지금까지 배운 것과 정면으로 충돌하는 경우도 많다. 게다가 우리는 학생들에게 여기에서 다루는 사안들에 개인적으로 접속하라고 요구한다. 이렇게 이론적인 것과 개인적인 것을 결합하려면 우리 정체성과 세계관이 흔들리게 된다.

물론 지배집단에 속한 사람들이 '나쁘다'라고 가르치지는 않지만 학생들은 그렇게 받아들일 때가 많다. 현재 인식의 틀이 불평등에 동참하는 것은 나쁜 사람들만 하는 일이라고 말하기 때문이다. 학생들이 전적으로 새로운 인식의 패러다임으로 전환해 비판적 사회정의의 이론적 틀을 취하기 전에는 열린 마음으로 받아들이기가 힘든 일이다. 방어적 태도, 인지 부조화, 심지어 죄책감, 수치심, 비통함 등도 드물지 않게 나타난다. 어떤 면에서는 이런 감정들이 움직임과 변화를 나타내므로 불쾌하긴 하겠지만 그것 자체가 문제는 아니다. 이런 감정들이 건설적 역할을 할지 파괴적 역할을 할지는 우리가 어떻게 하느냐에 달려 있다. 물론 이 감정을 수업에서 배우는 내용과 접근방식이 '잘못'이라는 '증거'로 삼아 배우는 것 전부를 거부할 수도 있다. 그렇지만 이렇게 반응해서는 성장할 수 없다. 현재의 세계관을 지키고 공고히 하는 역할을 할 뿐이다.

천문학과 학생 이야기로 돌아가서, 이 학생은 자기 세계관에 도전하는 정보를 들었을 때 일어나는 감정적 반응을 건설적으로 사용할 수 없었다. 대신 이 정보를 딱 잘라 거부하고는 명왕성이 바나나 모양이건 어떻든 간에 행성이라는 조리에 닿지 않는 주장으로 말을 맺었다. 이 말은 우리가 사람이 '빨갛든, 노랗든, 녹색이건, 보라색이건, 점박이무늬건, 얼룩무늬건' 개의치 않고 똑같이 대한다는 말과 다름 없다.(인종의 의미를 부인하는 데 쓰는 이 상투적인 문구는 최소 두 가지 중대한 문제가 있다. 첫째, 컬러블라인드니스라는 것이 사실상 가능하지가 않다. 실제로 인종이 눈에 보이고 사회적 의미와 중요성이 있다. 둘째로 사람들이 이런 색깔들로 이루어지지 않았기 때문에 이런 말은 인종주의의 현실을 장난처럼 별것 아닌 것으로 만들어버린다는 문제가 있다.) 우리 세계관을 흔드는 정보를 듣게 되면 감정이 자극될 수 있다. 이런 감정을 더 깊은 자기 인식의 출발점으로 삼는 게 건설적이다. 아래 접근방식으로 수업 내용을 짚어보면 원칙 4를 따르는 데 도움이 될 것이다.

- 글쓴이의 관점에서 생각해볼 때 어떻게 세계관이 흔들리거나 넓어지나?
- 글에서 논하는 사안에 있어 나는 어떻게 형성되었나? 예를 들어 글에서 가난한 사람들의 경험을 이야기하는데, 나는 중간계급으로 자라났다면, 글의 관점이 중간계급으로 자라났다는 것이 어떤 의미인지 이해하는 데 도움을 주나?
- 내 인종/계급/젠더 때문에 새로운 시각을 받아들이기가 어려워지는 부분이 있나?
- 이 정보를 받아들이면 위험해진다고 느끼는 나의 반응에서 알 수 있는 사실이 있나?
- 이 정보가 사실이라고 받아들인다면 윤리적으로 나는 어떻게 해야 할까?

원칙 5: 나의 사회적 위치성(인종, 계급, 젠더, 섹슈얼리티, 신체 능력 상태 등)이 강사나 수업에서 배우는 사람들에 대한 태도에 어떤 영향을 미치는지 보자. 비판적 사회정의 수업에서 위치성(우리가 어느 사회 집단에 속했고 그로 인해 어떤 관점을 갖게 되는지)과 관련해 두 가지 난제가 있을 수 있다. 첫째는 이 수업 내용은 주관적이고 가치판단에 따른 것이며 정치적인 반면 주요과목의 내용은 객관적, 가치중립적, 보편적이라는 생각이다. 강사가 자기 자신의 위치성을 지적하고 학생들에게도 그렇게 하라고 하기 때문에 더욱 그렇게 느껴질 수도 있다.

안타까운 일이지만 주요과목 수업에서는 자신의 위치성을 인정하는 일이 거의 일어나지 않고 그래서 학생들이 이런 수업은 객관적이고 비판적 사회정의 수업은 주관적이라고 생각하게 된다. 물론 모든 지식은 특정 관점에서 전달되지만, 특히 지배집단의 지식은 중립적이고 보편적인 것처럼 제시되기 때문에 더 큰 힘을 갖는다. 우리 수업에서는 지식이 중립적이라는 주장에 도전하기 위해 위치성을 일부러 거론한다. 그렇지만 학생들은 그걸 수업이 중립적이지 않다는 생각의 근거로 삼곤 한다.

둘째로, 강사와 학생 사이의 역학에서 오는 어려움이 있다. 비판적 사회정의 수업 강사들이 대체로 주변화집단에 속하는 경우가 많고 이들 스스로 자기가 속한 집단을 명시하기 때문에, 수업에 개인적 의도가 있는 것처럼 생각되곤 한다. 다시 말해 자기들이 '소수자'이기 때문에 이런 내용을 가르친다고 비치는 것이다. 그래서 학생들은 이런 수업의 교과과정과 교수법에 드러내놓고 반대할 수 있다고 느끼곤 한다. 천문학과 학생의 예가 있을 법하지 않다고 생각되는 까닭 가운데 하나가 이런 차이일 수도 있다. 예로 든 사례에서 천문학과 교수는 백인 남성일 가능성이 높다. 고등교육 기관 교수진의 대다수가 백인 남성이다(Chronicle of Higher Education, 2009). 백인 남성은 사회적 권위가 더 크고 더 객관적으로 인지된다. 그래서 학생들이 반기를 들고 일어날 가능성도 더 낮다(Rudman & Kiliansky, 2000).

수업이 진행되어 감에 따라 학생들은 자신의 사회적 지위와 강사의 사회적 지위 사이의 상호작용을 생각해볼 필요가 있다. 강사가 주변화된 집단(여성, 유색인, 장애인, 동성애자)의 관점을 대변한다면 학생들은 주류 교육에서 좀처럼 접할 수 없는 관점을 접하게 된 것을 반갑게 받아들일 수 있을 것이다. 수업의 틀이 낯설다면 그렇다고 해서 공격하기보다는 새로운 기회를 주는 수업이라고 지지할 수 있다.

이런 수업 한두 개를 듣는다고 해서 '세뇌'되거나 자유롭게 생각할 능력이 약화되는 건 아니다. 사실 그 반대라고 할 수 있다. 우리가 세계를 바라보고 인식하는 방식에 깊이, 관점, 복잡성을 더할수록 우리의 생각은 더 명료하고 더 깊이 있고 궁극적으로 자유로워질 수 있다.

아래 연습이 원칙 5를 따르는 데 도움이 된다.

- 자신의 사회적 위치성을 밝히고 그것이 수업 내용에 대한 반응에 어떤 영향을 미치는지 생각해본다(예: 백인, 남성, 이성애자, 건강인 등). 내가 속한 사회집단에 따라 생길 수 있는 '맹점'은 무엇인가? 다시 말해 내 사회적 위치에 따라, 보거나 볼 수 없는 것은 무엇인가?

- 텍스트에 내포된 관점을 밝히는 연습을 한다(수업시간에 읽는 책, 신문 기사, 잡지 등). '객관성'을 지닌 '과학적' 담론을 이용하며 생

각을 제시했나? 사회적 위치성과 무관하게 모든 사람에게 보편적으로 해당되는 것처럼 제시되었나?

평가. 비판적 사회정의 문제를 다루는 수업에서 점수를 매기기는 학생들에게나 강사들에게나 쉬운 일이 아니다. 주요 목표가 사회 계층화에 도전하는 것인 수업에서 등급을 매긴다니 아이러니가 아닐 수 없다. 활동가이자 학자 오드리 로드는 이런 얄궂음을 이렇게 표현했다. "주인의 도구로는 주인의 집을 허물 수 없다." 기존체제의 도구를 사용한다면 그것에 도전하기보다는 오히려 공고히 하는 데 기여할 가능성이 높다는 뜻이다. 우리 강사들도 점수를 매김으로써 학생들을 서열화하는 시스템에 동참하게 됨을 인식한다. 이 시스템은 우리가 도전하려고 하는 바로 그 체제의 일부다. 그래도 많은 강사들이 체제에 도전하기 위해 그 체제의 제약 안에서 분투하는 방법을 택한다. 전통적 점수 체계도 우리가 붙들고 씨름해야 할 제약 가운데 하나다.

주류 교육에서 성적에 엄청난 주안점을 둘 뿐 아니라 시험 점수에 매우 많은 것이 달려 있기 때문에 더욱 성적이 강조된다. 성적은 학생의 지적 능력을 가늠하는 강력한 척도로 작용하고 학생이 어떤 교육을 접할 수 있느냐도 성적에 달려 있다. 이르게는 초등 1학년부터 길이 갈리고 어떤 길을 따르느냐가 나중에 어떤 직업을 갖게 되느냐에 실질적 영향을 미친다(Oakes, 1985). 따라서 안타깝지만 어쩔 수 없이 많은 학생들이 어떤 지식을 얻느냐보다는 어떤 점수를 받느냐에 더 연연하게 된다.

점수를 앞세우다 보면 학생들의 정체성과 자존감에도 영향이 있는데, 그리하여 학생 평가의 역학은 더욱 복잡해진다. 학생들은 학교 밖에서도 성적에 따라 가족에게 칭찬을 받거나 벌을 받기 때문에 이런 정체성이 더욱 강화되곤 한다. 이 시스템 안에서 잘하지 못하는 학생들은 C만 받아도 운이 좋다고 생각하는 반면 성적을 잘 받아온 학생들은 자기에게 A를 받을 자격이 있다고 생각하곤 한다. 이런 학생들이 "저는 A 받는 학생이에요!"라고 알려오는 경우도 드물지 않다. 이런 정체성을 가진 학생은 이 정체성을 흔드는 점수를 받으면 실망하고 심지어 모욕을 당했다고 느끼기도 한다.

성적 평가가 얼마나 복잡하고 모순적인지 알지만 그래도 우리는 학생들이 수업에서 다루는 개념을 이해하는 일도 매우 중요하다고 생각한다. 학생들의 이해 정도에 대한 평가를 수량화하여 전달하기 위해 우리는 기본적으로 점수 체계라는 도구를 쓴다. 우리는 학생들에게 아래와 같은 것들을 염두에 두고 성적 평가의 역학을 생각해보라고 부추긴다.

이해를 평가하기 위해서는 이해가 겉으로 드러나야 한다. 숙제나 수업 참여나 토론 등을 통해 학생이 이해를 드러내 보여야 한다. 글로나 말로 표현할 수 있다.

학생이 이해를 말로 평가하는 과정은 보통 수업시간의 토론이나 문답 등을 통해 이루어진다. 하지만 학생들이 수업시간에 입을 열지 않으면 평가하기가 어려워진다. 예를 들어 강사가 교실 전체에 질문을 던졌는데 아무도 대답을 하지 않는 일도 드물지 않다. 교실 가득

한 학생들 대부분이 아무 반응을 보이지 않으면 강사들은 이 학생들이 질문에 답할 수가 없다고 생각하게 된다. 학생들이 나중에 답이 '너무 빤해서' 대답할 필요가 없다고 생각해 가만히 있었다고 말하기도 하지만, 아무리 빤하더라도 대답하지 않으면 학생들이 이해했는지 아닌지 강사는 알기가 어렵다.

누군가가 자기 생각을 이미 말했기 때문에 수업시간에 침묵한다고 하기도 한다. 그렇지만 우리의 관점에서는 다른 학생이 이미 한 말을 반복해도 (확장한다면 더욱 좋고) 괜찮다. 두 사람이 정확히 똑같은 말을 하는 일은 없기도 하고, 비판적 사회정의 인식을 발전시키려면 자기 말로 개념을 표현하는 연습을 하는 게 중요하기도 하다. 어떤 진술이라도 확장하고 심화하고 강화할 수 있다. 다른 사람이 한 말을 반복한다고 하더라도 적어도 얼마나 많은 사람들이 비슷한 생각을 하고 핵심 개념을 이해하려고 애쓰는지는 알 수 있다. 강사들이 개별 학생의 이해도뿐 아니라 집단 전체의 이해도를 평가하는 데 유용한 정보다. 그렇기 때문에 우리는 학생들에게 수업에서 질문을 던질 때 잘 모르겠거나 제대로 대답하지 못하더라도 입 밖에 내어 말하라고 부추긴다.

글로 이해를 표현할 때에는, 글을 얼마나 명료하고 짜임새 있게 잘 썼고 숙제의 목적에 얼마나 부합하는지를 평가한다. 숙제는 (최소) 오류가 없는지 검토해야 하고, 적절한 학문적 언어를 써야 하고, 구어체를 피하고, 표준 인용 양식을 따르고, 포용적인 언어를 쓰고 과제에서 제시한 지침을 벗어나지 않아야 한다. 이런 것들이 학생이 쓰기 과제를 얼마나 잘했는지를 평가하는 기본 지침이다. 이런 기본을 충족한 다음에 수업시간에 읽은 내용과 강의를 자기 말을 써서 잘 통합하고 사례를 적절하게 사용하고 통찰력 있는 연결을 만들면 탁월한 ('A' 수준의) 과제가 될 수 있다. 이런 기준을 수업계획서나 과제지침 등을 통해 학생들에게 전달한다. 따라서 학생들의 이해도를 정확하게 평가하려면 수업 기여도나 글쓰기 숙제 양쪽에서 이해했다는 증거를 볼 수 있어야 한다.

노력과 이해는 같지 않다. 학생들이 성적이 염려되거나 자기가 이 정도는 '받아야 한다고' 항변할 때에 "정말 열심히 했다"는 주장을 잘 한다. 노력을 했으니 보상으로 A를 받아야 한다는 생각이다. 그렇지만 우리는 노력의 정도가 아니라 내용에 대한 이해를 얼마나 보여주었는지를 평가한다.

이런 비유를 생각해보자. 내가 수영 수업을 듣는다. 대회에 출전하는 게 목적이다. 연습에 시간을 내서 참석하고, 코치의 지시를 따르고, 연습 분량을 채우는 등 많은 노력을 한다. 그렇지만 코치는 내가 연습에 참가하는 걸 당연히 여기고 대신 내 몸의 자세, 호흡 패턴, 엉덩이와 어깨의 움직임, 매끈한 스트로크, 속도 등에 초점을 맞춘다. 내가 대회에 나갈 준비가 되어 있는지 아닌지는 코치가 최종적으로 결정할 것이다. 이 결정은 내가 얼마나 많은 노력을 들였느냐와 무관하게 내가 얼마나 준비된 모습을 보여줄 수 있느냐에 따라 이루어질 것이다.

비슷하게 우리도 학생들의 노력이 아니라 개념에 대한 이해를 얼마나 보여주느냐를 평가한다. 더구나 우리 강사들이 '노력'이라고 보는 것과 학생들이 '노력'이라고 보는 게 같지도 않다. 학생들은 출석하고, 강의를 듣고, 숙제를 제출하는 것이 노력의 증거라고 생각한다. 강사는 이런 것들은 학생들에게 기본으로 기대되는 것으로 본다. 게다가 우리는 학생들이 얼마나 '열심히' 했느냐가 아니라 그 노력의 결과를 평가한다.

아래는 학생들이 자기가 받은 점수보다 높은 점수를 받아야 한다고 생각하는 흔한 (하지만 합리적이지는 않은) 근거들이다.

- "정말 열심히 했어요."
- "저는 A를 받는 학생인데요."
- "수업에 한 번도 안 빠졌어요."
- "열심히 들었어요."
- "읽기 과제 전부 다 읽었어요."
- "토론에 참여했어요."
- "과제를 전부 제출했어요."
- "전에는 이런 문제를 생각해본 적이 없어서요."
- "이 주제에 정말 관심 많아요."
- "이런 수업 전에도 들어서 다 잘 아는 내용이에요."
- "좋은 성적이 안 나오면 수강 철회해야 해요."
- "이번 학기에 개인적으로 일이 많았어요."
- "이 수업에서 정말 많이 배웠어요."

다른 수업 강사들도 학생들이 이런 근거를 대는 것을 많이 들었을 것이다. 그렇지만 이런 이유가 A나 아니면 원래 점수보다 더 높은 점수를 받아야 한다고 주장하는 합당한 근거가 될 수는 없다. 학생들이 성적에 대해 걱정하는 건 이해한다. 그렇지만 진정한 배움을 방해하는 이런 불안을 억누르길 바란다.

성적 평가에 대해 마지막으로 한마디 하자면, 학생들이 자기가 수업시간에 한 말이 강사의 마음에 들지 않아 나쁜 점수를 받았다고 생각할 때가 있다. 어느 학교든 학생이 강사에게 부당한 점수를 받았다고 생각할 때 이의를 제기하는 절차가 있다. 그렇기 때문에 학생이 이런 말을 했다고 해서 나쁜 점수를 주기는 어렵다. 평가에는 어느 정도 주관이 개입하지만, 강사는 자기가 준 점수를 제3자가 납득할 수 있게 설명할 수 있어야 한다. 그렇게 할 수 있기 위해 강사는 보통 채점 기준을 수업계획서나 과제 지침을 통해 확실히 전달한다.

대학 수업은 다른 곳에서 쉽게 접하기 어려운 기회들을 제공한다. 새로운 개념을 비판적으로 탐구하기, 다양한 관점을 듣고 생각해보기, 복잡한 사회적 이슈를 이해하고 토론하는 능력의 확장, 정체성·사회화·인식의 틀 등을 검토해보기, 더 평등한 사회를 이루는 데 필요한 도구 제공 등. 안타깝게도 점수에 집중하다 보면 이런 기회들을 놓칠 수 있다.

점수에 대한 집착을 버리고 내용을 잘 이해하는 데 힘을 쏟는 학생들이 대체로 좋은 성과를 낸다. 점수를 걱정하다 보면 내용에 집중하지 못하게 되고 결국 걱정대로 되는 경우가 많다. 아래 질문들을 던져보면 집착을 버리는 데 도움이 될 것이다.

- 새로운 개념을 배우는 과목에서 내가 얼마나 잘하는지 평가할 자격이 나에게 없을 수도 있다고 생각할 수 있나?
- 모든 과목에서 A를 받기 기대한다면 왜일까? 언제나 A를 받았기 때문일까 아니면 수업 내용에 정통했음을 보였기 때문일까?
- 내가 강사에게 "제가 어떻게 하고 있나요?"라고 물을 때 내 이해도가 잘 표현되고 있는지, 어떻게 개선될 수 있는지에 대해 충고를 구하기 위한 걸까 아니면 어떤 점수를 받게 되냐고 묻는 걸까?

우리는 진심으로 우리 수업이 학생들이 지식과 통찰력을 얻는 데 도움이 되기를 바란다. 경험에 따르면 학생들이 최종 점수보다 내용 습득에 집중할 때 그렇게 되는 일이 많다.

🏃 토론해볼 문제와 확장 활동

1. 수업에서 읽는 텍스트 하나를 골라 텍스트의 핵심 개념에 깊이 파고드는 데 도움이 될 질문 다섯 개를 만들어보자.
   아래 지침을 이용해 질문의 수준을 판별해보자.
   - 질문이 '찾아보라' 유형인가? (예: "언제 발표된 글인가?" 또는 "이 학교가 위치한 도시의 이름은?") 이런 질문도 유용하고 중요하지만(학교가 워싱턴 주 밴쿠버 같은 작은 도시에 있는지 아니면 캐나다 밴쿠버 같은 대도시에 있는지 생각해보는 게 중

요할 수 있다) 토론이나 참여를 유도하는 질문은 아니고 주로 생각을 환기하는 역할을 한다.

- 의견을 나누도록 유도하는 질문인가? (예: "가장 마음에 드는 부분은 어디인가?" 또는 "어떤 부분에 동의하지 못하는가?") 단순히 선호도나 동의 여부를 나누는 질문은 적절한 정도로 제한해야 한다. 어떻게 느끼느냐가 흥미로울 수는 있지만 심도 있는 토론이나 복잡한 내용에 파고들도록 유도하지는 않는다.

- 이것 또는 저것 식의 토론을 유발하나? 이런 질문은 "…해야 하나?" 또는 "동의하나?"라는 식으로 던져진다. (예: "학교에 음료수 자동판매기 설치를 금지해야 하나?" 또는 "기회가 동등하지 않다는 것에 동의하나?") 이런 질문이 이끌어내는 토론은 이것 또는 저것 사이의 회색지대를 검토해볼 만한 여지를 남기지 않기 때문에 한계가 있다. 이런 유형의 토론은 또 의견을 바탕으로 하므로 수업 내용을 이해하거나 통합할 필요가 없기도 하다.

좋은 질문을 만들기 위해 이런 방법을 써보자.
- 그렇다 또는 아니다로 쉽게 대답할 수 없는 질문을 만든다. 예를 들면, "모든 교사가 7가지 교훈을 가르친다는 가토*의

---

*　John Taylor Gatto(1935생) 미국 교육자. 학교에서는 학생들에게 혼란, 순응, 무관심, 정서적 의존심, 지적 의존심, 잠정적 자존감, 늘 감시받고 있음 등의 7가지 교훈을 준다고 주장했다. (옮긴이)

주장을 생각해보자. 이 주장에 대해 '아주 그렇다'부터 '전혀 그렇지 않다'까지 연속선상에서 자신의 입장이 어디쯤에 있는지 결정하고 그 까닭을 설명하라."와 같은 질문.

- "어떤 조건에서…" "어느 정도로…" 같은 문구를 넣는다. 예를 들면 "어떤 조건에서라면 가토가 말하는 교훈을 가르치지 않을 수 있을까?" "학교 교과과정이 어느 정도로 교사 자율에 영향을 미칠까? 수업시간에 읽은 내용을 주장의 근거로 이용하라."

- 텍스트와 연관된 질문에 답하려면 텍스트를 잘 알아야 한다. 예를 들어 "가토의 일곱 가지 교훈 가운데 둘을 골라 학교에서 본 사례를 들어보자." 텍스트를 읽지 않아도 대답할 수 있는 질문이라면 아주 적절한 질문은 아니다.

- 다시 상상해보라고 하는 질문도 던질 수 있다. 예를 들어 "읽은 내용을 태도로 이상적 교실을 설계해보자. 학생 참여에 관한 지침을 어떻게 정할까? 교과과정과 교육 활동을 어떻게 짤까? 학습목표를 어떻게 평가할까?"

| 스스로를 돌아보기 위한 일반적 질문들 |

1. 내가 성적을 걱정하지 않는다면 수업에 참여하는 방식이 달라질까?

2. 왜 대학에 진학했나? 학생으로서 나의 역할은 뭔가?

3. 수업에서 최대한을 얻기 위해 어느 정도의 책임을 기꺼이 질 수 있나? (예: 준비를 하여 수업에 참여하고 읽을거리를 다 읽고 토론

에 참여하고 토론을 지배하려 하지 않고 불분명한 부분이 있으면 질문을 던지고 교실에서 존중하는 태도를 갖추고 구어체 대신 학문적 담론을 사용한다.)

4. 수업의 다른 학생들이 수업에서 최대한을 얻도록 돕기 위해 어느 정도의 책임을 기꺼이 질 수 있나? (예: 토론에 참여하고 토론을 지배하려 하지 않고 다른 사람의 말을 존중하며 듣고 소규모 토론에 진지하게 임하고 읽을거리를 읽고 준비를 하여 수업에 참여한다.)

5. 많은 학생들이 고등교육을 취업을 위한 한 단계로 생각해서 취업에 직접 관련이 있는 지식만 가치 있다고 생각하는 경향이 있다. 고등교육에서 다른 어떤 종류의 기술을 얻을 수 있는지, 이 기술들이 앞날의 직업과 어떻게 연결될 수 있을지 생각해보기를 바란다. 취업에 필요한지 아닌지를 넘어서, 민주사회의 시민에게는 어떤 기술이 필요한가? 왜 이런 기술들 역시 앞날에 사회에 나갔을 때에 중요하다고 할 수 있나?

언어에는 이데올로기가 스며 있기 때문에 비판적 사회정의 연구에서 언어는 중요한 영역이다. 일상에서 쓰느냐 학문에서 쓰느냐, 어떤 사회집단에서 쓰느냐에 따라 정의, 해석, 용어 등이 달라진다. 역사에서 특정 시기에 우리가 사용하거나 사용하지 않는 용어들이 가시성과 비가시성, 정당성과 비정당성, 정상성과 이상 등의 역학에서 지대한 역할을 한다. 그렇기 때문에 언어의 정치성과 진화에 대해 깊이 생각해야 한다.

예를 들어 1970년 미국 총조사에서는 인종 범주를 9가지로 나누었다. 2010년에는 15개로 나누고 여기 해당하지 않는 사람이 정체성을 적어 넣을 수 있도록 빈칸도 첨가했다. 캐나다에서는 백인도 원주민도 아니지만 다민족 또는 혼혈이고 이곳 태생일 수도 아닐 수도 있는 사람들을 지칭하기 위해 '가시적 소수'라는 말을 사용한다. 이런 언어의 변화와 변용은 사회집단 정체성의 '현실'을 구성하는 데 언어가 미치는 영향을 보여준다. 여기에서 언어의 정치적 본질이 무엇인지 알 수 있으며, 제도가 사회적 타자에 대한 이해와 인식을 공식화하는 기능을 한다는 것 또한 알 수 있다.

인종, 계급, 젠더, 섹슈얼리티, 능력은 사회적으로 구성된 것이므로, 집단 사이의 경계는 (삶에 미치는 영향이라는 점에서) 확고하면서도 동시에 (바뀔 수 있다는 점에서) 유동적이다. 예를 들어 이 책에서 인종이라는 범주는 인간 사이에 인종에 따른 생물학적 차이는 존재하지 않으므로 '실재'가 아니라고 했지만, 한편으로 인종 범주가 분리나 삶의 질과 같은 사회의 역학에는 막대한 영향을 미친다. 그렇지만 누군가가 '흑인' 또는 '황인' 또는 '백인'이 되는 것은 어떤 지점인가? 미국 대통령 버락 오바마는 부모 중 한쪽은 흑인, 한쪽은 백인 집단에 속하는데도 왜 일반적으로 흑인으로 간주되나? 오바마의 경우는 어떤 사람의 실제 혈통보다도 인종에 대한 지각이 더 중대한 역할을 함을 보여준다. 그래서 '인종화' 또는 '소수화'라는 개념이 생겨났고 '정체성' 대신 '정체화'라는 말을 쓰는 것이다(Gupta, James, Maaka, Galabuzi, & Anderson, 2007; Miles, 1989; Mukherjee, Mukherjee, & Godard, 2006; Omi & Winant, 1986). 이런 개념은 인종이라는 개념이 유동적이며 구성된 것임을 드러낸다. 때로 인종이라는 범주 자체를 쓰지 말자며 민족이라는 범주를 우선시하는 학자들이 있다(Miles & Torres, 2007). 생물학적으로 결정된 인종이라는 게 있다는 잘못된 개념을 재생산하기 때문에 문제라는 입장이다. 이런 용어를 계속 쓰다 보면 학자들이 자기도 모르게 잘못된 개념을 지지하는 결과가 될 수가 있다. 그렇지만 이건 인종이 우리 삶에 실질적 영향을 미친다는 인식과는 또 다른 문제다.

언어의 복잡성에 또 다른 층위가 있다. 우리가 사용하는 언어가 선택을 제한하고 고정된 사회 범주에서 벗어나는 일을 거의 불가능하게 만든다는 점이다. 예를 들어 어떤 사람의 젠더 정체성과 성적 지향이 하나로 합해지는 경우가 많은데 실상은 두 개가 같지 않다. 젠더 정체성과 성적 지향이 단순한 이분법에 따라 맞춰지지 않을 수 있다. 여기에서도 문화나 역사의 맥락에서 젠더와 관련된 언어의 한계를 엿볼 수 있다.

인종 범주도 젠더 범주처럼 끊임없이 변동이 일어난다. 예를 들어 유럽 인종집단 가운데에는 시간과 노력이 더해져 사회적 지위가 올라가고 법적으로 '백인'으로 분류되는 집단에 주어지는 자원에 접근할 수 있게 되면서 비로소 백인이 '된' 집단이 많다.(Backhouse, 1999; Brodkin, 1998; Haney-López, 2006). 법이나 정부 정책은 총조사를 통해 인종에 대한 우리의 생각을 조직화하기도 한다. 2000년 미국 총조사에서는 '백인'이 유럽·중동·북아프리카에서 건너온, 이민에 뿌리가 있는 사람을 가리키는 말이었다. 캐나다 2006년 총조사 범주에서는 백인이 '시각적으로 소수자가 아닌' 사람으로 정의되었다. 정부에서 민족과 인종 정체성을 이런 식으로 분류할 수는 있지만, 개인이 사회에서 인종을 어떻게 경험하는지는 또 다를 수 있다. 일상에서 인종은 내적 정체성과 다른 사람이 나를 어떻게 보느냐 사이의 복잡한 상호작용으로 이루어진다.

예를 들어서 자신이 포르투갈계 미국인이라고 하지만 일반적 관점에서 백인처럼 보이는 사람은 백인의 특권을 누릴 것이다(다른 사람이 백인이라고 생각하므로). 사회에서 그를 백인으로 인식한다는 사실이 이 사람의 경험에 큰 영향을 미칠 것이고 또 이런 경험이 이 사람의 내적 정체성, 기대, 가정, 행동 패턴에 영향을 미친다. 따라서 이 사람은 민족적으로 포르투갈계에 속하더라도 인종이나 인종적 경험은 백인이다. 한편 아랍계인 사람이 미국 총조사에서는 백인으로 인지될 수 있지만, 사회에서의 경험은 피부색, 옷차림, 영어에 능숙한 정도, 종교적 특징 등의 요소에 따라 달라진다. 이런 요소들이 백인으로 인지되어 백인 특권을 누릴 수 있을지 아니면 백인이 아니라고 부인될지에 영향을 미친다. 이런 식으로 젠더나 인종 같은 사회적 범주는 지속적으로 교섭이 일어나는 상태가 된다.

이런 복잡성을 고려하고 구성된 범주들을 실재하는 자연스러운 본질인 것처럼 만드는 일을 피하기 위해 여기에서 용어를 정리하려고 한다. 여기에 적은 인종, 계급, 젠더 용어의 정의에 그 집단에 동일시하는 사람 모두가 동의할 수는 없을 것이다. 언어의 일반적인 정치성에 대해, 특정 개인이 어떤 정체성을 가지는지에 대해 끝없이 배워나가는 게 최선이다.

계급차별주의classism　자원(직장, 임금, 교육, 주거, 식량, 서비스, 의료, 문화적 정의 등)을 통제하는 사람들의 가난한 노동계급 사람들에 대한 체제적 억압. 사람을 경제적 지위, '혈통', 제도적 권력, 직업, 교육 정도 등에 따라 서열화하는 신념 체계에 의해 유지된다. 개인의 계급 상태는 경제, 정치, 문화라는 세 가지 서로 관련된 영역

을 통해 구성된다. 경제적 계급은 소득과 축적된 자산을 가리킨
다. 정치적 계급은 직장이나 정치적 과정에 영향력을 행사할 수
있는 권력이다. 문화적 권력은 교육, '취향', 의사소통 양식, 라이
프스타일 등의 차원을 가리킨다(Leistyna, 2009). 이 범주들은 서로
밀접하게 구조화되어 있다. 국가별 빈곤선 등과 같은 제도적 역학
에 따라 이 범주들 안에서나 상호간에 차이가 생길 수 있음을 염
두에 두자. 크게 나누면 이렇게 나뉜다. 빈곤/빈곤노동계급, 노동
계급, 하위중간계급, 중간계급, 전문계급, 상위계급, 소유/지배계
급 등.

기표signifier 특정 문화적 의미를 전달하는 기호나 상징. 기표는 합
해져 의미를 구성하는 더 큰 담론들을 하나로 엮는다.

남성중심주의androcentrism 남성의 중심성, 우월성을 가리키는 데
쓰는 용어. 남성중심주의는 남자가 여자보다 우월하다는 생각만
을 가리키는 게 아니라 이 생각을 떠받치는 심층적 전제들 모두를
가리킨다. 남성과 남성의 경험을 인간 전체의 기준이나 표준으로
정의하고 여성과 여성의 경험은 그것에서 벗어난 것으로 보는 전
제다.

내면화된 억압internalized oppression 나와 내가 속한 집단이 상대적 지
배집단에 비해 열등하며 내가 낮은 지위에 있는 게 마땅하다는,
문화에서 지속적으로 흘러 다니는 메시지를 내면화하고(대개 무의
식적으로) 실천하는 것.

내면화된 지배internalized dominance 나와 내가 속한 집단이 상대적 소
수화집단에 비해 우월하고 내가 더 높은 지위를 누릴 자격이 있다

는, 문화에서 지속적으로 흘러 다니는 메시지를 내면화하고(대개 무의식적으로) 실천하는 것.

담론discourse 모든 형태의 언어를 통해 전달되는 의미를 가리키는 학술 용어. 담론에는 근거 없는 믿음, 서사, 설명, 표현, 개념, 이데 올로기 등이 다 포함된다. 담론은 보편적이지 않고 특정 문화의 세계관을 드러내며 특정 문화의 구성원들이 공유한다. 담론과 이 데올로기는 비슷하면서도 다른데, 담론은 이데올로기나 의미를 전달하는 온갖 방식, 곧 언어적 의사소통이나 비언어적 의사소통, 상징, 재현 등을 모두 포괄한다.

문화culture 특정 시간과 장소에 속한 사람들이 공유하는 규준, 가 치, 실천, 의사소통 방식, 언어, 법, 관습, 의미.

백인white 태생이 유럽 출신이거나 그렇다고 간주되는 사람. 실제 로 생물학적인 인종은 존재하지 않지만 백인으로 인식되는 것은 백인 우월 체제 안에서 매우 실질적인 특권을 수반한다. 모든 정 체성 관련 용어가 그렇듯이 사회정치적 맥락 안에서 자아와 집단 정체성 사이의 상호작용을 고려해야 한다.

백인 우월성white supremacy 사회 안에서 백인의 특권, 지배, 가정된 우월성 등의 포괄적 차원을 표현하기 위한 학술 용어. 이데올로기 적, 제도적, 사회적, 문화적, 역사적, 정치적, 대인적 차원 등이 모 두 포함된다.

사회 계층화social stratification 사회집단이 균등하지 않은 가치의 위 계질서에 따라 상대적으로 위치한다는 개념(예: 장애가 없는 사람이 장애가 있는 사람보다 가치 있게 여겨진다). 이런 위계가 사회집단 사이의 불균등한 자원 분배를 정당화하는 데 쓰인다.

색인colored people 법적으로 인종 분리가 정당화되던 때의 용어로, 비하하는 의미를 담고 있고 시대에 뒤떨어진 말이다. 백인이 아닌 사람을 가리킬 때에는 유색인People of Color이라는 말을 더 선호한다. 인종적 인식이 부족한 사람들이 혹시 이 용어를 쓸까 봐 여기에 넣었다.

성차별주의sexism 가부장제 사회에서 남성의 여성에 대한 제도적 억압. 남성이 본질적으로 여성보다 우월하다는 믿음에 기초한다. 남성과 여성 사이에 특권, 자원, 권력의 불균등한 분배를 영속화하는 경제적·정치적·사회적·제도적 실천과 믿음 등을 포괄한다.

섹스sex 남자와 여자의 몸을 구분하는 생물학적·유전적·표현형적 특징. 생식기, 신체 구조, 호르몬 등을 가리킨다. '젠더' 항목 참조.

소수화집단minoritized group 사회에서 가치가 낮게 평가되는 사회집단. 이 집단이 재현되는 방식, 자원 접근성, 불평등한 접근성의 합리화 등이 합해져 가치가 낮아진다. 원래는 이 위치에 있는 집단을 소수 집단minority group이라고 불렀다. '소수화'라는 말로 바뀐 까닭은 사회에서 낮은 지위에 머물게 하는 실제 역학을 드러내고 집단의 지위가 전체 인구에서 얼마나 많은 수를 차지하느냐와 필연적 연관이 없음을 나타내기 위해서다.

실증주의positivism 과학적 방법론을 세상을 이해하는 객관적, 중립적, 이상적 접근방법으로 보는 관점 또는 철학.

아메리카 인디언 American Indian 미국 원주민/토착민. 캐나다에서는 애버리지널Aboriginal이라는 말을 더 많이 쓴다. 어떤 사람을 가리킬 때에는 먼저 부족 이름으로(체로키, 수 등) 지칭하는 게 낫다는 것을 알아두자.

아시아인 또는 아시아 혈통 아시아에서 비롯된 사람들을 가리키는 말. 남아시아(인도, 스리랑카, 파키스탄, 네팔)와 동아시아(중국, 일본, 한국), 동남아시아(필리핀, 타이, 베트남, 캄보디아, 버마, 라오스) 등을 포괄하는 넓은 범주. 거시적 층위에서 말할 때는 '아시아인' 또는 '아시아계'라고 하는 편이 좋겠다. 하지만 이 넓은 범주 아래에 있는 집단들의 역사, 언어, 경험에는 매우 큰 차이가 있다. 따라서 넓은 범위의 아시아인들을 하나로 통합된 집단으로 합치는 용어라 문제가 될 수도 있다.

아프리카계 미국인, 아프리카계 캐나다인, 아프리카 혈통, 카리브인, 흑인 아프리카 흑인 인구에서 비롯되었다고 간주되는 사람을 가리키는 용어들.

억압oppression 한 사회집단의 다른 집단에 대한 차별이 제도적 권력으로 뒷받침된 것. 한 집단이 제도를 지배해 편견을 사회 전체에 행사할 수 있을 때 억압이 생겨난다. 억압은 집단 또는 거시적 층위에서 일어나고 개인의 차원을 넘어선다. 성차별주의, 인종주의, 계급주의, 능력주의, 이성애주의 등의 형태로 나타난다.

오리엔탈Oriental 일반적으로 '동방의'라는 의미이고, 유럽 입장에서 지칭하는 말이다. 유럽보다 동쪽에 있다는 뜻이다. 아시아계 혈통이고 아시아 대륙에서 온 사람들을 가리키는 데 쓰였고 근동,

중동, 극동 지방 등으로 나눠 지칭했다. '오리엔탈'이라는 용어는 비하적으로 간주된다는 것을 잘 알아두자. 인종적 인식이 부족한 사람이 이 용어를 무심코 쓸까 봐 사용하지 말라고 알려주기 위해 용어 목록에 넣었다.

오리엔탈리즘^{Orientalism} 오리엔탈리즘이라는 용어는 비하적인 말은 아니고, '동방'의 사람들에 대한 서구 열강의 인종주의가 어떻게 제도화되었는지에 관한 구체적 연구를 가리킨다. 오리엔탈리즘을 연구하는 학자들은 서유럽 국가들이 근동·중동·극동의 역사, 문화, 언어, 문학을 어떻게 재현했는지를 연구하고 이런 재현이 과거와 현재의 관계에 어떤 영향을 미치는지를 밝힌다.

위치성 positionality 사회에서 상대적으로 어떤 위치에 있느냐가 보고 이해하는 것을 좌우한다는 인식.

유색인 people of color 표현형(머리카락 질감, 골격구조, 피부색 등)에 따라 인종화된(지배사회에서 '인종이 있다'고 보는) 사람을 가리키는 용어다. 백인 우월성에 따라 사회를 조직화하는 인종적 이분법과, 인종화된 사람들 전반이 함께 겪는 인종주의와 내면화된 인종적 억압 경험을 드러내기에 적합한 말이다. 그렇지만 아주 다양한 사람들을 한 집단으로 통합하여 저마다의 구체적 역사, 경험, 백인 우월 사회에서 겪는 어려움 들이 가려지기 때문에 문제가 되기도 한다. 모든 인종 관련 용어가 그렇듯이 자기 정체성과 사회정치적 맥락 속에서 어떤 신분으로 확인되는지 사이에서 일어나는 상호작용 또한 고려해야 한다.

이데올로기 ideology 모든 제도를 통해 강화되어 믿지 않기가 힘든 거대한 사회 공통의 관념들. 사회의 불평등을 정당화하는 데 쓰이는 이야기, 근거 없는 소문, 재현, 설명, 정의, 합리화 등이 모두 포함된다. 개인주의나 실력주의 등이 이데올로기의 예다.

이성애주의 heterosexism 남성과 여성 간의 친밀한 관계를 우선시하는 가치, 태도, 신념, 행동. 이성애주의는 이성애를 인간 사이 애착의 본래 기준으로 받드는 제도, 법령, 사회 정책, 일상적 실천 등을 통해 강화된다. 이성애주의는 남성과 여성 간의 결합이 다른 어떤 종류의 친밀함보다 우월하고 이성애 이외의 것은 이상(異狀)이거나 존재하지 않는다는 가정을 바탕으로 한다.

인종주의 racism 북미에서 인종주의란 백인의 인종적 문화적 편견과 차별이 제도적 권력과 권위에 의해 뒷받침되어 백인에게 유리하고 유색인에게 불리하게 사용되는 것을 가리킨다. 백인과 유색인 사이에 특권, 자원, 권력의 불균등한 분배를 영속화하는 경제적·정치적·사회적·제도적 실천과 믿음 등을 포괄한다.

장애인 차별 ableism or disableism 장애인에 대한 체제적 억압. 인간의 신체, 지성, 정서에 일정한 기준이 있으며 이 기준만을 정상으로 받아들인다는 가정을 바탕으로 한다. 이와 다른 인체는 비정상, 이상, 본질적으로 열등한 신체로 생각된다. 이런 기준이 건물 구조, 학교 정책과 실천, 장애인을 분리하는 법 등으로 제도화되어 있다. 활동가들은 'ableism' 대신 억압의 이유인 장애 상태를 중심에 놓는 'disableism'이라는 용어를 선호하기도 한다.

젠더 gender 남성과 여성 신체에 부여되는, 사회적으로 규정되고 강제되는 역할, 행동, 기대. 신체에 따라 이 역할을 어떻게 느끼고 행동하리라고 추정되는지를 결정한다. '섹스' 참조.

젠더 정체성^{gender identity} 다른 사람과의 관계 속에서 남성이나 여성으로서 자아의 발달.

지배집단^{dominant group} 사회적 위계질서의 꼭대기에 있는 집단. 서로를 정의하는 집단 사이의 관계에서(남성/여성, 건강인/장애인) 지배집단은 더 높게 평가되는 집단이다(소수화집단을 '비'지배집단, 곧 '비(非)백인'과 같은 식으로 지칭하지 않도록 조심한다). 지배집단은 소수화집단을 평가하는 기준을 결정한다. 지배집단은 사회 자원에 더 잘 접근할 수 있고 불평등으로부터 이익을 얻는다.

차별^{discrimination} 편견에 따른 행동. 편견에 따라 행동한다면 차별하는 것이다.

코카서스 인종^{Caucasian} 원래는 캅카스 산지에서 온 사람들을 가리키는 용어였으나 오늘날에는 유럽 민족 혈통의 사람들을 가리키는 말로 주로 쓴다. 초기 인종과학자들이 완벽한 인종으로 생각했던 사람들이다. 인종을 니그로이드, 몽골로이드, 코카소이드 등으로 분류하던 구식 인종학에서 비롯된 용어이기 때문에 잘 쓰지 않고 백인이라고 하는 편이 낫다.

토착민^{indigenous people} 국제연합은 '토착민'을 캐나다나 미국 같은 식민 개척 사회에서 식민화 이전에 거주하던 사람들로 정의한다. 캐나다와 미국에서 쓰는 용어가 차이가 있는데 식민 시대 토착민과의 관계와 상관이 있다. 캐나다에서는 '토착민^{Indigenous}'과 '애버리지널^{Aboriginal}'을 쓸 수 있다. 토착민은 주로 퍼스트 네이션스(여러 부족 공동체), 이누이트(대륙 북부에 거주하는 집단), 메티스^{Métis}(유럽과 토착민 혼혈) 이렇게 세 집단으로 나뉜다. 미국에서는 토착민 Indigenous과 아메리카 원주민Native American이라는 말을 쓸 수 있으며, 다음과 같이 세 집단으로 나눌 수 있다. 아메리칸 인디언(여러 부족 공동체), 알래스카 원주민(대륙 북부에 있는 여러 부족 공동체), 태평양 제도민(괌, 사모아, 하와이 등 오세아니아의 여러 토착 민족). 미국에서 '원주민'과 '아메리카 원주민'이라는 말도 같이 쓰인다. 그러나 '애버리지널'이나 '토착민'이 보편적으로 쓰기에 더 적합한 말이다. 미국에서는 '아메리칸 인디언'이라는 뜻으로 '인디언'이라는 말을 쓰기도 하지만 캐나다에서는 과거에만 썼고 법적으로 매우 중요한 의미를 지녔었다. 정부가 정의한 바에 따라 인디언의 지위를 갖느냐 아니냐가 정해졌고, 그에 따라 특정 권리를 누리거나 부인당할 수 있었다. 오늘날에는 '인디언'이라는 용어를 쓰지 않는 편이 좋다(특히 외부인들은). 토착 공동체는 구체적으로 어떤 부족인지 지칭하는 게 가장 좋다. 미국이든 캐나다든 '에스키모'라는 말은 북쪽 거주민들이 스스로를 부르는 이름이 아니고 비하하는 뜻이 담겨 있다고 생각되므로 쓰지 말아야 한다.

투스피릿Two Spirit 토착민 개념으로 누군가가 여성적인 영과 남성적 영 둘 다를(혹은 또 다른 여러 변형을) 가졌음을 인정한다. 대부분 세계관에서 누구나 여성적 기질과 남성적 기질 둘 다를 가졌음을 인정하긴 하지만, 이 용어는 특히 일차적으로 이성애적이거나 남성 또는 여성 정체성을 지니지 않은 누군가를 가리키는 데 쓰인다. 영어로 번역된 용어는 '투(2)'라는 단어를 사용해서 젠더나 섹슈얼리티가 이분법적이라는 생각을 강화하므로 완벽하지는 않다.

투스피릿은 문화적 용어로 일부 토착민 공동체에서 사용한다. 외부인들은 사용하지 않는 게 좋다.

트랜스젠더 transgender　자신의 젠더가 출생시의 성별(남 또는 여)에 맞지 않는다고 생각하는 사람. 자기가 남자도 여자도 아니라고 느낄 수 있고, 양쪽 성이 합해져 있다고 생각하거나, 젠더와 섹스가 반대되는 존재라고 생각할 수 있다. 다른 사람들이 보기에 트랜스젠더는 전통적 젠더 역할에 맞지 않는 방식으로 젠더를 수행한다고 생각될 수 있다.

퍼스트 네이션스 First Nations　퍼스트 네이션스는 북아메리카 대륙 식민화 이전부터 존재했던 여러 토착민 집단을 가리킨다. 퍼스트 네이션스 공동체의 예로 블랙풋(주로 몬태나와 앨버타 지역에 거주), 체로키(주로 미국 남부에 거주), 오지브와(오대호 지역 북쪽과 남쪽) 등이 있다. '퍼스트 네이션스'는 이 집단 전체를 지칭하는 말이다.

편견 prejudice　나와 다른 사회집단에 속한 사람에 대한 학습된 예단. 편견은 대상 집단에 대한 부분적 지식이나 경험을 바탕으로 한다. 단순화된 판단과 가정이 대상 집단에 속하는 모든 사람에게 투사되곤 한다.

헤게모니 hegemony　지배집단의 이데올로기를 사회 모두에게 강요하는 것. 헤게모니 때문에 지배 이데올로기에서 벗어나거나 '믿지' 않으려고 저항하는 게 어려워진다. 그러므로 물리력이나 위협 대신 조건화를 통해 사회를 통제할 수 있다.

호모포비아 homophobia　게이, 레즈비언, 바이섹슈얼, 트랜스젠더에 대한 편견, 두려움, 경멸, 증오. 태어날 때 부여된 젠더 역할을 '제대로' 이행하지 않는 사람에 대한 오해와 편견도 포함된다. 호모포비아는 젠더 역할을 강요하는 강력한 도구로서 모든 사람에게 영향을 미친다. 호모포비아의 뿌리는 성차별주의에 있다. '성차별주의'와 '이성애주의' 참조.

혼혈 biracial **또는 다민족** multiracial 부모나 조부모대에서 둘 이상의 다른 인종집단(민족집단이 아니라) 혈통이 섞인 사람.

히스패닉 Hispanic 지배문화에서 '히스패닉'이라고 지칭하는 범주 안에는 엄청난 다양성과 복잡성이 있다. 예를 들어 미국 총조사에 따르면 어떤 인종이든 히스패닉일 수 있다. 그래서 총조사 설문에는 인종을 밝히고 또 히스패닉이나 라티노인지 여부도 명시하게 되어 있다. 보통 히스패닉이라고 하면 쿠바, 멕시코, 푸에르토리코, 중앙아메리카, 남아메리카 출신이거나 스페인계 문화에 속한 사람을 가리킨다. 비판 학문에서는 히스패닉이라는 용어를 뿌리가 식민주의적이고('스페인의'라는 뜻) 식민주의자의 언어를 통해 다양한 사회를 하나로 합해 버리는 것이어서 선호하지 않는다. '라티노'라는 말도 다양한 나라를 하나로 묶기 때문에 문제가 될 수 있다. 멕시코계 아메리카인으로서 미국이 멕시코에서 빼앗은 땅에 산다는 사실을 드러내고 싶은 사람들은 스스로를 치카노라는 정치적 이름으로 부른다.

Adair, M., & Howell, S. (2007). Common behavioral patterns that perpetuate power and relations of domination. *Tools for Change.* http://www.toolsfor-change.org/resources/org-handouts/patterns%20.pdf

Adams, M., Bell, L., & Griffin, P. (1997). *Teaching for diversity and social justice: A sourcebook.* New York: Routledge.

Adelman, L. (Executive Director & Producer). (2003). *Race: The power of an illusion.* San Francisco: California Newsreel.

Alexa: The web information company. (2010). The top 500 sites on the web. http://www.alexa.com/topsites/global

Alexander, M. (2010). *The new Jim Crow: Mass incarceration in the age of colorblindness.* New York: New Press.

Allen, B. (1996). *Rape warfare: The hidden genocide in Bosnia-Herzegovina and Croatia.* Minneapolis: University of Minnesota Press.

Anyon, J. (1981). Social class and school knowledge. *Curriculum Inquiry,* 11(1), 3–42.

Arias, E. (2010, June 28). United States life tables, 2006 [National Vital Statistics Reports, 58(21)]. Hyattsville, MD: National Center for Health Statistics. http://www.cdc.gov/nchs/data/nvsr/nvsr58/nvsr58_21.pdf

Armstrong, T. (1997). *The myth of the A.D.D. child.* New York: Dutton.

Artiles, A. J., & Trent, S. C. (1994). Overrepresentation of minority students in special education: A continuing debate. *The Journal of Special Education,* 27(4), 410–437.

Assembly of First Nations (AFN). (n.d.). History of residential schools. http://www.afn.ca/residentialschools/history.html

Backhouse, C. (1999). *Colour-coded: A legal history of racism in Canada: 1900–1950.* Toronto: University of Toronto Press.

Banks, J. A. (1996). The canon debate, knowledge construction, and multicultural education. In J. A. Banks (Ed.), *Multicultural education, transformative knowledge, and action: Historical and contemporary perspectives* (pp. 3–39). New York: Teachers College Press.

Banks, J. A., & Banks, C. A. M. (Eds.). (1995). *Handbook of research on multicultural education.* San Francisco: Jossey Bass.

Bem, S. L. (1993). *The lenses of gender: Transforming the debate on sexual inequality.* New Haven, CT: Yale University Press.

Bem, S. L. (2004). Transforming the debate on sexual inequality: From biological difference to institutionalized androcentrism. In J. C. Chrisler, C. Golden, & P. Rozee (Eds.), *Lectures on the psychology of women* (pp. 3–15). Boston: McGraw-Hill.

Bergvall, V. L., Bing, J. M., & Freed, A. F. (Eds.). (1996). *Rethinking language and gender research: Theory and practice.* London: Longman.

Bertrand, M., & Mullainathan, S. (2004). Are Emily and Greg more employable than Lakisha and Jamal? A field experiment on labor market discrimination. *The American Economic Review, 94*(4), 991–1013.

Bonilla-Silva, E. (2001). *White supremacy and racism in the post–civil rights era.* Boulder, CO: Lynne Rienner Publishers, Inc.

Bonilla-Silva, E. (2006). *Racism without racists: Color-blind racism and the persistence of racial inequality in the United States* (2nd ed.). New York: Rowman & Littlefield.

Box Office Mojo. (2010). All time box office worldwide grosses. http://www.boxofficemojo.com/alltime/world/

Brodkin, K. (1998). *How Jews became White folks: And what that says about race in America.* New Brunswick, NJ: Rutgers University Press.

Brown v. Board of Education, 347 U.S. 483 (1954).

Brzuzy, S. (1997). Deconstructing disability: The impact of definition. *Journal of Poverty 1,* 81–91.

Butler, J. (1999). *Gender trouble: Feminism and the subversion of identity.*
New York: Routledge. (Original work published 1990)

Calliste, A. (1996). Antiracism organizing and resistance in nursing: African
Canadian women. *Canadian Review of Sociology,* 33(3), 361–390.

Campaign for a Commercial-Free Childhood. (n.d.). Marketing to children
overview. http://www.commercialfreechildhood.org/factsheets/overview.pdf

Canadian Press. (2010, August 9). Canadian Women's hockey league to have
1st draft. *CBC News.* http://www.cbc.ca/sports/hockey/story/2010/08/09/sp-
cwhl-draft.html

Cavalli-Sforza, L. L., Menozzi, P., & Piazza, A. (1994). *The history and ge-
ography of human genes.* Princeton, NJ: Princeton University Press.

Chronicle of Higher Education. (2009). Number of full-time faculty mem-
bers by sex, rank, and racial and ethnic group, fall 2007. http://chronicle.com/
article/Number-of-Full-Time-Faculty/47992/

Clark, K. B., & Clark, M. P. (1950). Emotional factors in racial identifica-
tion and preference in Negro children. *The Journal of Negro Education,* 19(3),
341–350.

Collins, P. H. (2000). It's all in the family: Intersections of gender, race, and
nation. In U. Narayan & S. Harding (Eds.), *Decentering the center: Philosophy
for a multicultural, postcolonial, and feminist world* (pp. 156–176). Bloomington:
Indiana University Press.

Conley, D. (1999). *Being Black, living in the red: Race, wealth, and social
policy in America.* Berkeley: University of California Press.

Cooley, C. H. (1922). *Human nature and the social order.* New York: Scrib-
ner Books.

Cooper, R. S., Kaufman, J. S., & Ward, R. (2003). Race and genomics. *New
England Journal of Medicine,* 348(12), 1166–1170.

Copelon, R. (2000). Gender crimes as war crimes: Integrating crimes against
women into international criminal law. *McGill Law Journal,* 46(1), 217–240.

Copley-Woods, H. (2010, February 15). Disability bingo. http://copleywoods.
com/disabilitybingo2.pdf

Crane, A., & Kazmi, B. A. (2010). Business and children: Mapping impacts, managing responsibilities. *Journal of Business Ethics*, 91(4), 567–586.

Crenshaw, K. (1995). Mapping the margins: Intersectionality, identity politics, and violence against women of color. K. Crenshaw, N. Gotanda, G. Peller, & K. Thomas (Eds.) *Critical race theory: The key writings that formed the movement* (pp. 357–383). New York: New Press.

Davis, A. Y. (1981). *Women, race & class*. New York: Random House.

Davis, K. (Director). (2005). *A girl like me* [Documentary]. Brooklyn, NY: Reel Works Teen Filmmaking. http://www.mediathatmattersfest.org/watch/6/a_girl_like_me

Dei, G. S., Karumanchery, L. L., & Karumanchery-Luik, N. (2004). *Playing the race card: Exposing white power and privilege*. New York: Peter Lang.

Devereux, C. (2005). *Growing a race: Nellie L. McClung & the fiction of eugenic feminism*. Montreal: McGill-Queen's University Press.

DiAngelo, R. J. (2006). My race didn't trump my class: Using oppression to face privilege. *Multicultural Perspectives*, 8(1), 51–56.

DiAngelo, R. J. (2010). Why can't we all just be individuals? Countering the discourse of individualism in anti-racist education. *InterActions: UCLA Journal of Education and Information Studies*, 6(1). http://escholarship.org/uc/item/5fm4h8wm.

Dickason, O. P. (2002). Canada's First Nations: A history of founding peoples from earliest times (3rd ed.). Don Mills, ON: Oxford University Press.

Dines, G. (2010). *Pornland: How porn has hijacked our sexuality*. Boston: Beacon.

Dovidio, J., Glick, S., & Rudman, L. (2005). *On the nature of prejudice: Fifty years after Allport*. Malden, MA: Blackwell.

Doyle, A. B., & Aboud, F. E. (1995). A longitudinal study of White children's racial prejudice as a social-cognitive development. *Merrill-Palmer Quarterly*, 41(2), 209–228.

Du Bois, W. E. B. (1989). *The souls of Black folk*. New York: Bantam Books. (Original work published 1903)

Dyer, R. (1997). *White*. New York: Routledge.

Elsass, P. M., & Graves, L. M. (1997). Demographic diversity in decision-making groups: The experiences of women and people of color. *The Academy of Management Review*, 22(4), 946–973.

Fausto-Sterling, A. (1992). *Myths of gender: Biological theories about women and men* (2nd ed.). New York: Basic Books.

Fausto-Sterling, A. (2000). *Sexing the body: Gender politics and the construction of sexuality*. New York: Basic Books.

Federal Reserve Board. (2007). *Survey of consumer finances*. www.federalreserve.gov/PUBS/oss/oss2/scfindex.html

Federal Trade Commission, Bureau of Economics. (2007, June 1). Children's exposure to TV advertising in 1977 and 2004 (Staff Report). http://www.ftc.gov/os/2007/06/cabecolor.pdf

Fenning, P., & Rose, J. (2007). Overrepresentation of African American students in exclusionary discipline: The role of school policy. Urban Education, 42(6), 536–559.

Field, A. E., Cheung, L., Wolf, A. M., Herzog, D. B., Gortmaker, S. L., & Colditz, G. A. (1999). Exposure to the mass media and weight concerns among girls. *Pediatrics,* 103(3), 36–41.

Fine, M. (1997). Witnessing Whiteness. In M. Fine, L. Weis, C. Powell, & L. Wong (Eds.), *Off White: Readings on race, power, and society* (pp. 57–65). New York: Routledge.

Flax, J. (1998). *American dream in Black and White: The Clarence Thomas hearings*. New York: Cornell University.

Foucault, M. (1995). *Discipline and punish: The birth of the prison* (2nd ed.). New York: Vintage Books. (Original work published 1977)

Fournier, E. P. (Director), Fournier, E. P., Keehn, D., & Nakao, S. (Producers). (2000). *Of civil wrongs and rights: The Fred Korematsu Story* [Motion Picture]. http://korematsuinstitute.org

Frankenberg, E., Lee, C., & Orfield, G. (2003). A multiracial society with segregated schools: Are we losing the dream? Cambridge, MA: Civil Rights

Project.

Frankenberg, R. (1993). *The social construction of Whiteness: White women, race matters.* Minneapolis: University of Minnesota Press.

Freire, P. (1970). *Pedagogy of the oppressed.* New York: Continuum.

Frye, M. (1983). *The politics of reality: Essays in feminist theory.* Trumansburg, NY: The Crossing Press.

Gomez, R. A. (2007, Fall). Protecting minors from online pornography without violating the first amendment: Mandating an affirmative choice. *SMU Science & Technology Law Review.* https://litigation-essentials.lexisnexis.com

Gossett, T. E. (1997). *Race: The history of an idea in America.* New York: Oxford University Press.

Gould, S. J. (1996). *The mismeasure of man.* New York: Norton. (Original work published 1981)

Government of Canada. (2010). *Departments and agencies.* http://canada.gc.ca/depts/major/depind-eng.html

Gradín, C. (2008). *Poverty among minorities in the United States: Explaining the racial poverty gap for Blacks and Latinos.* Society for the Study of Economic Inequality Working Paper Series. http://www.ecineq.org/milano/WP/ECINEQ2008-96.pdf

Green, E. C. (1997). *Southern strategies: Southern women and the woman suffrage question.* Chapel Hill: University of North Carolina Press.

Greenwald, A. G., & Krieger, L. (2006). Implicit bias: Scientific foundations. *California Law Review, 94*(4), 945–967.

Grekul, J., Krahn, A., & Odynak, D. (2004). Sterilizing the "feeble-minded": Eugenics in Alberta, Canada, 1929–1972. *Journal of Historical Sociology, 17*(4), 358–384.

Gupta, T. D., James, C. E., Maaka, R. C. A., Galabuzi, G. E., & Anderson, C. (Eds.). (2007). *Race and racialization: Essential readings. Toronto: Canadian Scholars Press.*

Haig-Brown, C. (1998). *Resistance and renewal: Surviving the Indian residential school.* Vancouver, BC: Arsenal Pulp Press.

Hamermesh, D. S., & Parker, A. M. (2005). Beauty in the classroom: Professors' pulchritude and putative pedagogical productivity. *Economics of Education Review, 24(4),* 369–376.

Haney-López, I. (2006). *White by law: The legal construction of race* (Rev. ed.). New York: New York University Press.

Harding, S. (1991). *Whose knowledge, whose science?: Thinking from women's lives.* New York: Cornell University Press.

Hare, J. (2007). First Nations education policy in Canada: Building capacity for change and control. In R. Joshee & L. Johnson (Eds.), *Multicultural education policies in Canada and the United States* (pp. 51–68). Vancouver, BC: UBC Press.

Harris, C. I. (1993). Whiteness as property. *Harvard Law Review,* 106(8), 1707.

Harry, B. (2007). The disproportionate placement of ethnic minorities in special education. In L. Florian (Ed.), *The Sage handbook of special education* (pp. 67–84). London: Sage.

Harry, B., & Klinger, J. (2006). *Why are so many minority students in special education?* New York: Teachers College Press.

Haskell, L., & Randall, M. (2009). Disrupted attachments: A social context complex trauma framework and the lives of Aboriginal peoples in Canada. *Journal of Aboriginal Health,* 5(3), 48–99.

Henry, F., & Tator, C. (2006). *The colour of democracy: Racism in Canadian society.* Toronto: Thomson Nelson.

Herrnstein, R. J., & Murray, C. (1994). *The bell curve: Intelligence and class structure in American life.* New York: Free Press.

Hightower, J. (2002). Violence and abuse in the lives of older women: Is it elder abuse and violence against women? Does it make any difference? *IN-STRAW Electronic Discussion Forum.* http://www.un-instraw.org/

Hilliard, A. (January, 1992). *Racism: Its origins and how it works.* Paper presented at the meeting of the Mid-West Association for the Education of Young Children, Madison, WI.

hooks, b. (1984). *Feminist theory: From margin to center.* Boston: South End Press.

Howard, P. S. S., & Dei, G. J. S. (Eds.). (2008). *Crash politics and antiracism: Interrogations of liberal race discourse.* New York: Peter Lang.

Hughes, M., & Thomas, M. E. (1998). The continuing significance of race revisited: A study of race, class, and quality of life in America, 1972–1996. *American Sociological Review, 63*(6), 785–795.

Ignatiev, N. (1995). *How the Irish became White.* New York and London: Routledge.

Inter-Parliamentary Union (IPU). (2010, October 31). Women in national parliaments. http://www.ipu.org/wmn-e/classif.htm

Jackson, A. (2001). Poverty and racism. *Perception, 24*(4). http://www.ccsd. ca/perception/244/racism.htm

Jacobson, M. F. (1998). *Whiteness of a different color: European immigrants and the alchemy of race.* Cambridge, MA: Harvard University Press.

James, C. E. (2007). "Reverse racism?" Students' responses to equity programs. In T. D. Gupta, C. E. James, R. C. A. Maaka, G. E. Galabuzi, & C. Andersen (Eds.), *Race and racialization: Essential readings* (pp. 356–362). Toronto: Canadian Scholars' Press.

Jefferson, T. (2002). *Notes on the state of Virginia: With related documents* (D. Waldstreicher, Ed). New York: Bedford/St. Martins. (Original published 1787)

Jensen, R. (2007). *Getting off: Pornography and the end of masculinity.* Boston: South End Press.

Jhally, S. (Producer & Director). (2007). *Dreamworlds 3: Desire, sex, & power in music video* [Motion Picture]. Northhampton, MA: Media Education Foundation.

Jhally, S. (2009). Advertising, gender, and sex: What's wrong with a little objectification? In R. Hammer & D. Kellner (Eds.), *Media/cultural studies* (pp. 313–323). New York: Peter Lang.

Johnson, H. B., & Shapiro, T. M. (2003). Good neighborhoods, good schools: Race and the "good choices" of White families. In A. W. Doane &

E. Bonilla-Silva (Eds.), *White out: The continuing significance of racism* (pp. 173–187). New York: Routledge.

Joshee, R. (1995). An historical approach to understanding Canadian multicultural policy. In T. Wotherspoon & P. Jungbluth (Eds.), *Multicultural education in a changing global economy: Canada and the Netherlands* (pp. 23–40). New York: Waxmann.

Joshee, R. (2004). Citizenship and multicultural education in Canada: From assimilation to social cohesion. In J. A. Banks (Ed.), *Diversity and citizenship education: Global perspectives* (pp. 127–156). San Francisco: Jossey-Bass.

Kirmayer, L. J., & Valaskakis, G. G. (Eds.). (2009). *Healing traditions: The mental health of Aboriginal peoples in Canada.* Vancouver: UBC Press.

Kline, W. (2005). *Building a better race: Gender, sexuality, and eugenics from the turn of the century to the baby boom.* Berkeley: University of California Press.

Kozol, J. (1991). *Savage inequalities: Children in America's schools.* New York: Crown.

Kunjufu, J. (2005). *Keeping Black boys out of special education.* Chicago: African American Images.

Leistyna, P. (2009, Fall). Exposing the ruling class in the United States using television and documentary film. Radical Teacher, 85, 12–15.

Leonardo, Z. (2004). The color of supremacy: Beyond the discourse of "white privilege." *Educational Philosophy and Theory,* 36(2), 137–152.

Leonardo, Z. (2009). *Race, whiteness, and education.* New York: Routledge.

Levin, D. E., & Kilbourne, J. (2008). *So sexy so soon: The new sexualized childhood and what parents can do to protect their kids.* New York: Ballantine Books.

Li, E. P. H., Min, H. J., Belk, R. W., Kimura, J., & Bahl, S. (2008). Skin lightening and beauty in four Asian cultures. *Advances in Consumer Research,* 35, 444–449. http://www.acrwebsite.org/volumes/v35/naacr_vol35_273.pdf

Li, P. S. (1988). The Chinese in Canada. Toronto: Oxford University Press.

Linn, S. (2004). *Consuming kids: The hostile takeover of childhood.* New

York: New Press.

López, I. F. H. (2000). The social construction of race. In R. Delgado & J. Stefancic (Eds.), *Critical race theory: The cutting edge* (2nd ed., pp. 163–175). Philadelphia: Temple University Press.

Lund, D. E. (2006). Social justice activism in the heartland of hate: Countering extremism in Alberta. *The Alberta Journal of Educational Research, 52*(2), 181–194.

MacKinnon, C. A. (1994, Spring). Rape, genocide, and women's human rights. *Harvard Women's Law Journal, 17*, 5–16.

Manning, J. E. (2010). *Membership of the 111th Congress: A profile*. Washington, DC: Congressional Research Service.

Mar, L. R. (2010). *Brokering belonging: Chinese in Canada's exclusion era, 1885–1945*. New York: Oxford University Press.

Marable, M., Ness, I., & Wilson, J. (2006). *Race and labor matters in the new U.S. economy*. Lanham, MD: Rowman & Littlefield.

Martin, K. A. (1998). Becoming a gendered body: Practices of preschools. *American Sociological Review, 6*(63), 494–511.

Mauer, M., & King, R. S. (2007). *Uneven justice: State rates of incarceration by race and ethnicity*. Washington, DC: The Sentencing Project. http://advancabag.com/documents/rd_stateratesofincbyraceandethnicity.pdf

McIntosh, P. (1989, July/August). White privilege: Unpacking the invisible knapsack. *Peace and Freedom*, 10–12.

Mikkonen, J., & Raphael, D. (2010). *Social determinants of health: The Canadian facts*. http://www.thecanadianfacts.org

Miles, R. (1989). *Racism*. New York: Routledge.

Miles, R., & Torres, R. (2007). Does "race" matter? Transatlantic perspectives on racism after "race relations." In T. D. Gupta, C. E. James, R. C. A. Maaka, G. E. Galabuzi, & C. Anderson (Eds.), *Race and racialization: Essential readings* (pp. 65–73). Toronto: Canadian Scholars Press.

Milloy, J. S. (1999). *A national crime: The Canadian government and the residential school system, 1879–1986*. Winnipeg, MB: University of Manitoba

Press.

Milloy, J. S. (2000). The early Indian Acts: Developmental strategy and constitutional change. In I. A. L. Getty & A. S. Lussier (Eds.), *As long as the sun shines and water flows: A reader in Canadian native studies* (pp. 56–64).Vancouver, BC: UBC Press.

Moraga, C., & Anzaldúa, G. (Eds.). (1981). *This bridge called my back: Writings by radical women of color.* Watertown, MA: Persephone Press.

Morrison, T. G., & Halton, M. (2009, Winter). Buff, tough, and rough: Representations of muscularity in action motion pictures. *The Journal of Men's Studies,* 17(1), 57–74.

Motaparthi, K. (2010). Blepharoplasty in Asian patients—Ethnic and ethical implications. *Virtual Mentor: American Medical Association Journal of Ethics,* 12(12), 946–949.

Mukherjee, A., Mukherjee, A., & Godard, B. (2006). Translating minoritized cultures: Issues of caste, class and gender. *Postcolonial Text,* 2(3), 1–23.

Mullaly, R. (2002). *Challenging oppression: A critical social work approach.* Toronto: Oxford University Press.

Myers, K. (2003). White fright: Reproducing White supremacy through casual discourse. In W. Doane & E. Bonilla-Silva (Eds.), *White out: The continuing significance of racism* (pp. 129–144). New York: Routledge.

Nation Master. (2005). Total population—female, as of April 26, 2005. http://www.nationmaster.com/graph/peo_tot_pop_fem-people-total-population-female

National Coalition Against Domestic Violence (NCADV). (2007, July). Domestic violence facts. http://www.ncadv.org/files/DomesticViolenceFactSheet(National).pdf

Newman, L. M. (1999). *White women's rights: The racial origins of feminism in the United States.* New York: Oxford University Press.

Niazi, A., & Morrow, M. (2010, May 21). Credit where it's 'do': Influential haircuts. CBC News. http://www.cbc.ca/photogallery/arts/3452/

Nieto, L., Boyer, M., Goodwin, L., Johnson, G., Collier Smith, L., & Hopkins, J. P. (2010). *Beyond inclusion, beyond empowerment: A developmental strategy to liberate everyone.* Olympia, WA: Cuetzpalin.

Nisbett, R. E. (1998). Race, genetics, and IQ. In C. Jencks & M. Phillips (Eds.), *The Black-White test score gap* (pp. 86–102). Washington, DC: Brookings Institution Press.

Oakes, J. (1985). *Keeping track: How schools structure inequality.* New Haven, CT: Yale University Press.

O'Connor, C., & Fernandez, S. D. (2006). Race, class, and disproportionality: Reevaluating the relationship between poverty and special education placement. *Educational Researcher, 35*(6), 6–11.

Omi, M., & Winant, H. (1986). *Racial formation in the United States: From the 1960s to the 1980s.* New York: Routledge.

Pager, D. (2007). *Marked: Race, crime, and finding work in an era of mass incarceration.* Chicago: University of Chicago Press.

Payne, R. K. (2005). *A framework for understanding poverty.* Highlands, TX: Aha! Process.

Pheterson, G. (1986). Alliances between women: Overcoming internalized oppression and internalized domination. *Signs: Journal of Women in Culture and Society, 12*(1), 146–160.

Picca, L., & Feagin, J. (2007). *Two-faced racism: Whites in the backstage and frontstage.* New York: Routledge.

Picower, B. (2009). The unexamined Whiteness of teaching: How White teachers maintain and enact dominant racial ideologies. *Race Ethnicity and Education, 12*(2), 197–215.

Pierce, J. L. (2003). Racing for innocence: Whiteness, corporate culture, and the backlash against affirmative action. *Qualitative Sociology, 26*(1), 53–70.

Pope, H. G., Jr., Olivardia, R., Gruber, A., & Borowiecki, J. (1999). Evolving ideals of male body image as seen through action toys. *International Journal of Eating Disorders, 26*(1), 65–72.

Potterat, J. J., Brewer, D. D., Muth, S. Q., Rothenberg, R. B., Woodhouse, D. E., Muth, J. B., et al. (2004). Mortality in a long-term open cohort of prostitute women. *American Journal of Epidemiology,* 159(8), 778–785.

Rhode, D. L. (2010). *The beauty bias: The injustice of appearance in life and law.* New York: Oxford University Press.

Rideout, V., Foehr, U., & Roberts, D. (2010). *Generation M2: Media in the lives of 8–18-year-olds.* Menlo Park, CA: Henry J. Kaiser Family Foundation. http://www.kff.org/entmedia/mh012010pkg.cfm

Ridgeway, C. L., & Correll, S. J. (2004). Unpacking the gender system: A theoretical perspective on gender beliefs and social relations. *Gender & Society,* 18(4), 510–531.

Rodney, P., & Copeland, E. (2009). The health status of Black Canadians: Do aggregated racial and ethnic variables hide health disparities? *Journal of Health Care for the Poor and Underserved,* 20(3), 817–823.

Roediger, D. R. (1999). *The wages of Whiteness: Race and the making of the American working class.* London: Verso.

Rudman, L. A., & Kiliansky, S. E. (2000). Implicit and explicit attitudes toward female authority. *Personality and Social Psychology Bulletin,* 26(11), 1315–1328.

Schisgall, D., & Alvarez, N. (Directors). (2007). *Very young girls* [Documentary]. New York: Swinging T Productions.

Sensoy, Ö., & DiAngelo, R. (2006). "I wouldn't want to be a woman in the Middle East": White female student teachers and the narrative of the oppressed Muslim woman. *Radical Pedagogy,* 8(1). http://radicalpedagogy.icaap.org/content/issue8_1/sensoy.html

Sexual Assault Centre of Hamilton Ontario (SACHA). (n.d.). Sexual assault statistics. http://www.sacha.ca/home.php?sec=17&sub=43

Shared Hope International. (2009). *The national report on domestic minor sex trafficking: America's prostituted children.* Vancouver, WA: Shared Hope International. http://www.sharedhope.org/Portals/0/Documents/SHI_National_Report_on_DMST_2009%28without_cover%29.pdf

Sharma, N. (2002). Immigrant and migrant workers in Canada: Labour movements, racism and the expansion of globalization. *Canadian Woman*

Studies, 21/22(4/1), 18–25.

Statistics Canada. (1996, June). Adult correctional services in Canada: Highlights for 1994–95. *Juristat*, 16(7), 5–6.

Statistics Canada. (2006a). Aboriginal identity population, 2006 counts. http://www12.statcan.ca/census-recensement/2006/dp-pd/hlt/97-558/pages/ page.cfm?Lang=E&Geo=PR&Code=01&Table=3&Data=Count&Sex=1&Sta rtRec=1&Sort=2&Display=Page

Statistics Canada. (2006b). *Measuring violence against women: Statistical trends*. Ottawa, ON: Author.

Statistics Canada. (2010, June). Average earning by sex and work pattern. http://www40.statcan.gc.ca/l01/cst01/labor01a-eng.htm

Steele, C. M. (1997). A threat in the air: How stereotypes shape intellectual identity and performance. *American Psychologist, 52*(6), 613–629.

Stepan, N. (1982). *The idea of race in science*. London: Macmillan.

Straka, S. M., & Montminy, L. (2006). Responding to the needs of older women experiencing domestic violence. *Violence Against Women, 12(3)*, 251–267.

Sun, C., & Picker, M. (Director and Producer). (2008). *The price of pleasure: Pornography, sexuality, and relationships [Motion picture]. Northampton, MA: Media Education Foundation*.

Surf Survivors Fund. (n.d.). *Statistics on Rwanda. http://www.survivors- fund.org.uk/resources/history/statistics.php*

Sussman, D., & Tabi, M. (2004). *Minimum wage workers. Perspectives on Labour and Income, 5(3), 5–14*.

Tarr-Whelan, L. (2009). *Women lead the way. San Francisco: Berrett- Koehler*.

Tatum, B. (1997). *"Why are all the Black kids sitting together in the cafeteria?" And other conversations about race. New York: Basic Books*.

Tehranian, J. (2000). *Performing Whiteness: Naturalization litigation and the construction of racial identity in America. Yale Law Journal, 109(4), 817–848*.

Thobani, S. (2007). *Exalted subjects: Studies in the making of race and na-*

tion in Canada. Toronto: University of Toronto Press.

Tjaden, P., & Thoennes, N. (2006). Extent, nature, and consequences of rape victimization: Findings from the National Violence Against Women survey. Washington, DC: U.S. Department of Justice.

Trepagnier, B. (2010). Silent racism: How well-meaning White people perpetuate the racial divide (expanded ed.). New York: Paradigm.

Tuana, N. (Ed.). (1989). Feminism & science. Bloomington: Indiana University Press.

Tuana, N. (1993). The less noble sex: Scientific, religious, and philosophical conceptions of woman's nature. Bloomington: Indiana University Press.

United Nations Population Fund. (n.d.). Ending widespread violence against women. UNFPA Gender Equality. http://www.unfpa.org/gender/violence.htm

United Steelworkers of Canada. (n.d.). Statement on gay, lesbian, bisexual and transgendered issues. http://www.usw.ca/admin/union/pride/files/Pride_jan08-1.pdf

U.S. Bureau of Labor Statistics. (2010, June). Highlights of women's earnings in 2009. U.S. Bureau of Labor Statistics. http://www.bls.gov/cps/cpswom2009.pdf

U.S. Census Bureau. (n.d.). Current population survey, 2008 and 2009 annual social and economic supplements. http://www.census.gov/hhes/www/poverty/data/incpovhlth/2008/table4.pdf

U.S. Department of State. (2007, June). Trafficking in persons report. Washington, DC: Author. http://www.state.gov/documents/organization/82902.pdf

U.S. Department of State. (2010, June). Trafficking in persons report (10th ed.). Washington, DC: Author. http://www.state.gov/documents/organization/142979.pdf

Van Ausdale, D., & Feagin, J. (2001). The first R: How children learn race and racism. Lanham, MD: Rowman & Littlefield.

Walmsley, R. (2009). World prison population list (8th ed.). King's College London, International Centre for Prison Studies. http://www.kcl.ac.uk/depsta/law/research/icps/publications.php?id=8

Watts, C., & Zimmerman, C. (2002). Violence against women: Global scope and magnitude. *The Lancet, 359*(9313), 1232–1237.

Weber, L. (2010). *Understanding race, class, gender, and sexuality: A conceptual framework* (2nd ed.). New York: Oxford University Press.

West, H. C. (2010). *Prison inmates at midyear 2009—statistical tables.* Bureau of Justice Statistics. http://bjs.ojp.usdoj.gov/content/pub/pdf/pim09st.pdf

Williams, C. L. (1992). The glass escalator: Hidden advantages for men in the "female" professions. *Social Problems, 39*(3), 253–267.

Williams, C. L. (1995). *Still a man's world: Men who do "women's work."* Los Angeles: University of California Press.

Williams, D. R. (1999, December). Race, socioeconomic status, and health: The added effects of racism and discrimination. *Annals of the New York Academy of Sciences, 896,* 173–188.

Winks, R. W. (1997). *The Blacks in Canada: A history* (2nd ed.). Montreal: McGill-Queen's University Press. (Original published in 1971)

Wise, T. (2005). *Affirmative action: Racial preference in Black and White.* New York: Routledge.

Wise, T. (2008). *Speaking treason fluently: Anti-racist reflections from an angry White male.* Berkeley, CA: Soft Skull Press.

Woodson, C. G. (1933). *The mis-education of the Negro.* New York: Tribeca Books.

World Health Organization. (2009). Violence against women: Factsheet no. 239. http://www.who.int/mediacentre/factsheets/fs239/en/index.html

Zinn, H. (2010). *A people's history of the United States* (rev. ed.). New York: HarperCollins. (Original work published 1980)

민주시민을 위한 사회정의 교육 입문서

정말로 누구나 평등할까?

1판1쇄 발행 2016년 7월 20일　**1판 2쇄 발행** 2017년 3월 13일

지은이 오즐렘 센소이 · 로빈 디앤젤로　**옮긴이** 홍한별

펴낸이 전광철　**펴낸곳** 협동조합 착한책가게

주소 서울시 은평구 통일로 684 1동 3C033

등록 제2015-000038호(2015년 1월 30일)

전화 02) 322-3238　**팩스** 02) 6499-8485

이메일 bonaliber@gmail.com

ISBN 979-11-954742-6-4　03370

* 책값은 뒤표지에 있습니다.

* 잘못된 책은 구입하신 서점에서 바꾸어 드립니다.

이 도서의 국립중앙도서관 출판예정도서목록(CIP)은 서지정보유통지원시스템 홈페이지(http://seoji.nl.go.kr)와
국가자료공동목록시스템(http://www.nl.go.kr/kolisnet)에서 이용하실 수 있습니다.
(CIP제어번호: 2016015828)